张里安教授荣退纪念文集

张荣芳 主编

长江出版社

作者简介

张里安，民商法学教授，1957年3月出生于湖北省武汉市，祖籍长沙。1985年研究生毕业后留在武汉大学任教，先后任助教(1985年)、讲师（1988年）、副教授（1993年）和教授（2001年），2002年遴选为武汉大学博士生导师，2017年8月于武汉大学荣退。任教期间曾两度赴德国留学，获德国法学硕士学位（1987年）和法学博士学位（2001年）。现为湖北省商法学研究会副会长、湖北省高级人民法院专家咨询委员会委员。

任教期间，先后为本科生、硕士研究生和博士研究生讲授民法学、民法总论、物权法、合同法、侵权行为法、外国与比较民商法等课程，指导法学博士、法学硕士及法律硕士研究生百余人，并在《法学评论》《法学论坛》等专业刊物及相关的国际和全国性专业研讨会上发表《萨维尼及物权行为无因性之再检讨》《所有权制度的功能与所有权立法》《论银行财产资金权利属性》《略论合同撤销权的行使》《论违反信托义务的民事责任》《中国特色社会主义土地物权制度的构建和发展》《论未成年患者知情同意权之民法构建》《大数据时代下个人信息权的私法属性》等学术论文；独著和主编了《新编民法学》《中国现代知识产权法》《中国法律文化》《Allgemeine Geschaeftsbedingungen von Unternehmen der Oeffentlichen Hand》《物权法》等著作或教材；主持了多项国家级和横向合作科研项目。

张里安教授

摄于2007年7月毕业季

摄于2011年12月同门聚会

摄于2015年3月同门聚会

摄于2016年3月同门聚会

摄于2017年6月同门聚会

摄于2017年教师佳节

序

　　法学研究，如同任何其他研究工作一样，需要非凡的洞见，缜密的逻辑和适当的表达，而这一切的基础均离不开勤奋与坚持。唯有努力且坚持不懈，方能有所谓积累，方能由生活细节处发现应有之义，或者发现那些"理所当然"未必就是理所当然的事，由此而生兴趣。

　　尝闻，那些富有成果之人，从事的多半是其自身感兴趣的工作。这话本无由反对，但我想补充的是，这世上恐怕没几个人天生就对某项事物特别感兴趣。我们之所以会对某项事物感兴趣，是因为我们在其中发现了美，而之所以会发现美，多半也是因为我们自己长期浸润其间而已。

　　这部文集收录的文章，除少数再现了我和我的学生们共同的研究成果外，大部分为我曾经指导的博士生们的个人创作结晶。他们个个才华横

序

溢，见识卓越，且人人勤勉向上，目前已在其各自的岗位上建树颇丰。可以说，正是因为他们的勤奋才能有所发现，有所创造。

文集中的文章涉猎范围较广，每篇文章之间基本没有关联，将其结集出版，在我个人想来，一则可为我们这个群体共同度过的美好时光留下见证，二则可向世人展现我们这个群体中的每一个人，尤其是年青学者们的风貌，以期读者可感悟所谓"弟子不必不如师，师不必贤于弟子"的真谛。

我们正处在一个新的时代。一些旧有的制度需要改革、完善，一些新的制度需要探索、建立。民商法学的研究正方兴未艾，大有可为。同好者需加倍努力，为我们的时代和我们的事业更多地添砖加瓦。

是为序。

张里安

2017年重阳节于武汉珞珈山

目录

侵权法研究

公司法研究

交叉学科研究

民法总则研究

中国民法典法人基本类型模式选择[*]

罗 昆^{**}

内容摘要:法人基本类型模式迄今仍属于制定民法典的重大争议问题之一。欲解决此等争议,须先就民法典法人类型化的方法及其意义、法人基本类型模式选择的标准等基础性理论形成清晰认识。为了充分实现民法典法人制度的价值承载和制度表达功能,民法典法人制度应采用"解析性类型化"方法而非"叙述性类型化"方法,并以逻辑周延性、确定性和实质性区别作为民法典法人基本类型模式选择的三项标准。营利法人非营利法人基本类型模式因无法满足任何一项标准且已为日本民法所弃用;企业法人非企业法人基本类型模式因无法满足确定性和实质性区别标准,均不足采用。经由重新认识的社团法人财团法人基本类型模式可以满足全部三项类型选择标准,但此种类型模式还需以公法人制度、开放性的财团法人制度为支撑方得合理可行。我国民法典法人基本类型模式选择应避免唯"经济偏好"论,舍弃"捐助法人"概念,采用社团法人财团法人基本类型模式。

关 键 词:民法典 法人 基本类型模式 解析性类型化 标准

一、问题的提出

民法典或民法总则起草工作进行到今天,法人基本类型模式选择仍然是一个存在争议且亟待解决的重大疑难立法问题。[①]所谓"民法典中法人的基本类型模式"是指民法典或民法总则的法人制度中对私法人所做的第一层次的分类,例如《德国民法典》中社团与财团的分类。[②]此种基本类型模式不仅决定了民法典法人制度的体系编排,也是民法典法人类型体系诸多层次的逻辑起点,本身极具讨论价值。我国《民法通则》的法人制度分两节分别规定了

---

* 本文系以我十年前在张里安老师指导下完成的博士论文《财团法人制度研究》为研究基础,特此再次对老师致以最崇高的敬意和谢意! 武汉大学法学院民商法教研室的张善斌教授、余立力教授为本文提供部分外文资料,一并致谢!

** 武汉大学法学院副教授,法学博士。

① 参见中国法学创新网:《全国人大常委会法工委举行民法总则立法座谈会》,http://www.lawinnovation.com/html/xjdt/14729.shtml,访问日期:2016 年 2 月 3 日。

② 大陆法系国家基于公法私法的二分理论,将法人也分为公法人与私法人,在私法人中再进一步进行分类。

"企业法人"与"机关、事业单位和社会团体法人",明显源自从前苏联的法人基本类型模式。①但鉴于改革开放以来我国社会组织形态的结构已发生巨大变化,三十年前确立的此种法人基本类型模式早已不能涵盖我国现实中的所有法人类型,将来制定的民法典应对现有的法人基本分类有所调整或者变革已经成为官方和学界之共识。②至于到底如何调整或变革,各方观点却大相径庭。目前已有的改革思路至少有类型上的二分法、三分法、四分法、五分法、六分法等,不一而足;③最为常见的二分法又有社团法人与财团法人、营利法人与非营利法人、企业法人与非企业法人等多种观点。④整体上观察,这些改革思路基本上都是以涵盖社会生活中的现有全部法人组织为完善法人类型体系的主要目标,以逻辑周延为法人类型选择的主要标准,以现有法人类型模式的存废为争议焦点,但大都没有认识到有关类型化和体系化所应有的价值承载和制度表达功能。因此,在法人基本类型模式选择的目标、方法、标准等基础理论问题上,已有的改革思路明显整体上意识不够、准备不足,更没有形成可为学术共同体基本接受的前提性理论。这也就决定了有关民法典法人基本类型模式的争议时至今日仍然各执一词、经久不息。那么,民法典法人制度类型化应依循何种方法?此种类型化本身的正当性和意义何在? 除了逻辑周延之外,类型模式选择是否还应兼顾其他标准? 不同法人类型模式之间存在哪些民事基本法律制度方面的实质性差异?本文拟对这些问题进行探讨,并以此为基础来探讨我国民法典所应采用的基本类型模式并提出相关立法建议。

---

① 《民法通则》现有法人分类究竟是企业法人与非企业法人的"二分法",还是企业法人、机关法人、事业单位法人、社会团体法人的"四分法",学界存在分歧,但以"四分法"较为有力。参见王利明:《民法总则研究》,中国人民大学出版社,2003,第 389 页;另参见马俊驹、余延满:《民法原论》,法律出版社,2010,第 116 页。

② 学界主要从四个方面对《民法通则》中的法人类型模式进行批判:未明确区分公法人和私法人、按所有制形式对企业法人进一步分类、事业单位法人包含的类型过于宽泛、没有涵摄财团法人(基金会法人)。参见马俊驹:《法人制度的基本理论和立法问题之探讨》(上),《法学评论》2004年第 4 期,第 11 页。

③ 三分法例如将法人分为营利法人、公益法人和基金会;四分法例如将法人分为企业法人、事业单位和社会团体法人、捐赠法人、机关法人;五分法例如在《民法通则》规定的四类法人的基础上增加捐助法人;六分法例如将法人分为合伙、公司、合作社、财团法人、社会团体、宗教团体。

④ 目前已有由中国法学会、中国社会科学院法学研究所、中国人民大学民商事法律科学研究中心、全国人大"法工委"等单位,以及梁慧星教授、龙卫球教授牵头的课题组各自完成的 6 个民法总则草案建议稿或征求意见稿,再加上本世纪初期由全国人大"法工委"发布的民法典草案和梁慧星教授、王利明教授、徐国栋教授各自牵头完成的 3 个民法典草案学者建议稿,累计至少 10 个影响较大的民法典法人基本类型模式方案,但各方意见仍然非常不统一。其中,"法学会版草案"采用了社团法人财团法人基本类型模式,"社科院版草案"采用相同见解;但"法工委版草案"则采用了营利性法人非营利性法人基本类型模式。

二、基础理论

（一）法人类型化的方法

由于我国《民法通则》以及许多"范式"民法典中均采用了某种特定的法人类型模式，因此法人类型化常被视为民事立法的一种普遍性做法，其是否正当和必要本身甚少受到质疑，故而也鲜见相关论证。但依比较法的考察可知，法人类型模式的运用其实至少存在三种立法例：一为德国模式，民法典明确规定采用社团法人财团法人的基本类型模式，类似立法例为《葡萄牙民法典》《巴西民法典》；二为俄罗斯模式，民法典列举了商合伙与商业公司、生产合作社、国有和自治地方所有的单一制企业、非商业组织四大类法人，类似立法例为埃及民法典；①三是日本旧民法模式，2006 年改革之前的《日本民法典》（以下简称"日本旧民法"）法人制度下没有以法人基本类型划分章节，而是依次以"法人的设立、法人的管理、法人的解散、补则、罚则"划分章节。②同时在某些具体制度中时而区分公益法人与营利法人、时而区分社团法人与财团法人而进行规定。③

表面上，德国模式和俄罗斯模式存在法人基本类型模式上所谓"结构主义法人类型模式"与"职能主义法人类型模式"的区别，但这种观点实际上只看到了问题的一部分。④以上三种法人类型模式，其实质的差异不仅在于分类视角上的差别，更在于类型化方法本身运用程度存在较大不同。相比之下，德国模式无疑将类型化方法运用得最为充分，而俄罗斯模式

① 《埃及民法典》第 52 条规定："法人是：1.国家，依法律规定的条件设置的省、市、村，以及法律授予其法律人格的行政机关、服务机构和其他公共机构；2.国家承认其法律人格的宗教团体及其派系；3.瓦克夫；4.商事和民事公司；5.依本法下述规定设立的社会团体和机构；6.任何其法律人格受法律认可的人或财产的集合。"黄文煌译：《埃及民法典》，厦门大学出版社，2008，第 8 页。

② 2006 年日本民法典法人制度改革（平成 18 年 6 月通过公布，平成 20 年 12 月开始施行）是对整个法人制度的根本性变革——之前的整个法人制度基本被废止，包括民法典的法人制度和民法典之外的《中间法人法》；目前日本民法典法人部分仅仅保留五个重新拟定的条文，再另行制定《一般社团·财团法人法》、专门的《公益法人认定法》以及关于旧法废止新法生效相关问题的《整备法》。参见[日]伊藤塾：《民法 I 総則·物権》，伊藤真监修，弘文堂，2007，第 438 页。

③ 日本旧民法系在"法人的设立"制度中区分营利法人与公益法人规定不同的设立原则，并在公益法人中进一步区分社团法人与财团法人规定不同的设立行为；在"法人的管理"、"法人的解散"制度中区分社团法人与财团法人。中国人民大学民商事法律科学研究中心推出的《民法总则草案建议稿》大致采用了此种模式。

④ 有学者将前苏联的法人基本类型模式和受其影响的我国法人类型模式均概括为"职能主义法人分类模式"，把德国法人基本类型模式界定为"结构主义法人分类模式"。现行俄罗斯民法典法人制度与前苏联的法人基本类型模式类似，当属"职能主义法人分类模式"。参见蔡立东：《法人分类模式的立法选择》，《法律科学》2012 年第 1 期，第 110 页。

与其说是一种法人类型模式，不如说是不考虑外延周延的若干典型类型列举；日本旧民法整体上未对法人做基本分类，只是在有必要区分不同类型法人的个别具体制度上，灵活采用了不同法人类型模式。这种现象不得不让我们反思，法人的类型化本身是否是法人制度立法唯一正确的选择？或者说何种程度的类型化方为正当和必要？

概念的类型化，存在解析性的类型化与叙述性的类型化两种方法。所谓解析性的类型化，是指在关联概念的形成过程中，由一个一般的上位概念在其可能的范围内向下枝分以获得下位概念的类型化方法；而叙述性的类型化则是指在关联概念的形成过程中，对既存之个别事物经由突出其共同特征归入集合，各集合以同样的方式利用愈来愈一般之概念，构成涵盖愈来愈广之集合的自下而上的类型化方法。①具体到法人制度，解析性的类型化和叙述性的类型化两相比较，前者属于真正的法人基本类型模式，而后者只是对现实中若干既有典型社会组织的类型列举；前者主要按照逻辑演绎进行分类，而后者更多地依赖经验进行归纳总结；前者能够实现下位概念体系的逻辑周延，而后者往往难以保证下位概念体系的逻辑周延性。前述俄罗斯模式的法人及其下位概念体系的形成过程，在思维方式上当属以有限的、既有的部分社会组织为观察对象，经由突出其典型特征而归纳出法人这一上位概念，因此俄罗斯模式应属于叙述性的类型化模式。此种类型模式虽然在法典的表现形式上仍属于对法人这一一般概念的解析，但所呈现的法人类型之间并不具有演绎方法下的明显规律性或逻辑关系，也不可能为社会发展后将来可能产生的法人类型预留空间，甚至就现有法人类型都可能存在遗漏。简而言之，俄罗斯模式只不过是以解析的形式，将在归纳形成一般法人概念时曾作为观察对象的那些典型的组织类型列举出来了而已。与俄罗斯模式一脉相承的我国现行法人类型体系无法涵盖社会发展后大量涌现的基金会法人即为力证。②相比之下我们更可以相信，德国模式系从法人这一一般概念出发依特定标准将法人一分为二，此种经由逻辑演绎的方法所形成的下位概念通常足以涵盖现有的或将来可能出现的各种法人。③

因受到日本自身更早之前民事立法的影响，日本旧民法在体例上"并没有采取德国民法那样把社团法人、登记社团法人、财团法人划分为节的做法"。④较之于俄罗斯模式，此种缺乏明确法人基本分类的模式的不足之处甚至更为明显：第一，由此导致日本后来不得不在民法典之外创设大量特别法作为"中间法人"的设立依据，整个法人制度体系十分混乱；第二，依特定法仍然不能作为法人承认的"中间目的"组织没有成为法人的途径，只能成为"无权利能

① 参见黄茂荣：《法学方法与现代民法》，中国政法大学出版社，2001，第434-435页。
② 我国《民法通则》规定的法人类型若解读为四分法，则分别采用了是否享有公权力、是否由国家设立、是否以营利为目的三种不同的标准。
③ 社团法人财团法人的分类标准存在一定争议；还有人认为社团法人财团法人的分类模式无法涵盖一人公司，也无法解释国有企业的主体地位，此种观点是否成立容后详论。
④ [日]星野英一：《现代民法基本问题》，段匡、杨永庄译，上海三联书店，2012，第172页。

力社团"；①第三，日本旧民法在公益法人的名目下进一步区分社团法人和财团法人，在不知不觉中将财团法人限定为公益法人，后来虽经"中间法人法"的努力，但私益目的的财团法人一直缺乏设立依据。②长期以来日本只能通过设立私益信托来部分替代私益财团法人的功能。③为了从根本上解决这些问题，经 2006 年改革后的现行《日本民法典》法人制度仅余五个条文，依次规定法人设立的法定主义、法人的能力、外国法人、登记以及外国法人的登记，相当于法人制度的"一般规定"，其余主要为新制定的《一般社团·财团法人法》。④可以说，日本民法最终还是选择了德国模式和解析性类型化方法。

（二）法人解析性类型化的意义

为了充分发挥法人制度的功能，也为了维持民法典的安定性，民法典法人体系不仅要完整更要开放。所谓体系完整，是指能够涵盖现有的全部法人类型；所谓开放，是指能够涵盖将来可能出现的新法人类型，为将来可能新增的法人预留足够空间。⑤单纯从法人体系的完整和开放考虑，法人制度不设类型限制或者不予类型化或许更加合适，也更能照应"结社自由"这一民主理念和鼓励创新的时代精神。⑥但据前面的分析可知，以解析性类型化方法来设计民法典的法人基本类型模式对于保持法人类型体系的完整开放却恰恰是必要的。实践早已证明，未采用此种类型化方法的俄罗斯模式和日本旧民法模式在实践中均无法保持法人体系的开放甚至完整，因而都是不足取的。该如何理解这种矛盾呢？

笔者认为，结社自由作为宪法赋予的基本权利诚需落实；社会发展难免伴随社会组织形态的创新，法人法定主义也确需缓和。⑦但以结社自由和鼓励创新的名义去排除法人类型化和法人法定主义只能是一种过于理想化的愿景。现代民主社会，无论是非经济性的结社还是经济性的结社，均非绝对不受限制。⑧就非经济性结社而言，结社自由与民主社会所必需的国

---

① 参见[日]我妻荣：《新订民法总则》，于敏译，中国法制出版社，2008，第 119 页。

② "财团法人限于公益法人，社团法人既可以是公益法人也可以是营利法人"这样一种认知应始自日本旧民法以及深受日本旧民法学说影响的我国台湾地区民法学说。

③ [日]四宫和夫：《日本民法总则》，唐晖、钱孟珊译，台湾五南图书出版公司，1995，第 87 页。

④ [日]鎌田薫等编修：《デイリー六法 2015》，三省堂，平成二十七年，第 377 页。

⑤ 已有相关讨论主要是关于企业法定主义的，其实这对于企业法人之外的其他法人同样重要。参见徐强胜：《企业形态法定主义研究》，《法制与社会发展》2010 年第 1 期，第 94 页。

⑥ 结社自由的含义存在一定争议。有人认为，宪法中结社自由的概念与国内法中结社自由的民法概念并不完全相同，有关结社自由的讨论并非仅仅涉及社团法人。参见[荷]埃弗尔特·阿尔科马：《结社自由与市民社会》，毕小青译，《环球法律评论》2002 年夏季号，第 145 页。

⑦ 参见张世明：《企业法律形态理论研究管见》，《法治研究》2015 年第 1 期，第 80 页。

⑧ 托克维尔认为："不能否认，政治方面结社的无限自由，是一切自由当中最后获得人民支持的自由。即使说这种自由没有使人民陷入无政府状态，也可以说它每时每刻都在使人民接近这种状态。因此，我认为一个国家永远不会让公民享有政治结社方面的无限权利；我甚至怀疑，在任何国家，在任何时代，不对结社自由加以限制是明智之举。"[法]托克维尔：《论美国的明主》（下），董国良译，商务印书馆，2009，第 650 页。

家安全或公共安全、防止骚乱或预防犯罪、保护公众的健康和社会道德以及保护他人的权利与自由不受侵害等事项必须兼顾。①就经济性结社而言,结社自由、鼓励创新、鼓励投资与投资安全、交易安全之间必须做出平衡。②除了特别法的规定之外,民法典的法人制度必须就法人的设立原则、设立条件和程序、组织结构等做出基础性的规定,而这些规定不可能都是针对任何法人的、大一统的普适性规则,只能是针对不同类型法人的"个性化"规定。因此出于(各种)安全的考虑,法人法定主义包括民法典法人制度类型化势所难免。为了让既有的和随着社会发展将来可能新出现的法人类型在民法典主体制度中都能找到对应的存在空间,为了兼顾平衡结社自由、鼓励创新与各种安全价值,为了充分实现民法典法人类型化所应有的价值承载功能,完全符合逻辑周延性的解析性类型化方法和法人类型法定原则就会成为必然选择。至于前面提及的法人三分法、四分法、五分法、六分法等诸多观点,包括有学者主张的序列化的法人体系,因在类型化方法上明显均不属于解析性的,也无法充分实现法人体系的逻辑周延,因此均不足采,不复继续分别讨论。③

(三)民法典法人基本类型模式选择的标准

现有的法人类型模式方案一般都自称以类型的逻辑周延性为类型选择标准。但如果妥为运用解析性的类型化方法,逻辑周延性自可满足。反之,是否满足逻辑周延性也是检验法人类型方法是否真正符合解析性类型化的手段。目前看来在采用解析性类型化方法的前提下,民法典的可能选择除了学者所谓的"结构主义"和"职能主义"模式外,还有"目的主义"模式等。④因此仅凭解析性类型化方法和逻辑周延性标准并不足以完全解决民法典法人基本类型模式的争议。民法典法人基本类型模式只能有一种,具体如何抉择似乎还需探寻除此之外的其他标准。

法人基本类型模式选择绝不仅仅意味着民法典是否应该采用某类法人的概念体系,更为重要的是所采用的法人类型体系能否担负其应有的价值承载和制度表达功能。民法典法人基本类型模式的选定,也就意味着民法典中法人制度编排形式的确定。根据内容与形式之间内容决定形式、形式可以反作用于内容表达的辩证关系,民法典法人基本类型模式应由法人制度的内容所决定,以更好地表达法人制度为目标和选择标准。合理的法人基本类型模式有助于法人制度的表达,不当的法人基本类型模式会限制甚至妨碍法人制度的表达。采用解

---

① 参见陈欣新:《结社自由与司法保障》,《环球法律评论》2004 年秋季号,第 273 页。

② 参见邓辉:《结社自由与公司的设立》,《江西财经大学学报》2014 年第 6 期,第 122 页。

③ 张力:《私法中的"人"——法人体系的序列化思考》,《法律科学》2008 年第 3 期,第 102 页。

④ 还有人主张从财产性质与对外责任角度将法人分为责任独立性、责任半独立性和责任非独立性三种类型,其本质上在于突破现行法人制度的"独立责任"要件,因超出本文讨论范围故不予深究。参见李静传、张云:《法人类型的立法模式研究与借鉴——以财产性质与对外责任为基础》,《学术探索》2002 年第 6 期,第 54—55 页。

析性类型化方法和逻辑周延性标准只能解决价值承载和体系的完整开放问题，而体系完整开放显然并非形式合理的全部内容。有鉴于此，除了逻辑周延性标准之外，法人基本类型模式选择至少还应该遵循两项标准：①

第一，确定性标准。确定性标准是指特定类型模式下的类型区分标准本身必须明确和稳定。民法典必须保持安定性不能朝令夕改，即便施行后必要的修改不可避免，但毕竟限于具体制度、具体内容，通常不涉及法典的编排形式。因此，作为决定民法典法人制度编排形式的基本类型模式，其类型标准本身必须明确和稳定。所谓明确，是指依据选定的类型标准，在观念上和实践中、从内涵到外延均能明确区分相关法人类型；所谓稳定，并非仅指同一类型模式下类型标准不得变换，而是指选定的类型标准的固有含义不能轻易随社会发展而变化，其典型者如因附带了价值判断或者政策考量而导致类型标准在不同时空条件下的含义不同。②否则，在理论上可以明确区分法人类型的模式，在实践中可能难以明确适用；在今天看来是适于表达法人制度的类型模式，在将来或许难以满足形式上的要求。

第二，实质性区别标准。实质性区别标准是指，特定类型模式的选择应该关照民法典法人制度不同法人类型的实质区别，即在民法主体制度上有意义的区别。例如营利法人与非营利法人之间、企业法人与非企业法人之间、社团法人与财团法人之间除了结构、职能、目的的不同外，各该类型究竟有没有、有哪些基本民事主体制度上的差异？哪一种类型模式的此种差异更为基础、重要？这应成为民法典法人基本类型模式选择的第三项标准。如果某种类型模式下的不同法人类型之间虽然存在制度差异，但不属于民事主体制度上的区别，那么也不符合实质性区别标准。

三、模式选择

依解析性类型化方法，营利法人与非营利法人、企业法人与非企业法人、社团法人与财团法人是我国将来制定民法典或民法总则时最可能选择的三种典型法人类型化模式。按照前述标准，究竟哪一种模式更应成为我国民法的选择呢？

(一)营利法人非营利法人基本类型模式

基于目的视角的此种基本类型模式目前影响最大，但是否符合相关标准还需深入讨论。

1.营利法人非营利法人类型模式的确定性问题。学界在论及企业法人的属性时通常都会用到"营利"一词，然而真正意义上的概念界定和理论探讨，却是关于"非营利"概念的。我

---

① 本文所设定的类型标准无法被证明为充分要件，但作为必要要件则可确定无疑。因此，通过分别以三项标准一一检视各可能类型模式，只能排除不合标准的选项。符合三项标准的可能选项仍需进一步讨论并回应有关争议。

② 民法规范附带价值判断和利益衡量实属常见，但此处所讨论的并非一般的民法规范，而是决定民法局部章节体系的关键概念分类标准。

国《社会团体登记管理条例》《基金会管理条例》《民办非企业单位登记管理暂行条例》中均有使用"非营利性社会组织"或"非营利性法人"作为社会团体、基金会、民办非企业单位的上位概念。由于相关法律文本中并未明确界定"非营利"的含义,理论上的讨论便比较热烈,但到目前为止"非营利"的概念也是很不确定的,主要表现在以下三个方面:

首先,概念界定方式不成熟。目前关于"非营利组织"有代表性的"定义"主要有三种:第一,美国管理学界关于"公民社会"部门五大要素的学说,①此种观点被部分国内学者不加说明地"拿来"且俨然已成为"非营利法人"的一个经典描述。②第二,《美国国内税收法典》第501条(C)款关于"免税组织"的"定义",该条款实际上以"免税组织目录"为标题,属于纯粹列举式的规定。第三,日本《特定非营利活动促进法》第2条关于"非营利"的规定,该条采用了描述和列举相结合的方式。纵观上述所谓"定义",要么属于相关概念之间的张冠李戴,要么采用的是一种类型列举或者列举和描述相结合的方式,均非真正的概念界定,由此折射的便是非营利法人概念界定方式之不成熟。③日本2006年改革法人制度时专门制定《公益法人认定法》,创建了"由内阁总理大臣或都道府县知事,根据民间有识之士组成的委员会的意见、认定一般社团法人或一般财团法人的公益性"的制度。④此种改革,实际上也是希望藉由程序的公正性权威性来弥补概念界定的不足,解决原来法人设立阶段"公益性判断不明确"的问题。⑤这一方面彰显了非营利概念界定方式之进步,但另一方面也说明法人公益性或非营利性界定之艰难。

其次,在非营利法人的主要业务是否不得主要通过经济活动赚取利润、非营利法人终止时剩余财产是否可以归于特定利害关系主体、政治和宗教目的是否属于非营利目的、非营利是否排除政府或国家出资或捐资设立等问题上,目前理论认识上还存在较大分歧。⑥

最后,即便是在意见相对较为一致的"禁止分配"原则上其实也存在很多争议:第一,在分配主体上,有的认为各种非营利组织均不得分配利润,有的认为互益性法人在满足特定条件时可以向会员分配利润;⑦第二,在分配对象上,有的认为仅禁止向法人的设立人分配利

① 公民社会需具备组织性、私立性、非利润分配性、自治性、志愿性五大要素。参见[美]莱斯特·M.萨拉蒙等:《全球公民社会——非营利部门视界》,贾西津等译,社会科学文献出版社,2007,第3页。

② 参见税兵:《非营利法人概念疏议》,《安徽大学学报》(哲学社会科学版)2010年第2期,第110页;另参见金锦萍:《非营利法人治理结构研究》,北京大学出版社,2005,第6页。

③ 《美国国内税收法典》的列举式规定对严格认定社会组织的免税地位或属正当,但可能把一些本来属于非营利组织的团体不当排除在外。

④ 周江洪:《日本非营利法人制度改革及其对我国的启示》,《浙江学刊》2008年第6期,第145页。

⑤ [日]伊藤塾:《民法I总则·物权》,伊藤真监修,弘文堂,2007,第438页。

⑥ 参见金锦萍、葛云松主编:《外国非营利组织法译汇》,北京大学出版社,2006,第231页;金锦萍等译:《外国非营利组织法译汇(二)》,社会科学文献出版社,2010,第76页。

⑦ Revised Model Nonprofit Corporation Act sec.13.01、13.02(1987).

润,有的认为向法人的董事和其他管理人员支付薪酬也构成违反禁止分配原则;①第三,在禁止分配的尺度上,有绝对禁止与允许合理回报两种尺度迥异的做法。②鉴于实践中许多非营利组织缺乏运营经费,目前一般允许非营利组织适当开展经济活动,但是严格坚持"禁止分配"原则却可能导致某些特殊的社会组织被排除在非营利组织之外,③例如在拉丁美洲及其他发展中国家存在的"一批重要的实际从事反贫困事业的社区合作社"。④综上可知,非营利法人与营利法人的区分标准至今依然极具争议,缺乏确定性。

由于非营利的"身份"判断往往伴随国家或政府对特定类型社会组织的税收减免优待或其他政策性评价,因而在不同历史时期、不同社会背景下非营利的判断标准甚至都会有所不同。或许是为了回应有关"非营利"概念的争议,2008 年"美国统一州法委员会"再次修改《统一非营利法人示范法》时,直接将原第 13 章关于"禁止分配"的规定全部删除,同时还删除了原第一章第 1.40(6)条关于非营利法人的列举式界定。⑤本世纪初期为了鼓励发展民办教育,我国制定《民办教育促进法》明确允许作为非营利组织的民办高校依法将部分办学收入分配给办学投资人。⑥但是在我国民办教育发展到一定程度和规模之后,此种临时性刺激政策可能被废止,投资办学并获取经济利润的民办学校或者被禁止,或者回归企业法人。这说明通过从宽解释禁止分配原则而被认定为非营利法人的社会组织,将来可能随着解释趋严而被认定为营利法人。因此,营利法人非营利法人类型模式的区分标准缺乏稳定性。

顺便提及,"公益法人"中的"公益"概念面临同样的问题——在利益内容和受益对象两

---

① 2 Tex. Prac. Guide Bus. & Com. Litig. § 8:1.

② 参见金锦萍:《论非营利法人从事商事活动的现实及其特殊规则》,《法律科学》2007 年第 5 期,第 131 页。

③ See Vladislav Valentinov,Toward an Economic Interpretation of the Nondistribution Constraint. 9 Int'l J. Not-for-Profit L.65(2006).

④ [美]莱斯特·M.萨拉蒙等:《全球公民社会——非营利部门国际指数》,陈一梅等译,北京大学出版社,2007,第 13 页。

⑤ See Revised Model Nonprofit Corporation Act sec.1.40 (6)、sec.13.01、sec.13.02 (1987);Revised Model Nonprofit Corporation Act(2008).

⑥ 《民办教育促进法》第 51 条规定:"民办学校在扣除办学成本,预留发展基金以及按照国家有关规定提取其他的必需的费用后,出资人可以从办学结余中取得合理回报。取得合理回报的具体办法由国务院规定。"国务院《民办非企业单位登记管理暂行条例》第 2 条规定:"本条例所称民办非企业单位,是指企业事业单位、社会团体和其他社会力量以及公民个人利用非国有资产举办的,从事非营利性社会服务活动的社会组织。"目前民办学校一般都是在民政部门登记而非作为企业在工商部门登记,出资人要求取得合理回报的民办学校可以依《民办教育促进法实施条例》第 38 条的规定获得税收优惠,出资人取得"合理回报"需受《民办教育促进法实施条例》第 44—47 条的限制,故与纯以营利为目的的企业性培训学校如"新东方"等完全不同。

个方面都具有不确定性,其含义亦随时空不同而变化。①例如很多国家作为典型公益事业的医疗事业,在日本却存在巨大争议,甚至还有中间法人②、特殊公益法人③、"准公益法人"④三种观点。《中共中央、国务院关于深化国有企业改革的指导意见》要求"分类推进国有企业改革",明确提出国有企业应该划分为"商业性"和"公益性"两大类别,此种提法既打破了以往关于企业都属于营利组织的惯常印象,也是对"公益"概念的更新。因此,不止是营利法人非营利法人基本类型模式,可能整个"目的"视角下的法人基本类型模式,均难以符合类型模式的确定性和稳定性标准。⑤

2.营利法人与非营利法人的实质性区别。虽然法律上区分法人目的最典型的意义应该在于公法上如税费以及外部监管等方面的制度差异,但目的视角的法人类型模式在私法上或许仍然不无意义。从比较法考察来看,不少立法例明确规定法人因目的不同而适用不同的设立程序。例如《德国民法典》第21条和第22条、《瑞士民法典》第52条、日本旧民法第34条和第35条,以及我国台湾地区"民法"第45条和第46条均依法人目的不同规定了不同的设立程序。

不同的设立程序实质上反映了国家对不同团体组织的态度——许可主义代表了不信任和管制,而准则主义、自由设立主义代表了信任甚至鼓励。单就民法典的规定而言,整体上《德国民法典》《瑞士民法典》对设立非经济社团管制较少,对设立经济社团管制较多;而日本旧民法、我国台湾地区"民法"则持相反的意见。导致这种态度差异的影响因素很多,经济偏好或对经济组织的过分重视可能是其中最重要的一种。自1804年《拿破仑法典》以来,许多受其启发于19世纪通过的法典的商业精神都很明显,那些不以营利为目的的组织被认为不在"生产动力学"范围之内,因而不受重视甚至被怀疑和严格限制。⑥最为明显的例子便是1804年《拿破仑法典》中没有规定法人制度,但却在《法国商法典》中规定了公司制度。此种对经济组织的偏好很可能在形式和内容两个层面影响民法典的法人制度:一是在体例上采用目的视角或职能视角的法人基本类型模式;二是在具体制度例如设立原则、设立条件上对营利法人或企业法人设置更加宽松的标准,例如前述日本旧民法和我国台湾地区的"立法例"。我国改革开放以来一直秉持"以经济建设为中心"的国策,国家对经济组织的偏好极为

---

① 参见陈新民:《德国公法学基础理论(上册)》,山东人民出版社,2001,第206页。

② 参见[日]さくら综合事务所:《社团法人财团法人实务》,中央经济社,2000,第6页。

③ 参见[日]近江幸治:《民法讲义Ⅰ·民法总则》,成文堂,2005,第90页。

④ 参见[日]林良平、前田达明:《新版注释民法(法人·物)》(第2卷),有斐阁,1991,第500页。

⑤ 虽然"非营利"和"公益"的概念不确定,但是行政、司法部门还是必须贯彻依法行政、依法司法的原则,必须就"非营利"和"公益"的含义在个案中做出解释和适用,二者并不矛盾。

⑥ See Alceste Santuari, The Italian Legal System Relating to Not-for-Profit Organizations: A Historical and Evolutionary Overview, 3 Int'l J. Not-for-Profit L. 3 (2001).

明显。这种理念反映在我国民商事法律制度上,也就有了《民法通则》的职能主义法人基本类型模式以及特别法上营利法人相对于非营利法人更为宽松的设立原则。①

当然,比较法考察所能提供的更为重要的借鉴意义是,一个国家对某类团体组织或鼓励或限制的态度并非一成不变。德国2002年制定《财团法现代化法》修改民法典时,将财团法人的设立原则由许可主义改为所谓的"认可主义"。②日本2006年修订法人制度时,将法人地位取得与公益性身份认定分开,原来公益法人的许可主义设立原则被改为了准则主义。③在意大利,1942年《意大利民法典》第12条规定的特许主义设立原则被2000年通过的"社会关爱改革法"(SCR Act)废除后,设立非营利法人不仅不再需要总统或省长的特许,连一般的行政许可都不需要。④当然我们也不应该忘记,我国正是基于"鼓励投资"的理念在2005年修改了《公司法》,将股份有限公司的设立原则从许可主义改为准则主义,并且允许依准则主义设立一人有限责任公司,这才有了现在较普遍适用于整个营利法人的准则主义设立原则。实践表明,一国的法人设立原则受历史传统、政治理念和经济状况等多方面因素影响,容易发生变化,且整体上趋于宽松。⑤这一点对于非营利法人尤为明显,其原因或背景在于世界范围内国家对非营利部门整体上的态度改良。随着公民社会作为政府和市场之外第三部类的兴起,非营利组织提供的公共服务可以有效弥补"政府失灵"和"市场失灵"(或"合约失灵")的不足,非营利组织应该获得更多重视和更加宽松的生存发展环境渐成共识。⑥

即便是基于加强管制的立法动机,也不意味着法人设立原则只能采取许可主义一种思路。"在结社自由的国家,是没有秘密结社的。"⑦反过来,一国的法人设立原则过于严苛可能导致许多社团和财团放弃法人形式而改采无权利能力社团或无权利能力财团形式。因这些组织始终都无法在法定登记机关办理登记手续,政府对这些组织反而更加难于管控。我国现行非营利法人的许可主义设立原则可能确实过于严格。虽然我国2000年颁布了《关于取缔非法民间组织的暂行办法》,将未经批准就擅自开展筹备活动或未进行登记就擅自以社会团

---

① 目前我国《公司法》第6条规定,除非法律、行政法规规定需依法请求批准的之外,原则上由公司办理工商登记而设立;但是《社会团体登记管理条例》、《基金会管理条例》、《民办非企业单位登记管理暂行条例》均规定,除法定的极少数组织外,相关非营利组织均需经由业务主管机关的许可和民政部门办理登记后始得设立,此即所谓"双重管理体制"。

② 参见陈卫佐译注:《德国民法典》,法律出版社,2010,第26页。

③ 参见周江洪:《日本非营利法人制度改革及其对我国的启示》,《浙江学刊》2008年第6期,第144-145页。

④ See Alceste Santuari, The Italian Legal System Relating to Not-for-Profit Organizations:A Historical and Evolutionary Overview, 3 Int'l J. Not-for-Profit L. 3 (2001).

⑤ 参见罗昆:《财团法人制度研究》,武汉大学出版社,2009,第53-57页。

⑥ 参见田凯:《西方非营利组织理论述评》,《中国行政管理》2003年第6期,第59-61页。

⑦ [法]托克维尔:《论美国的民主》(上),董国良译,商务印书馆,2009,第217页。

体、民办非企业单位等名义进行活动的组织一概定性为非法组织予以取缔,但却仍有"占总数80%以上"的民间组织未经登记以"非法状态"存在着。①所幸我国当前用来规定非营利法人设立原则和条件、组织管理等事项的特别法多为"条例"、"暂行条例"或"暂行规定",此等法律位阶本身就表明相关法律只是一种阶段性或临时性的规定。

经过改革开放数十年的市场经济建设,我国政府和市场两个部类均已得到相当的发展,但在公共服务供给方面的不足也渐有体现。②民间蕴含的丰富志愿公益慈善力量正可以在一定程度上弥补政府人力、财力之不足。党的十八大报告也已提出要"强化企事业单位、人民团体在社会管理和服务中的职责,引导社会组织健康有序发展,充分发挥群众参与社会管理的基础作用。"可见"以经济建设为中心"和经济偏好并不排斥非营利组织的发展。我们完全可以期待,作为第三部门的非营利组织在我国将不断发展壮大,在提供公共服务方面将扮演越来越重要的角色。尤其随着《慈善法》的出台,非营利组织特别是慈善组织的发展或将井喷,长期来看营利组织与非营利组织发展不均衡的局面必将整体上逐渐改观。民法典法人制度不仅应该正视和因应这种正在发生的变化,还应积极主动地为非营利组织提供更加有利于其生成发展的制度环境。针对国内非营利部门普遍实行的"双重管理体制",目前学界、业界主张应有所变革与放开的呼声不绝于耳。③我国政府对非营利组织的管制也确有逐步放松的迹象。④特别法上的松绑或许无法一步到位,但至少民法典或民法总则中应该正确对待经济偏好,并为将来能够与特别法的改变保持一致做好准备。

考虑到结社自由和交易安全的保护,也考虑到近年国际上法人设立原则的整体变化趋势和我国将来的可能性,民法典应该在严格法人设立条件和治理结构的同时,在法人设立原则上整体性的适度松绑为以准则主义为原则。但考虑到目前我国实践中非营利法人实行的许可主义设立原则与此种构想尚存在极大的距离,考虑到法人设立原则易受政策性因素影响缺乏稳定性,还考虑到特定时期不同法人的设立原则难以统一,因此民法典中对法人设立原则只宜进行原则性和授权性相结合的规定,即以准则主义为原则、以许可主义或其他为例外。除非有其他特别法规定某类法人采用许可主义或其他设立程序,否则法人均依准则主义

---

① 谢海定:《中国民间组织的合法性困境》,《法学研究》2004年第2期,第17页。

② "政府失灵"理论是以西方代议制政治制度为前提的,因而这一理论中的论证思路能否移植到我国不无疑问。不过即使这一论证逻辑不成立,也不意味着政府失灵的结果不存在。除了代议制的弊端可以导致政府失灵之外,其他的客观制约例如经费、人才缺乏等也可能导致政府提供的公共服务无法满足需求。

③ 参见陈金罗等:《中国非营利组织法的基本问题》,中国方正出版社,2006,序言部分。

④ 2013年发布的《国务院关于取消和下放一批行政审批项目的决定》取消了民政部对全国性社会团体分支机构、代表机构设立登记、变更登记和注销登记的行政审批项目;2016年《国务院关于修改部分行政法规的决定》(国务院令第666号)进一步取消了社会团体设立阶段向登记管理机关申请开展筹备工作的环节,备案事项中取消了提交主管机关批准证书等要求。

设立。①至于特别法就某特定类型的法人规定或严格或宽松的特别设立程序,与法人的目的或者结构都没有必然联系,而是取决于特定时期国家对某类法人的态度。因此这一规则不仅对营利法人非营利法人基本类型模式适用,对其他类型模式同样是适用的,应该成为私法人制度的一般规定。因此兼顾立法的现实性和适当超前性,营利法人与非营利法人的类型模式也难以真正满足实质性区别标准。

3. 营利法人与非营利法人类型模式的逻辑周延性。相较于日本旧民法的营利法人公益法人类型模式,营利法人非营利法人类型模式在满足逻辑周延性标准上具有明显的进步意义。而且从类型概念所使用的文字来看,该类型模式应该也是可以满足逻辑周延性的。但如果对我国现有的非营利组织理论学说制度有完整的、长期的观察了解,就会发现目前部分民法学者所理解的"非营利法人"概念有望文生义之嫌。如前文在介绍非营利法人的含义时所述,我国管理学界和社会学界关于非营利概念的使用、研究比法学界尤其民法学界要早而且多。事实上,"非营利组织"与非政府组织、第三部门组织、民间组织、免税组织等概念常常被不加区分的使用。②例如国家民政部设"民间组织管理局"负责主管全国的社会团体、基金会和民办非企业单位,这些组织在法律上又全部被定性为"非营利性社会组织"或"非营利性法人"。因此,虽然"非营利"概念存在各种不确定,但根据既有的语义习惯,有一点——"志愿性"却是大致确定的。这一语义习惯性要素导致非营利组织在外延上主要涵盖公益性(public benefit)和互益性(mutual benefit)的社会组织,而不能涵盖私益性(private benefit)社会组织。营利组织的利润分配属性需要满足追求利润(营利事业)和将利润分配给投资人两个要素,因此那些没有营利事业、纯粹为特定第三人利益而存在的社会组织——典型者如主体性的私益信托和家庭财团——无法纳入营利法人非营利法人类型模式中。之所以会出现这样的问题,主要是因为营利与非营利两个概念虽然都不完全清晰确定,但是都早已被广泛使用,都早已被固定了某些习惯性含义。"非营利法人"并非以营利法人为参照对象、运用解析性类型化方法而专门生造出来的概念,更非专用来实现类型体系的逻辑周延性的。

---

① 现代法人治理的复杂性导致相关法律规则越来越繁复,难以为民法典所容纳,或者需因应实践中的新情况新问题时时修订不合民法典的安定性。因此我国将来的法人制度必然采用民法典的一般规定与相关特别法相结合的体例。现有相关特别法除了《公司法》,还有《基金会管理条例》、《社会团体登记管理条例》、《民办非企业单位登记管理暂行条例》等行政法规及其实施细则,甚至还涉及《民办教育促进法》、《公益事业捐赠法》、《慈善法》等法律,如此庞大的制度体系不可能都容纳在民法典之中。

② 在日本,非营利组织和非政府组织是严格区分的。所谓非营利组织(NPO)是指致力于日本国内以社区为基础的各类公益活动的社会组织,所谓非政府组织(NGO)是指致力于日本国外以开发援助、国际协力、灾害救助、扶贫环保等公益活动为主的社会组织。具体一点,业务超出本国范围的称"NGO",在本国范围内活动的称"NPO"。

此外,目前有关营利法人和非营利法人的区分,实际上只考虑到了社会组织在利润分配上全部分配或者全部不分配两种极端情形,也就忽视甚至排除了社会组织制度化地将部分利润用于分配、部分用于从事公益事业的可能性。法律包括税法应该对于此种跨越营利和非营利两个部类的社会组织给予回应和承认。①就此而言,营利法人非营利法人的基本类型模式不仅存在逻辑不周延的问题,其本身是否正当都是值得探讨的。

综上,营利法人非营利法人基本类型模式难以满足确定性、实质性区别和逻辑周延性,因而是不可取的。这也进一步证明,此种明显师法日本旧民法学说、在日本一直饱受争议甚至诟病、本身连日本也已放弃十年的法人类型模式的改进版,仍然不足以成为中国民法典或民法总则的选择。

(二)企业法人非企业法人基本类型模式

企业法人非企业法人基本类型模式属于《民法通则》现行模式的改良版本。与前述营利法人非营利法人类型模式不同,此类型模式中"非企业法人"并非固有概念,其创设纯为以企业法人为参照,以解决法人类型模式的逻辑周延性而来,当然可以满足逻辑周延性标准,但能否满足确定性标准和实质性区别标准则仍需探讨。

1.企业法人非企业法人类型模式的确定性问题。虽然"企业"是一个非常重要的法律概念,但我国现行法律、行政法规均未对此有法律上的定义。②依《现代汉语词典》的解释,企业是指"从事生产、运输、贸易等经济活动的部门,如工厂、矿山、铁路、公司等。"③这种列举性的描述显然并不符合概念定义的要求,公司与工厂、矿山、铁路等也并非同一层次和视角的社会组织。在美国,有关"企业"含义的争议典型地呈现在 National Org. for Women v. Scheidler 一案中,当事人双方围绕一个反堕胎的组织(Pro-Life Action Network)是否属于美国《诈骗和腐败组织法》(RICO Act)上被界定的"企业"展开多轮激烈交锋,法院也发表了"理解式"或"解读式"的意见。④而学界其实也早已意识到"企业"一词表面上耳熟能详,真正的含义却并不清晰明确。因此理论上关于企业概念内涵外延的探讨很多,但至今仍然莫衷一是。⑤即便按照最一般的理解——企业总是与营利或者说经济活动联系在一起——争议仍然存在。例如在德国的住宅建设领域曾经存在所谓公益性企业,指在财产所有、利润分配及分红、

① See Susannah C. Tahk, Crossing the Tax Code´s For-profit/Nonprofit Border, 118 Penn St. L. Rev. 489(2014).

② 《全民所有制工业企业法》第 2 条对全民所有制工业企业进行了简单界定。

③ 中国社会科学院语言研究所词典编辑室编:《现代汉语词典》,商务印书馆,1996,第 998 页。

④ See Clark D. Cunningham et al, Plain Meaning and Hard Cases, 103 Yale L.J. 1561(1994).

⑤ 参见董开军:《论我国的企业概念及其法律定义问题》,《江苏社会科学》1991 年第 4 期,第 33-34 页;另参见董学立:《企业与企业法的概念分析》,《山东大学学报》(哲学社会科学版)2001 年第 6 期, 第 76-80 页。

租金标准、资金调剂等方面受到严格限制,并能享受税收和财政方面的优惠的企业。①《中共中央、国务院关于深化国有企业改革的指导意见》也明确将国有企业分为商业性和公益性两大类,二者在目标、监管、考核等方面存在明显不同,"公益类国有企业以保障民生、服务社会、提供公共产品和服务为主要目标"。这使得从功能角度来区分企业与其他社会组织变得更加困难。或许正如某些学者所说,企业(enterprise)"从来就不是一个准确的法律用语"。②与内涵上的不确定不同,目前国内在实践中对企业与其他社会组织的识别倒不成问题。企业在外延上特指在工商行政管理部门登记并领取营业执照开业经营的社会组织,且因企业类型法定,此种识别并不复杂。只是这种识别已经偏离以功能为标准来区分企业法人与其他社会组织的视角。

2.企业法人与非企业法人的实质性区别。截至 2015 年底,在北大法宝"法律法规"数据库中以"企业"为关键词做标题检索,能够找到 17736 项以企业为题名的"中央法律法规司法解释"。③由此折射出的是企业与其他社会组织在现实法律制度上的巨大差异。这是社团法人财团法人、营利法人公益法人等法人类型都完全无法比拟的。但具体观察这些专属于"企业"的法律制度,我们会发现以下几个特点:第一,大多数企业法,特别是最为重要的、由全国人民代表大会及其常务委员会制定的"法律",都是专属于特定类型企业的,例如公司、合伙企业、个人独资企业、全民所有制工业企业、乡镇企业、中外合资经营企业、中外合作经营企业、外资企业、中小企业均已制定有相应专门性法律。④不同类型的企业之间存在巨大差异,但并不都跟企业组织形式有关,有的跟所有制形式、资本来源、企业规模有关。第二,大量以"企业"为名独立存在、能够普遍适用(包括企业法人与非法人企业)的企业法律制度主要是行政管理层面的行政法规和部门规章,例如《企业信息公示暂行条例》《企业名称登记管理规定》等。这说明企业与其他社会组织的典型区别并不在主体制度上。⑤第三,具体到企业法人以及与民事主体制度有关的部分,企业法人与非法人企业、非企业法人之间的差异性则高低互见。在组织结构上,作为企业法人的公司与非法人的合伙企业、个人独资企业、采用联合管理制的中外合资经营企业等存在巨大差异,与财团法人更是存在重大差异,但与同为社团

① 参见王名、李勇、黄浩明:《德国非营利组织》,清华大学出版社,2006,第 41 页。

② [法]雅克·盖斯旦、吉勒·古博:《法国民法总论》,陈朋等译,法律出版社,2004,第 156 页。

③ 其中法律 33 篇,行政法规 430 篇,司法解释 169 篇,部门规章 15878 篇,团体规定 195 篇,行业规定 1020 篇,军事法规规章 11 篇。

④ 即便是名义上可以适用于"企业"的法律制度往往也并不能真的普适于所有企业类型,例如《企业破产法》事实上主要适用于企业法人,《企业所得税法》只适用于企业法人。

⑤ 正因为如此,采用职能主义模式的我国《民法通则》法人制度才缺乏实质性规定。参见蔡立东、王宇飞:《职能主义法人分类模式批判——兼论我国民法典法人制度设计的支架》,《社会科学战线》2011 年第 9 期,第 183 页。

法人的社会团体法人之间却基本相同。在设立程序上,我国为了鼓励投资,规定公司、合伙企业、个人独资企业均以准则主义为设立原则,许可主义为例外。[1]是否须经行政许可始得设立,主要取决于企业的经营范围和资本来源而非组织形式和主体性质。这与当前社会团体法人、基金会法人的许可主义设立原则明显不同。但前已述及,将来制定民法典时部分非企业法人是否仍然需要坚持现行许可主义也不无疑问。[2]

反过来,可能纳入非企业法人的各类法人之间本身更是存在巨大差异,机关法人、事业单位法人、基金会法人、社会团体法人等在组织结构、设立依据、设立原则等方面都无法统一,难以形成统一适用于各非企业法人的一般规则。因此,企业法人与非企业法人基本类型模式并不符合主体制度视野下的实质性区别标准。

(三)社团法人财团法人基本类型模式

1.社团法人与财团法人的实质性区别及其确定性问题。我国学界特别是大陆民法学界一般认为社团法人与财团法人在成立基础、设立人的地位、设立行为、有无意思机关、目的、法律对其设立的要求、解散的原因及解散的后果、稳定性等方面存在区别。[3]其中尤以"成立基础"上的区别最为基础重要——社团法人是以社员或者社员权为基础的人的集合体,而财团法人是以财产为基础的集合体。[4]然而此种学说细究之余,仍不免令人心生疑虑。"基础"一词并非法律概念,其在民法规范上根本无从体现,即便是民法理论上的意义也难以把握。若以前述确定性标准和实质性区别标准衡之,社团法人财团法人之类型化模式明显应为民法典所摒弃。然而这又与大陆法系如德国、瑞士、泰国民法以及我国台湾地区、澳门地区民法均以社团法人和财团法人为民法典法人基本类型的现实选择明显不符。因此真正的问题只可能在于,或许我们应该重新认识社团法人与财团法人的实质性区别。

论及社团法人与财团法人的区别,最为著名的莫过于"财团法人只能是公益法人,社团法人既可以是公益法人又可以是营利法人"的观点。[5]但不得不指出,此种观点与逻辑、事实

① 也有人认为现行公司法所采用的公司设立原则为严格准则主义。参见范健、王建文:《公司法》,法律出版社,2015 版,第 102 页。

② 参见陈金罗等:《中国非营利组织法的基本问题》,中国方正出版社,2006,序言部分。

③ 这些区别系我国民法学者在介绍资本主义民法的法人分类时逐渐总结而成,外国相关立法例中一般并无如此系统性的、对比性的规定。参见刘心稳:《中国民法学研究述评》,中国政法大学出版社,1996,第 148 页;李永军:《民法总论》,法律出版社,2006,第 308-309 页。

④ 有学者进一步阐述为,社团法人是先有人(社员),然后由人出资构成法人的财产;而财团法人是先有财产,然后由专门委任的人去经营管理。社团法人的"人"(社员)不是由社团聘用的,而财团法人的"人"(经营管理人员)是由财团聘用的。参见马俊驹:《法人制度通论》,武汉大学出版社,1988,第 58 页;李双元、温世扬:《比较民法学》,武汉大学出版社,1998,第 120 页。

⑤ 参见马俊驹、余延满:《民法原论》,法律出版社,2005,第 116 页。

与法律均不尽相符。首先就逻辑层面而言,一种颇具代表性的观点认为,营利性必须满足"利润分配"的要求,而财团法人没有社员,即使赚取利润也无法分配,故财团法人只能限于公益法人,不可能成为营利法人。此种观点的逻辑错误有二:第一,营利法人公益法人不是非此即彼的关系,即便财团法人不可能成为营利法人,但也不能因此就得出财团法人限于公益法人的结论。第二,财团法人没有社员,只决定形式上无法向社员分配利润,不代表不能通过间接的利润转移实现实质上的利润分配。其次就法律层面而言,世界上明确将财团法人限于公益法人的立法例较少,我国澳门地区民法属于其中之一。①而德国、瑞士的民法及我国台湾地区"民法"均未将财团法人的目的限于公益目的。②日本旧民法虽然仅仅规定了公益财团法人的设立依据,但是依据日本旧民法第33条,民法之外的特别法可以成为"中间法人"的设立依据,因此就连日本旧民法其实也并未将财团法人限于公益目的。最后就事实层面而言,在德国、瑞士及我国台湾地区,长期客观存在着以赡养特定家庭成员为目的或者为特定多数人利益服务的家庭财团、宗族财团等。③在日本也长期存在着劳动组合、协同组合。④这些财团法人既不属于营利法人又不属于公益法人,而是属于非营利的私益法人或中间法人。可见,财团法人是否限于公益法人主要取决于一国法律的选择,目的上的区别不能成为社团法人财团法人的实质区别。

依结构功能主义,社团法人与财团法人的诸多区别特别是功能上的区别均应以结构上的区别为基础,结构上的区别设计又是以实现不同功能为目的。因此就目前学界有关社团法人财团法人的一众区别而言,民法典所最应关注者当属二者在组织结构上的区别,且应以之作为学者所称"成立基础"上的区别的具体解读。在组织结构上,社团法人设社员(会员)大会作为权力机关,权力机关做出的决议由执行机关负责执行;财团法人则不设权力机关,执行机关根据既定的财团章程执行财团事务。此种结构上的差异决定了:第一,社团法人需要社员(会员)组成社员大会作为权力机关;而财团法人因不设权力机关也就无需社员(会员)。第二,社团法人可能经由权力机关的议决而修改章程、决定社团法人的关停并转;而财团法人仅在法律或章程有明确规定的情况下并经由特定严格程序才能修改章程,原则上其关停并转和章程修改都不能由作为执行机构的财团理事会决定,或至少不能仅仅由理事会决定。第

---

① 澳门地区《民法典》第173条明确规定:"财团系指以财产为基础且以社会利益为宗旨之法人。"

② 我国台湾地区"民法"《立法理由书》对此有明确说明:"谨按财团者,因为特定与继续之目的,所使用财产之集合而成之法人是也。其目的有公益目的(如学校病院等)、私益目的(如亲属救助等)之二种。"参见杨建华、郑玉波、蔡墩铭:《六法判解精编》,台湾五南图书出版公司,1996,第73页。

③ 参见[葡]Carlos Alberto da Mota Pinto:《民法总则》,澳门大学法学院法律翻译办公室,1999,第154页;另参见史尚宽:《民法总论》,中国政法大学出版社,2000,第144—147页。

④ 劳动组合、协同组合既可以采用社团法人形式,又可以采用财团法人形式。参见[日]さくら综合事务所:《社团法人财团法人实务》,中央经济社,2000,第6页。

三,社团法人适宜运营需时时因应社会之发展变化而调整自身的章程、业务范围、资金规模等的事业(典型者如营利事业);财团法人因其固定僵化之制度构造一方面足以维持捐助人意志不被后人变更,另一方面适宜运营长期稳定特别是与市场波动无关之事业。[①]至于学者总结的其余社团法人财团法人的区别,如设立行为、设立要求、解散的原因及后果等均为由此衍生的制度。

然而遗憾的是, 我国既有民法主流理论对社团法人财团法人的上述实质区别并没有充分认识。我国现行《基金会管理条例》第21条规定"理事会是基金会的决策机构,依法行使章程规定的职权",并明确规定经三分之二以上多数同意的特别决议,理事会即有权修改基金会的章程,决定基金会合并或分立。此种规定彻底背离财团法人的基本原理,足以使潜在的捐助人对财团法人或基金会制度完全丧失信心,实在值得检讨。但就是这样的错误规定实践中却能长期大行其道不受质疑, 这在很大程度上说明有关财团法人的基本理论有待深入和普及、连带的关于财团法人与社团法人的实质性区别需要重新认识;同时也说明各类法人的基本组织结构和基本管理制度应该在民法典中予以正确固定,以防特别法突破一般性规则。

此种经由重新认识的社团法人财团法人基本类型模式, 其以组织结构上是否设置权力机关来修改章程或决定组织体的关停并转等根本事项作为区分标准。[②]作为权力机关的会员大会含义明确、稳定,符合确定性标准。同时组织结构上的此种显著区别正是民法典法人制度需要予以规定的,因而符合实质性区别标准。

2.社团法人财团法人类型模式的逻辑周延性。以是否设置会员大会或权力机关将法人分为社团法人和财团法人,在类型方法上属于解析性的类型化方法,自然也应符合逻辑周延性,但因学理上对此存在一些争议还须予以适当回应。前已提及,有学者认为社团法人财团法人类型模式并不能完全概括我国现实中存在的各种法人类型,归纳起来主要有以下三个问题:第一,一人公司单一股东无法满足社团法人社员的复合性要求,无法纳入社团法人中;第二,实行盈余分配的部分大学有悖于财团法人的公益性,无法纳入财团法人中;第三,社团法人的设立程序不能解决国有企业法人的问题,国有企业的公司化改革短期内难以期待,即使国有企业法人均改造成国有独资公司也仍然与社团法人存在本质区别, 社团法人的理论无法对其做出合理解释。[③]

此种观点确实看到了社团法人财团法人类型模式应用于我国可能出现的一些问题,但

---

① "财团法人限于公益法人而社团法人既可以是营利法人又可以是公益法人"的学说虽不准确,但在一定程度上也反映了这一特征。

② 明确这一点,也就不会得出所谓的"我国台湾地区现在允许有成员的财团法人/宗教法人"这样的结论。参见崔拴林:《论我国私法人分类理念的缺陷与修正——以公法人理论为主要视角》,《法律科学》2011年第4期,第92页。

③ 王利明:《民法总则研究》,中国人民大学出版社,2003,第387页。

最多只能说明在我国传统的法人理论框架内上述问题难以解释，并不能就此说明社团法人财团法人类型模式必然不可取。如果按照经重新认识的财团法人制度以及财团法人与社团法人的本质区别，上述问题均可迎刃而解。

首先，《中共中央、国务院关于深化国有企业改革的指导意见》要求，到2020年在国有企业改革重要领域和关键环节取得决定性成果，其中具体包括"国有企业公司制改革基本完成，法人治理结构更加健全"。因此不久的将来，国有企业在改革完成后整体上将会符合社团法人的治理结构。即便仍会有未进行公司化改制、不符合社团法人治理结构的少数特殊国有企业，则不妨将其归入公法人类别。

其次，无论是国有独资公司还是一人公司，其都因单一股东的特点以致是否属于社团法人备受质疑。[①]但按照本文前有的解释，社团法人财团法人应以组织结构上的区别来区分，社团法人的本质特征在于是否设置权力机关对社团保持控制包括修改社团的章程等，而不在于社团法人必须要有两个以上的社员。社团法人和财团法人作为法人的团体性，均不在于社员或成员的复数；否则财团法人不设社员，如何也能成为法人团体？我国《公司法》第61条规定，一人有限责任公司不设股东会，由单一股东行使一般有限责任公司股东会的职权；同法第66条规定，国有独资公司不设股东会，出资人的职权仍由国有资产监督管理机构作为国家股东的代表来行使，只是可以授权董事会行使部分职权，但涉及合并分立解散、增减资本、发行债券的事项仍需由股东代表行使股东会职权以资决定。可见一人公司和国有独资公司完全符合社团法人的组织结构和管理模式，应均可纳入社团法人范畴。

最后，虽然国外有很多民办学校属于财团法人，但国内实行盈余分配的部分民办大学往往确实并不能归入财团法人类型之中。其原因却不在于因盈余分配而违反财团法人的所谓"公益法人"属性（财团法人本就不限于公益法人），而是在组织结构上不符合财团法人的实质要求。实行盈余分配的部分民办学校属于投资办学，投资人对学校的控制与公司的股东无异，因而本就应该归入社团法人范畴。至于民办学校中捐资办学的部分，组织架构上往往理事会或董事会享有控制权并依章程行事，故可以归入财团法人范畴。可见，民办学校因组织结构上的差异或者归入社团法人或者归入财团法人，并无不能被此种类型模式涵盖之虞。

（四）小结

综上，以逻辑周延性、确定性和实质性区别三标准衡之，目的视角的营利法人非营利法人基本类型模式无法满足任何一项标准；职能视角的企业法人非企业法人基本类型模式难以满足确定性和实质性区别标准；惟结构视角的社团法人财团法人基本类型模式可以满足全部三项标准，或者可以为民法典采用。

① 梁慧星：《民法总则立法的若干理论问题》，《暨南学报》2016年第1期，第24页。

四、制度支撑

某种法人基本类型模式"是否可能必要"最终确实还取决于"如何构建"。任何制度或者体系也都不是孤立的,都是在一定范围内的制度或体系。欲使社团法人财团法人基本类型模式现实可行,至少还需要以下两项制度作为支撑或配套:

(一)构建与私法人相对的一般公法人制度

公法人和私法人在设立的依据和原则,甚至在组织结构、解散清算等问题上与私法人均存在重大差异。[1]虽然有关公法人的具体主体性法律规则往往存在于相关特别法或行政命令中,但是就整个法人制度的体系完备和制度科学考虑,无论采用何种法人基本类型模式,民法典法人制度仍均须构建起公法人和私法人的二元法人体系。[2]此种类型化和体系化处理主要具有两层意义:第一,社团法人财团法人的基本类型模式原亦限于私法人范围内,超出该范围便难谓逻辑周延。通过将部分无法归入社团法人和财团法人的法人组织纳入公法人中,就可以使私法人范围内的社团法人财团法人基本类型模式满足逻辑周延性。因此依据公法设立的国家机关、事业单位、人民团体、依据特别命令设立的某些国有企业例如"中国铁路总公司"甚至国家,均可归入公法人范畴。[3]第二,突出公法人相对于私法人的地位,明确公法人主要应依据民法典之外的特别法设立、管理、解散,也就是不必然适用民法典关于私法人的相关规定。例如组织结构方面,私法人基于安全性考虑必须满足法定的社团法人或者财团法人的组织结构来设立和管理,但基于特别考虑、依据特定的法律或命令,特定类型公法人可以突破社团法人或财团法人的完整组织架构。有学者以民事主体法律地位一律平等为由否认公法人与私法人之区分意义的观点明显值得商榷。[4]

构建与私法人相对的一般公法人制度,并不是要在民法典法人制度中连篇累牍地规定大量关于公法人的制度规则,相反仅需少数几个条文明确其主要依特别法设立运作管理解散、以及在特别法缺乏规定的情况下对民法典私法人制度的准用规则即可。

(二)构建类型开放的财团法人制度

已有法人制度改革方案都认为将来的法人类型体系应吸纳财团法人(基金会)制度,但具体如何吸纳则意见不一。在所使用的名称上,本世纪初期的几个民法典草案建议稿和官方

---

① 参见[德]迪特尔·梅迪库斯:《德国民法总论》,邵建东译,法律出版社,2000,第816–817页。

② 一般认为公法人包括公法社团、公法财团和公营造物。参见周友军:《德国民法上的公法人制度研究》,《法学家》2007年第4期,第140页。

③ 也有学者认为,国家机关不是公法人,国家才是公法人。参见葛云松:《法人与行政主体理论的再探讨——以公法人概念为重点》,《中国法学》2007年第3期,第95–98页。

④ 参见梁慧星:《民法总则立法的若干理论问题》,《暨南学报》2016年第1期,第24页。

草案即有"捐助法人"、"基金会法人"、"财团法人"等不同意见。[①]十几年过去,此种争议仍在继续。[②]上述不同意见的实质分歧并不完全在于财团法人采用何种名称,更为重要的是对民法典中应予规定的财团法人具体类型有不同意见:财团法人是否限于基金会?是否限于捐助型?是否可以包括临时性的捐赠基金?等等。

民法典法人制度体系包括财团法人必须保持完整开放,故民法典不宜对财团法人的类型进行限制或者筛选,具体而言包括以下三个方面:第一,就财团法人的目的而言,因国内民法学界长期秉持的财团法人"公益法人说"实属误解并已被前文证伪,故民法典应该为中间目的或者互益目的的财团法人、以及为特定第三人利益的或私益性非营利财团法人例如家族赡养财团留下可能性。特定时期国家和政府对不同目的的财团法人的态度——鼓励或者限制——应该通过民法典之外的特别法,包括各种财团法人法、税法等来体现。第二,就基础性财产的形态而言,传统上的财团法人主要是货币型的基金会和各种以不动产为依托的组织如大学、博物馆等;但由于财富形式在现代社会的巨变,股权型财团法人现正成为世界上规模最大、最为重要的财团法人,故财团法人应包括货币型财团、不动产财团和股权型财团,或者是包含多种基础财产形式的、混合型的财团法人。股权型财团法人或者仍然可以称之为基金会,但以不动产为基础的财团法人如私立大学、私人捐助设立的博物馆等并非基金会的固有语义所能涵盖,因此财团法人应不限于基金会,也不应采用"基金会"的概念来指代财团法人。[③]第三,纯就财团的功能视角而言,临时性的慈善活动委员会显然与以捐助人意志永续为目的的财团法人制度不合,应该从财团法人类型中排除。[④]至于"捐助法人"概念之取舍,因与财团法人具体类型限制取舍关系不大,故容后详论。

[①] 由梁慧星教授负责的草案建议稿称之为"捐助法人",由王利明教授早年负责的草案建议稿称之为"基金会法人",徐国栋教授负责的草案建议稿则称之为"财团法人",具体分为捐赠基金和临时的慈善活动委员会,但不包括宗教法人。参见梁慧星:《中国民法典建议稿附理由》,法律出版社,2004,第103—104页;王利明:《中国民法典学者建议稿及立法理由·总则篇》,法律出版社,2005,第190页;徐国栋主编《绿色民法典草案》,社会科学文献出版社,2004,第177—180页。

[②] "法学会版草案"和"社科院版草案"采用了"财团法人"的概念;"法工委版草案"则采用了"捐助法人"的概念;龙卫球教授负责的草案建议稿则采用了"基金会"的概念。

[③] 我国现行《基金会管理条例》明确规定,基金会的原始基金必须是到账货币基金,明确排除股权型原始基础财产的基金会类型,但我国现已有股权型基金会的成功尝试。福建福耀玻璃股份有限公司的创始股东曹德旺先生家族已经捐出其持有的"福耀玻璃"股份成立"河仁慈善基金",该基金会的基础财产是当时市值超过35亿元人民币的股份。为避免与现行《基金会管理条例》冲突,曹德旺先生先捐出人民币2000万元设立河仁慈善基金会,再向基金会完成股份捐赠。

[④] 参见郑玉波:《民法总则》,中国政法大学出版社,2003,174—176页;另参见葛云松:《中国财团法人制度的展望》,《北大法律评论》2002年第5卷第1辑,法律出版社,2003,第178页。

五、结语兼回应

民法典是否采用社团法人财团法人的法人基本类型模式争议由来已久,并非新的命题。有关法人基本类型模式的其他观点通常都曾"证成"此种类型模式在当下的种种不足。虽然这些批评多系出于误解,部分也已在前文中逐步回应,但是据笔者观察目前还有两种与本文结论相关的重要意见可能影响到了我国民法典或民法总则的起草工作,现结合本文的论证和结论简单回应如下:

(一)经济偏好与法人基本类型模式

当前有一种意见认为:"考虑到我国民法更为注重法人在经济生活中的地位和作用,建议沿袭民法通则关于区分企业法人与非企业法人的基本思路,借鉴德国和瑞士的立法例,采用'营利法人'与'非营利法人'的分类……"①虽然此种意见的不足之处非常明显,但却恰恰可能是影响了民法起草机关的、目前最重要的一种意见,且系从价值层面出发立论,因而必须在此加以回应:第一,德国和瑞士立法例、我国《民法通则》、日本旧民法分别代表了三种截然不同的法人类型方法和基本类型模式,只能选择取舍无法借鉴兼顾。第二,"注重法人在经济生活中的地位和作用"在民事基本法律制度构造上没有多少实质性意义;但该句若是指"更加重视经济性法人或者营利法人",则如前文在关于"营利法人非营利法人的实质性区别"部分所论及的,鉴于多方面因素的综合考虑,我国民法典民事主体制度中应正确处理经济偏好,克服以经济偏好的名义形成时时事事经济组织优先的绝对主义倾向,放弃"职能主义"的法人基本类型模式,当然也就不应改采与之类似的"目的主义"法人基本类型模式了。第三,在营利法人非营利法人基本类型模式无法满足任何一项类型模式选择标准的情况下,尤其不能片面地以经济偏好为名义来考虑法人的基本类型模式取舍。

综上,不管是依循立法技术层面来进行论证,还是基于宏观价值层面的"重要性"因素来分析,民法典法人基本类型模式选择的答案都完全相同。我国民法典或民法总则的法人制度应由一般规定(包含公法人制度)、社团法人、财团法人三部分构成,采用社团法人财团法人基本类型模式。

(二)"捐助法人"还是"财团法人"

早有学者主张采用"捐助法人"概念取代公益性财团法人概念,其理由在于"我国立法从未采用'社团'及'财团'的概念,而已经被广泛使用的'社会团体'之概念与'社团'之概念极易混淆,至于'财团',则难以为一般人所理解。因此,社团法人与财团法人的概念和分类可为民法理论所运用,但立法上不宜采用。不过,我国民法应当对财团性质的法人作出明确规

---

① 梁慧星:《民法总则立法的若干理论问题》,《暨南学报》2016年第1期,第24页。

定。"①如果仅限于以上理由，那么生造出"捐助法人"概念来代替"财团法人"这一大陆法系通用的概念就既不必要也不合理，具体理由如下：第一，社团法人财团法人的基本类型模式下，"社团法人"与"社会团体法人"作为种属概念，构词上存在相近甚至局部重复完全是正常现象。第二，字面容易混淆的法律概念早已比比皆是，例如法制与法治、抢劫与抢夺、合资与合作等，因此以字面意思相近容易为大众误认为理由来排斥某法律概念，理由并不充分。第三，"捐助法人"也不是一定不会产生疑义，目前公益基金会以是否直接运作公益项目为标准就可以分为资助型与运作型两类，"捐助法人"难免被误认为专以捐助或捐赠他人，包括资助其他公益项目为目的的基金会法人，非专业人士又有几人能够说清楚"捐助"、"捐赠"与"资助"的区别呢？第四，国家机关法人、事业单位法人、社会团体法人均系职能视角的法人类型，而"捐助法人"本系从设立行为的视角来描述或定义，但与前述职能视角的法人相并列则更容易被误认为资助型财团法人。第五，学界可能严重低估大众接受新概念包括法律新概念的能力和开放态度。在网络新词(如"给力")层出不穷且部分甚至能为官方严肃权威媒体采用的时代，在"地役权"都已成为法律概念的时代，在"TPP"借助新媒体一夜之间变得耳熟能详的时代，笔者认为此种担心没有必要。再说同样都是新概念，为什么只担心"财团"概念难以理解接受，而不担心"捐助法人"概念呢？第六，最为重要的是，既然"目的主义"的法人基本类型模式不可行，既然我们只能选择"结构主义"的法人基本类型模式，那么作为与"社团法人"概念相对称的、能够符合法人基本类型模式选择标准的概念，自然非"财团法人"莫属。相应地在法人基本类型模式上，我国民法典也就应该采用"社团法人财团法人"基本类型模式而非"社团法人捐助法人"基本类型模式。

(本文经修改后发表于《法学研究》2016 年第 4 期)

---

① 尹田：《民事主体理论与立法研究》，法律出版社，2003，第 176 页，另参见梁慧星：《民法总则立法的若干理论问题》，《暨南学报》2016 年第 1 期。

现代成年人保护制度设立原因之新解*

叶　欣**

内容摘要:意思能力的欠缺与行为能力的判断并非存在必然的一一对应,意思能力在特定情况下可脱离于行为能力统摄的范畴之外。设立现代成年人保护制度的动因并不一定与行为能力的欠缺相联系,应区别于以限制行为能力为诉求的传统模式来扩张保护对象的范围。对现代成年人保护制度设立的原因重新作出定位,将促使我国处于弱势的成年人合法权利得到制度性的有力保护。

关 键 词:意志独立　自治　保护

我国传统民法的成年监护制度针对精神病患者设立,究其原因是基于其缺乏判定自身行为的意义与结果的能力,故而其意志自由被剥夺。随着各个国家逐步实现对成年监护制度的改革,建立以尊重和保障人权为理念的现代成年保护制度已成为国际化的发展趋势。目前,处于弱势的老年人、成年的身心障碍者群体呈现出新的发展特点,如何对他们的私法利益有效保护是值得深入研究的重要课题。现代成年人保护制度的设立已经迫在眉睫,而原有的设立动因——行为能力的缺乏是否仍能满足新群体的需要? 行为能力的判断与意思能力的欠缺应当如何定位? 在此,我们必须对这些问题作出新的注解。

一、意思能力的传统定型化

意思能力(德语 Willensfahigkeit),为自然人认识自己行为的动机与结果,并根据此认识决定其正常的意思之能力。对之瑞士民法称为判断能力,我国台湾"民法"称为识别能力。1ii 德国民法及日本民法实务认为缺乏意思能力的人实施的法律行为无效,是因为根据私法自治原则,民事主体以自己的行为为其设定权利义务关系,乃是基于自主的意思自治能力而产生的。英国对于无意思能力者的定义:"1.为意思决定之必要事项,因精神障碍之故无法为该意思决定者;2.因丧失意识或其他事由之故无法传达有关①之事项之意思决定内容者。"此处

---

* 基金项目:湖北省社会科学基金项目"十一五"规划资助课题 2009[147];武汉大学自主科研项目(人文社会科学)"70 后计划项目"2010[166],得到"中央高校基本科研业务费专项金"资助,谨致谢意。

** 武汉大学国际教育学院副教授,法学博士。

① 梁慧星:《民法总论》,法律出版社,1996,第 59 页。

包括无法理解相关意思决定之事项者,或根据意思决定事项而实际上无法为意思决定者,以及到意思决定之时为止仍无法记忆该事项者。①美国《第二次合同法重述》和有关司法实践认为,"精神上的缺陷所致的能力丧失可以由多种原因引起,包括思维和行为迟钝、精神病、大脑损坏、老年性大脑退化以及饮酒和吸毒等。证明其能力的丧失必须具备三项条件:一是这个人有精神上的缺陷;二是另一方已经意识到了这种缺陷;三是对前者来说,这一交易并不是一个有正常智识能力的人会从事的交易。此外,美国也存在着法院将特定的人宣告为无能力的人并为其指定监护人的制度。"②不同民事主体形成意思能力的情况不同,但自然人的行为是意志的表现,"主体意志之表示成为行为的主观条件包括形成意志的心理基础和表示意志的生理基础"。③实际上每个人具体的心理能力和生理基础不同,而便捷交易和维护交易安全要求决定了"一个人在从事每一项法律行为之前,不可能对行为相对人或行为相对方进行某种形式的'成熟测试'"。④于是,为了使意思能力在一定程度上具有衡量的标准和可预测性,出现了意思能力的定型化,以年龄和精神状态将自然人划分为不同类型的民事行为能力人。

"意思能力是法学家提出的概念,通常被归入民事能力,其实不属于民事能力,也不属于法律能力,而属于心理能力,是一种事实能力——亦即'天然能力',相对于'法定能力'——是法律能力的主观条件。"⑤传统民法上无民事行为能力人被认定为在任何情况下无意思能力,并未区分法律能力和事实能力,不论其有可能出现的有意思能力或暂时缺失意思能力的具体情况,一概以法律上的划分界定法律行为的效力。在此种传统做法之下,对定位于无行为能力的未成年人来说,可能出现特定的已具备形成意志的心理能力和生理能力的情况,但由于法律的强制划分而被纳入非完全民事行为能力人的范畴。如幼儿从事与其日常生活密切相关的、社会习惯认可的行为,被一概认定为无民事行为能力人,其行为必然无效,并且需要通过监护制度来完成一系列的法律行为,这是将具体的事实能力与法定能力混同的结果,并未分离出无行为能力人在特定情况下有意思能力的状态。

然而,对定位于有行为能力的成年人而言,则可能出现如下情况:

第一,有表示意志的心理能力而欠缺意志表达的生理能力。新《法国民法典》第490条第2款规定:"身体官能受到损坏的情况,如妨碍当事人表达其意志,亦适用相同的保护制度。"即设置成年人的司法保护。虽然受司法保护的成年人行为未受到限制,但是第491条第2款规定"置于司法保护的成年人订立的契约与缔结的义务,可以因'显失公平、受到损害'而取

---

① 高一书:《成年监护之意思能力判定》,《警大法学论集》,2007年第13期,第201页。
② 张德芬:《自然人缔约能力制度比较及我国立法的完善》,《法学杂志》2001年第5期,第70页。
③ 李锡鹤:《民法原理论稿》,法律出版社,2009,第430页。
④ 迪特尔·梅迪库斯:《德国民法总论》,台湾五南图书出版公司,1995,第410页。
⑤ 李锡鹤:《民法基本理论若干问题》,人民出版社,2007,第93页。

消,或者在负担的义务过分的情况下,得减少之,甚至在依据第489条之规定不能撤销此种契约与义务的情况下,亦得因负担过分而减少之。"则意味着其行为效力在一定程度上减弱,由有效转变为可撤销,行为能力状态发生变化。我国对此情形未作区分,实为考虑不周的做法。如当行为人心智健全,但有全身瘫痪、双目失明、既聋又哑的情况,虽然有形成意思的心理能力却无行为能力,此时意思能力状态不能全然等同于行为能力。

第二,因自己故意行为而暂时欠缺意志表达的生理能力和表示意志的心理能力。在英美法上,酗酒者所订立的合同原则上可以撤销,但"一般认为,酗酒者必须于行为时,因酒醉而无法了解交易的性质及结果,或其他与交易有关的行为,且能证明相对人明知其酒醉的情形而仍与其缔约,该合同方可撤销。"[①]而且,"于酒醉而神志不清时所缔结的契约,已于神志清醒后予以确认的,尔后不得再以缔约时属酒醉状态为由而主张撤销该合同。"[②]我国传统民法不认为在因自己过错而将自己置于暂时无意思能力(一时的无控制和辨识能力)的情况中自然人为无民事行为能力人,其实施的法律行为仍然有效。当然,从现代成年人保护制度的设立角度而言,由于其以尊重自主决定权为理念,对于有酗酒、吸毒习惯的人因意志薄弱而导致自己陷入尴尬境地的人也不应纳入成年保护的对象范畴之中。我国《侵权责任法》第33条规定:"完全民事行为能力人对自己的行为暂时没有意识或者失去控制造成他人损害有过错的,应当承担侵权责任;没有过错的,根据行为人的经济状况对受害人适当补偿。完全民事行为能力人因醉酒、滥用麻醉药品或者精神药品对自己的行为暂时没有意识或者失去控制造成他人损害的,应当承担侵权责任。"可见,在未明确区分责任能力与行为能力的前提之下,即使是新出台的侵权责任法也仍旧将因醉酒暂时不能控制自己行为的人认定为具有完全的行为能力,应当对自己的行为独立承担责任。

二、意思能力与行为能力的关系模式

对于意思能力与行为能力的关系,各国主要有两种不同的立法形式:

1.意思能力是行为能力的判定要件和基础,是从属于行为能力的判断标准。"法国学者认为,人的'能力'(即相当于我们所称的'行为能力',《法国民法典》中的'法国人资格'则相当于我们所称的'权利能力')是由'天然能力'和'法定能力'两部分组成的。……人必须同时具备"天然能力"(意思能力)和"法定能力"(特定的年龄),才能够使其行为发生法律效力。《瑞士民法典》第13条:'成年且有判断能力的人有行为能力',显然采纳的是法国学者的理论。"[③]

2.意思能力与行为能力相互独立、并列。德国民法将意思能力作为意思表示有效的要件

---

① Restatement(Second),Contracts,§15.

② Matthews v. Baxter(1873)L.R.8 Ex.P 132.

③ 陈历幸:《民法的理念与运作》,上海人民出版社,2005,第137页。

而非行为能力的构成要件,欠缺意思能力的人只是意思表示不发生效力,却与判断行为能力的有无并无关联。《德国民法典》第 104 条:"下列诸人,不具有行为能力:A.未满 7 周岁的人;B.处于精神错乱状态之下,致使自由的意志决定被排除的人;但此种状态依其性质为暂时的除外。"《德国民法典》第 105 条:"无行为能力人进行意思表示的,其意思表示无效。在无意识或在暂时的精神错乱状态下进行意思表示的,其意思表示无效。"依照德国法的理论,意思能力可因主体的具体情况的不同而发生变化,欠缺意思能力的人不一定无行为能力,只是涉及法律行为的效力问题。我国台湾地区"民法"(第 13 条、第 15 条及第 75 条)也与德国民法相同。[①]至于日本民法典起草人认为意思能力的法理不言自明,在民法中未对其予以定义规定,但实务与学者通说认为,缺乏意思能力的人(无意思能力人),即使有行为能力,其法律行为亦应认定为无效,[②]例如日本大审院判决认为,在禁治产宣告前,无意思能力的精神异常者所开具的票据,无法律效力。[③]即认为意思能力独立于行为能力之外,有着具体化的判断标准。

两种不同的立法态度,其实质在于对意思能力的定位不同:将意思能力作为辨认行为后果的抽象能力,则意思能力构成行为能力的基础,不可能出现有意思能力而无行为能力的情况,两者的判定标准是同一的,即年龄与精神状态。而如果将意思能力作为实施具体法律行为时的事实能力,则有可能出现有行为能力人暂时无意思能力的状态,即意思能力在特殊情况下独立出来。申言之,意思能力的抽象化或具体化的认定是造成民事主体的行为能力与意思能力不同相互关系的原因。被定位为抽象概念的意思能力则不能独立于行为能力,而必然成为行为能力的判定标准;但定位为具体概念的意思能力则脱离于行为能力而存在,有可能出现行为能力与意思能力并不一致的状态。传统的法律上意思能力被认定是一种概括的、相对稳定的状态,对于同一民事主体在不同情形下其意思能力是相同的,这将会导致传统行为能力制度难以应付多变的社会生活,不具有灵活性和实用性。

三、意思能力的独立之探讨

在私法领域之中,根据意思自治原则,行为人可按照自主意思对自身设定权利义务关系。法谚有云:"无意思能力,即无法律效果"[④],民事主体需具备认知自己行为性质、意义和后果的能力,其行为方得具备法律上的效力。那么究竟意思能力能否独立于行为能力呢?

1.否定说。我国目前立法和实践中均将意思能力与行为能力作同一性的衡量,以行为能

---

① 胡长清:《中国民法总论(上册)》,商务印书馆,第 78 页。

② 四宫和夫:《日本民法总则》,台湾五南图书出版公司,1995,第 52 页。

③ 明治 38 年 5 月 11 日,《民事判决录》第 11 辑,第 706 页。转引自邓曾甲:《日本民法概论》,法律出版社,1995,第 20 页。

④ 李宜琛:《民法总则》,正中书局,1977,第 75 页。

力制度代替了意思能力制度，成为否认意思能力独立性的表现，也是传统的民法采取的做法。应当说，意思能力是反映民事主体在某一情形之下的具体状态，属于事实问题的范畴；但为了考虑保护交易安全的需要，法律技术处理上采取了行为能力盖然性的划分，以抽象的行为能力类型从形式上给判断意思能力的有无确定了统一的法定标准。"法律上将意思能力以行为能力制度全面定型化似更有利于交易秩序的维护"①对此，显然缺乏对于特定情况下意思能力的分析，难以确保个案中的公平与正义。

2.肯定说。"行为能力制度的确立并不意味着对意思能力制度的取代，两者应处于一种互相平行而密切联系的地位：通常情况下，仅须考虑当事人是否具备行为能力，有行为能力者即推定为有意思能力，其行为有效；在某些特殊情况下，则可以通过认定行为能力与意思能力存在不一致而改变当事人行为的法律后果，从而更好地贯彻只有具备判断自身行为的意义与结果的能力者才能够使该行为对其发生法律效力的意思自治理念。"②这种主张是将意思能力特殊化、具体化，将行为能力与意思能力分离，并非将无行为能力人的任何行为全面排除在社会生活之外，也关注完全行为能力人在暂时缺失意思能力时的法律行为，保证个案适用的准确度，追求实质上的公平和正义。意思能力独立后，将意味着行为能力判断标准在特定情形下发生变化；也同时意味着需提高我国法官素质，否则会造成法官滥用自由裁量权，引起司法不公的后果。

不可否认的是，无民事行为能力人不能脱离社会生活而存在，在日常生活中需要从事特定的必要行为，来满足其基本的生活需要。"幼儿并无行为能力，但如果他的行为与其日常生活密切相关而且社会习惯认为是必要的（包括小额买卖和小额捐赠等行为），则可以认为他在为上述行为时具有相应的意思能力，从而使其行为有效。"③对于这一问题，可以通过改变无民事行为能力人日常性的必要行为的效力来解决。理论上来说，无行为能力人与限制行为能力人在行为方面均有某些不定范围内的自主能力。从行为人角度而言，在日常生活和学习所必需的范围内，其"所实施的与其日常生活密切相关的行为，一般也应当承认其效力，而不能认定无效"。④该行为后果应与限制行为能力人的效果相同。未成年人，实际上多半欠缺独立进行交易的能力，日常生活用品由父母亲（法定代理人）供给；相对人仅从外观、外表上误信其有行为能力而订立合同的可能性很低。但是，对于欠缺行为能力的成年人，情形就大有不同。"心神丧失或精神耗弱的成年人，经常仍然能够处理日常事务，如购买日常生活必需

① 尹田：《自然人的行为能力、意思能力、责任能力辨析》，《河南省政法管理干部学院学报》2001年第6期，第13页。

② 王利明：《中国民法案例与学理研究》，法律出版社，2003，第191页。

③ 陈历幸：《民法的理念与运作》，上海人民出版社，2005，第136–137页。

④ 王利明：《中国民法案例与学理研究》，法律出版社，2003，第191页。

品、寄信、打公用电话,如果认定其行为无效,未必就是保护之道,相对人也未必知悉其欠缺行为能力的事实,否认其行为的效力,有害交易安全。"①可见,僵化的排除欠缺行为能力人的行为效力,乃是全面否定其参与社会生活的机会,假保护之手难避剥夺权利之嫌。

针对欠缺行为能力人涉及日常生活的特定行为,应当维护其合法效力。这样立法的宗旨在于:首先,维持生活正常化理念的需要。根据正常化的理念,为了尽可能使成年被保护人过上通常的生活,和其他普通人一样共同融入社会,就要求尊重其涉及日常生活的行为所作出的决定和意思。其次,通过保护的手段来实现参与日常生活的可能性。"如果涉及日常生活的行为没有被撤销的危险,那么相对人就可以安心地与成年被保护人订立契约。其结果,成年被保护人自己就能够容易地过日常生活了。"那么对涉及日常生活的行为的涵义如何界定呢?日本学者对此存在着争议:"①准据日常家事说,与夫妻之间的日常家事相同,指本人生活通常所必要的行为。具体的包括日用品分购买,电、煤气、自来水等费用的支付,以及为支付这些费用而在必要的范围内提取存款等行为。②必要行为限定说,"实际日常生活的行为"应当相当于购买生活用品那样的、日常生活所必不可少的行为。具体的如买饮料、付电话费等,而不包括买电视机等大件商品的行为。"应当采纳与被保护人日常生活密切相关的行为的标准,来保证被保护人能够进行最低限度的日常生活。很显然,对于欠缺行为能力人所进行的涉及日常生活的特定行为应当是指与行为人日常生活紧密相关的行为,采取"必要行为限定说"为宜,并不包括夫妻之间家事权可为的行为范畴。所以,欠缺民事行为能力人(无行为能力人和限制行为能力人)所从事日常生活和学习所必需的行为,不得撤销。

四、成年人保护制度的设立与行为能力、意思能力关系解析

在未来民法典中建立一个科学性、体系性完备的现代成年人保护制度,需要体现出尊重人权、意思自由、同等对待、分层保护的特点。通过上述分析,笔者认为现代成年人保护制度的设立与行为能力、意思能力、传统成年人监护制度之间有着不同的关系:

第一,意思能力的欠缺与行为能力的判断并非存在必然的一一对应。通常状态下行为能力以意思能力为判断基础,但两者不可绝然等同。在特殊情形下意思能力可脱离于行为能力统摄的范畴之外:无民事行为能力人从事日常生活方面必需的行为时具备意思能力的,则其行为不得撤销。

第二,行为能力的类型与传统的成年人监护方式未能相匹配:传统的成年意思能力欠缺者的保护,采取设立成年监护的单一措施,来保护两种行为能力欠缺类型的人——无民事行为能力人、限制民事行为能力人。虽然这两种类型的人行为能力欠缺的程度不同,但设立的保护方式却是相同的,成年监护人的权利义务也相同,仅仅是无民事行为能力人的法律行为

---

① 陈自强:《民法讲义Ⅰ契约之成立与生效》,法律出版社,2002,第174页。

无效,限制民事行为能力人的法律行为效力待定。这使得欠缺行为能力的效力不是向着有效的方向去发展,显然是以限制行为人的自由的方式来保护行为人的利益。

第三,现代成年人保护制度建立的动因应当转变为不仅因为意思能力的欠缺,甚至是有意思能力而不能处理自己事务的情形。这意味着成年人保护的范围需进行扩张,不仅限于意思能力有欠缺的成年人,还应包括有意思能力却处于弱势的老年人、身体障碍者,帮助其维持生活正常化、实现自身意志和自我价值,能够从现代成年人保护制度中获得有效救济。

第四,现代成年人保护关系的设立不一定与行为能力的欠缺相联系。相对应的保护方式将以尊重意思自治和最少限制为导向,根据被保护人的具体情形设置弹性保护模式,不再硬性剥夺行为能力。由此,行为能力的欠缺与现代成年人保护的设立并非存在必然的逻辑推导。

应当说,在我国建立现代成年人保护制度需要区别于以限制行为能力为诉求的传统模式,于是对这一制度设立的原因重新作出定位,将更有利于尊重人权和保障人权理念的贯彻,也将促使我国处于弱势的成年人合法权利得到制度性的有力保护。

(本文经修改后发表于《学习与实践》2011 年第 9 期)

诉讼时效存在理由探微

张里安*　　梅瑞琦**

通说观点认为,诉讼时效是指因权利不行使所造成的无权利状态,继续达一定期间时,致其请求权消灭的法律事实。关于诉讼时效的名称,有学者提出质疑,认为将来的立法应采用消灭时效概念,[1]亦有学者基于义务人发生抗辩权的观点,认为消灭时效的名称并不妥当,应称之为"变更时效",[2]还有学者建议改称为"抗辩时效",以符合我国民法上消灭时效制度的性质。[3]若依据时效援用的不确定效果说,[4]援用属于实体法的问题,允许在法庭外援用,[5]如坚持诉讼时效的名称,也有不妥。本文仍将之称为诉讼时效的原因,一是沿用我国《民法通则》以来的立法与司法解释使用的名称,更主要的是要凸现诉讼时效所具有的程序法性质。

一、问题的提出

通说认为,诉讼时效制度的存在,并非当然,难免牺牲权利人的利益,因此必须有合理的根据。[6]

(一)保护永续的事实状态,以维持社会秩序之安定,即借着保护永续的事实状态,来维持在该事实上所筑的各种信赖关系,以求社会秩序之安定。

---

* 武汉大学法学院教授、博士生导师,法学博士。

** 杭州师范大学讲师。

[1] 柳经纬:《关于时效制度的若干理论问题》,《比较法研究》2004 年第 5 期,第 14–30 页。

[2] 倪江表:《论我民法上消灭时效之概念及其名称之当否》,郑玉波主编:《民法总则论文选辑(下)》,五南图书出版公司,1984,第 750 页。

[3] 朱岩:《消灭时效制度中的基本问题——比较法上的分析—兼评我国时效立法》,《中外法学》2005 年第 2 期,第 156–180 页。

[4] 我国学者李永军赞成"不确定效果及良心说",认为日本采取的是权利消灭主义,但在说明理由方面完全可以适用于"抗辩权发生主义"的国家,因为抗辩分为需要主张的抗辩与不需要主张的抗辩。李永军:《民法总论》,法律出版社,2006,第 742 页。"不确定效果及良心说"本身是存在问题的,但这并不妨碍时效援用的讨论。

[5] [日]山本敬三:《民法讲义 I·总则》,解亘译,北京大学出版社,2004,第 387 页。

[6] 王泽鉴:《民法总则》,中国政法大学出版社,2001,第 516 页。

（二）避免举证之困难。足以证明事实之证据，会因岁月之流失而逐渐丧失，裁判事实须依证据认定之，证据之健全与否对于裁判的正确性有密切关系，故为避免因日久举证困难而产生裁判上的弊害起见，有此时效制度。而且在另一方面，永续的事实状态与真实的法律关系，相为一致之盖然性很高，就此也有时效制度之根据。

（三）在权利上永眠者不需要加以保护。法院目的在于保护权利者，但权利人并不想行使其权利，而在权利上睡眠，故不足以保护。

上述三种主要理由中，取得时效重视（一），消灭时效重视（二），而（三）对二者相等的受重视。亦有主张，取得时效以（一）（三），消灭时效以（二）为根据者。亦有人采取一元论，以（三）为共通之根据。①新近我国有学者认为，不论是取得时效还是消灭时效，其存在理由都是出于维护社会秩序的需要，方便法院审理案件不足以构成时效制度的存在理由。②

就诉讼时效制度而言，上述三种存在理由都有难以圆满之处。

（一）维护社会秩序的问题

时效制度允许时效受益人抛弃已完成时效的利益，若认可维护社会秩序是时效制度的存在理由，基于社会公益的考虑，岂容时效受益人单凭一己之念抛弃已完成时效的利益。时效利益不得事前放弃，这是由于债务人通常出于弱小的地位，所以如果允许这样的特别约定，就有可能总是迫使债务人放弃时效利益。③在时效受益人不援用时效进行抗辩时，法庭不得凭职权主动援引时效届满的抗辩。从谋求社会法律关系的安定这种观点出发，很难理解法庭为何不能主动援引时效届满的抗辩。日本有学者认为，要求时效的援用是民事诉讼法上的辩论主义——"构成裁判基础的事实的提出属于当事人的责任"——的体现。但是既然辩论主义是民事诉讼法的基本原则，那么即使没有《日本民法》145 条也是一样。特意规定这种理所当然的事项，其理由也并不明确。④又有日本学者认为要求援用的理由在于良心规定和禁止强加利益。因时效非权利人取得权利、义务人被免除义务，是违反道德的，把是否享受这种时效利益交由当事人的良心决定的，便是援用。即使对于当事人来说是利益，但实际上是否获取由自己决定。⑤

---

① 刘得宽：《民法总则》，中国政法大学出版社，2006，第 325–326 页。

② 柳经纬：《关于时效制度的若干理论问题》，《比较法研究》2004 年第 5 期，第 14–30 页。据朱岩介绍，《德国民法典》中的时效旨在保持法律活动安全及保持权利和平、避免争议，这尤其表现在合同的请求权中。但是新法不再区分合同请求权和非合同请求权。参见朱岩编译：《德国新债法——条文及官方解释》，法律出版社，2003，第 13、17 页。

③ [日]山本敬三：《民法讲义 I·总则》，解亘译，北京大学出版社，2004，第 388 页。

④ [日]山本敬三：《民法讲义 I·总则》，解亘译，北京大学出版社，2004，第 380 页。

⑤ [日]山本敬三：《民法讲义 I·总则》，解亘译，北京大学出版社，2004，第 387 页。

(二)避免举证之困难的问题

《德国民法典立法理由书》第 1 卷写道:"第 196 条之所以给消灭时效规定了短期时效,是因为日常生活中的行为很容易被人们忘记,而且对这些行为一般都没有书面记载,或者虽然作了记载也难以长期保存这些书面材料。"不过,即使在具体情况下,某项行为涉及的金额较大,并且也有丰富的书面证据,对该行为也适用短促的消灭时效期间。[①]我国亦有学者认为,所谓因案件因年代久远而证据灭失导致查证的困难,只是一种理论假设。他可能符合某些案件的实际情况,但并非所有的案件都因年代久远而证据灭失,即便证据灭失也并非都无法查明事实。在诸多使用消灭时效尤其短期消灭时效的案件中,年代并非久远,也并非事实不清,法律关系不能确定,权利人只是因为超过时效期间行使权利就导致败诉。[②]

对于"避免举证之困难"尚有一种理解,认为时效制度是当真的拥有权利、不负担义务的人在经过较长时间后无法证明自己权利之时而给予保护的制度。[③]例如债务人早已在十五年前将债务还清,唯保有的收据经长久年月未知收藏何处,一道去还债的人亦已死亡无法为之作证,这时债权人若拿着债务人所开出未收回的老借据向法院诉求债务人履行,因债权人一方有足以证明债权之证据,而债务人一方虽已清偿,但提不出已清偿之证据,此时法院只有依既有之证据谕知债务人为给付判决。此时债务人若能以消灭时效为抗辩时,法院便能援此予债权人以败诉判决。[④]

但是,无论诉讼时效保护的是权利人或者非权利人的利益,"避免举证之困难"都难以摆脱前提假设的嫌疑。此外,"避免举证之困难"也难以解释为何业经公的机关确认的请求权仍然适用时效(如《德国民法典》第 197 条第 1 款 3、4、5 的规定)的原因,也难以解释时效完成后的自认行为所引起的诉讼时效适用的问题。如果债务人于时效完成之时实施了债务自认行为,此时或者推定债务人放弃时效利益,或者基于诚信原则而不允许债务人又主张时效届满的抗辩。[⑤]在此情形,债权人举证的困难因债务人的承认而不存在了。

---

① [德]迪特尔·梅迪库斯:《德国民法总论》,法律出版社,2000,第 98 页。

② 柳经纬:《关于时效制度的若干理论问题》,《比较法研究》2004 年第 5 期。

③ [日]山本敬三:《民法讲义 I·总则》,解亘译,北京大学出版社,2004,第 347 页。

④ 刘得宽:《民法总则》,中国政法大学出版社,2006,第 326 页。

⑤ 日本旧判例持时效利益放弃推定的立场,现行判例则基于诚信原则持援用权丧失的立场。参见[日]山本敬三:《民法讲义 I·总则》,解亘译,北京大学出版社,2004,第 389 页。富井政章认为"如债务者之自白,以前述之推定说为基,除有特别规定外,于时效效力之发生无妨。盖自白于时效完成前,可以谓为承认,既完成后,不可视为抛弃时效者也。"参见[日]富井政章:《民法原论》(第一卷),陈海瀛、陈海超译,中国政法大学出版社,2003,第 401 页。尽管富井政章提及推定说,但就其结论"不可视为抛弃时效者也"而言,其所持立场似更接近于日本现行判例所持的援用权丧失的立场。

(三)在权利上永眠者不需保护的问题

1.请求。权利人向债务人请求履行债务,正是权利的行使。在德国,用挂号信向债务人发出催告的方式是不起任何作用的。①在中国台湾,"若于请求后六个月内不起诉,视为不中断"。若基于德国和中国台湾的此种做法,难以贯彻"在权利上永眠者不需保护"这一存在理由。我国《民法通则》第 140 条规定,诉讼时效因提起诉讼、当事人一方提出要求或者同意履行义务而中断。

2.承认。权利既然经债务人承认,则真相已然明了,应属"避免举证之困难"存在理由,而非"在权利上永眠者不需保护"存在理由。但是也有学者认为,权利既经债务人加以承认,则债权人虽不行使其权利,亦无懈怠可言。②

3.时效溯及力。日本民法第 144 条规定,时效溯及于其起算日。因诉讼时效而免除债务的,无支给完成日以前利息的义务,③日本有学者认为这是因为时效照原样保护一直持续的事实状态,或者将其作为与符合真实的状态来对待的制度。④但是,如依"在权利上永眠者不需保护"的逻辑,似乎应在时效完成后免除债务人的义务。

4.不援用时效和时效利益抛弃。时效完成后,债务人不援用时效时,富井政章认为,若裁判所强使其受时效之保护,则违立法之本旨,且将生效力于设此制度之范围以外,此本条之所以特设此规定也。⑤当债务人不援用时效,裁判者不得主动援用时效保护债务人利益,这样的结果与"在权利上永眠者不需保护"的存在理由难以相容。此外,债务人于时效完成后抛弃时效利益的情形,也难以贯彻"在权利上永眠者不需保护"之存在理由。

5.客观法定期间。计算诉讼时效的开始同时采纳客观标准和主观标准是时效立法中的国际趋势。⑥基于"在权利上永眠者不需保护"之理由,债权人怠于行使权利是诉讼时效制度产生效力的前提,诉讼时效期间应当从当事人知道或者应当知道发生请求权之时开始起算。但是,当事人不知道或者因重大过失而不知道其享有请求权的,根据最长时效期间的规定,也仍开始计算时效期间。

---

① [德]迪特尔·梅迪库斯:《德国民法总论》,法律出版社,2000,第 100 页。

② 林诚二:《民法总则》(下册),法律出版社,2008,第 530 页。据梅迪库斯介绍,"联邦法院的另一项判决对承认作了狭义的理解:债务人的行为必须使债权人产生了信任,即债权人相信债务人不会主张消灭时效。"参见[德]迪特尔·梅迪库斯:《德国民法总论》,法律出版社,2000,第 99 页。

③ [日]富井政章,《民法原论》(第一卷),陈海瀛、陈海超译,中国政法大学出版社,2003,第 375-376 页。

④ [日]山本敬三:《民法讲义 I·总则》,解亘译,北京大学出版社,2004,第 389 页。

⑤ [日]富井政章:《民法原论》(第一卷),陈海瀛、陈海超译,中国政法大学出版社,2003,第 376 页。

⑥ 朱岩:《消灭时效制度中的基本问题——比较法上的分析—兼评我国时效立法》,《中外法学》2005 年第 2 期,第 156-180 页。

6.诉讼时效的客体。所有权物上请求权①是否为诉讼时效的客体,存有肯定说、否定说和折衷说。折衷说认为,由已登记的不动产物权所生的物权请求权,不因时效而消灭。但是由未登记的不动产物权所生的物权请求权,以及由动产物权所生的物权请求权,则应罹于消灭时效。有学者认为折衷说为现今的通说。②日本判例及通说,认为所有权所生之物上请求权,在所有权存续期间内,不断发生,应不因时效而消灭。③另有观点则认为,若许已登记不动产所有人的返还请求权因时效期间届满而消灭,将动摇不动产登记制度的效力,④已登记不动产所有人的返还请求权不适用诉讼时效的真正原因在于登记簿的特殊证明力,它使得消灭时效成为多余。⑤

此外,德国民法第194条第2款规定,对亲属法上旨在恢复符合亲属法状态的请求权,不适用消灭时效。这样规定,是为了避免出现这种情形:当事人因错过了消灭时效期间,而"因时效取得"某种违法状态,即如取得与第三人共同生活的权限。第758条和第2042条第2款规定,对取消共有关系的请求权不适用消灭时效。因为当事人不应受消灭时效的压力而被迫取消共有关系。⑥这些请求权不适用诉讼时效似乎并非是基于"在权利上永眠者不需保护"这样的存在理由。

二、不同理论的阐释与分析

(一)保护非权利人·实体法说

实体法说认为时效制度的目的在于保护非权利人,是令真正的权利人的权利消灭、令无权利人取得权利的制度。由于时效制度是调整权利的得丧的制度,因此定位为实体法的问题。令真正的权利人的权利消灭、令无权利人取得权利的制度正当化的理由在于:⑦

1.社会的法律关系的安定。在一定的事实状态长时间存续后,社会生活会在此基础上展开。为了谋求这样建筑起来的社会法律关系的稳定,就需要时效制度。它又进一步包含以下

---

① 关于物上请求权、物权请求权,及所有物返还请求权三者用语所指摄制内容,以及对于其他物权是否准用台湾民法第767条,台湾学者李太正有深入详细的分析,参见李太正:《物上请求权与物权请求权名称之辨正》,载苏永钦主编:《民法物权争议问题研究》,清华大学出版社,2004,第39—47页。

② 梁慧星、陈华彬:《物权法》(第四版),法律出版社,2007,第63页。

③ 詹世文:《消灭时效与物上请求权问题》,载郑玉波主编:《民法总则论文选辑(下)》,五南图书出版公司,1984,第769页。

④ 梁慧星持此种观点,但是其同时认为物权法第33条规定的确认物权请求权、第35条规定的排除妨碍请求权和消除危险请求权,依其性质应不适用诉讼时效,此种观点是不准确的。参见梁慧星:《民法总论》(第三版),法律出版社,2007,第244页。

⑤ [德]迪特尔·梅迪库斯:《德国民法总论》,法律出版社,2000,第91页。

⑥ [德]迪特尔·梅迪库斯:《德国民法总论》,法律出版社,2000,第90—91页。

⑦ [日]山本敬三:《民法讲义Ⅰ·总则》,解亘译,北京大学出版社,2004,第346页。

两层含义:(1)对当事人生活关系的保护。一定的事实状态长期存续后,当事人的生活也建立在这个基础上。为了原封不动地保护这样形成的新的生活关系,就需要时效制度。(2)对第三人的保护。在一定的事实状态存在的情形,为了使相信其真实性而参与其中的第三人,不至于蒙受意想不到的不利益,也需要时效制度。

2.权利行使的懈怠,即躺在权利上睡觉的人不值得保护。既然明明随时都可以行使权利、保护自己的权利,却长期怠于行使,那么丧失权利也是不得已的。

在立法上,依据比例原则,应当充分考虑立法目的的实现,需要牺牲相对人的合法权益的,也仍需要考虑采取合适的手段,尽可能地将相对人权益的侵害降至最低程度。时效制度令真实权利人的权利消灭,令无权利人取得权利,此时被充分考虑的立法目的即使在于维护社会法律生活的安定,而此立法目的的实现需要牺牲权利人的利益,也仍需设法将其受侵害程度减至最低限度,但是时效制度中却没有发现这样的制度设置,时效发生的结果就是权利人丧失权利。

诉讼时效的构成要件有二,一是权利的不行使,二是不行使的事实继续一定期间。即使没有新的生活关系积极地建立,或者即使第三人根本不出现,时效也被认可。①权利人长期怠于行使权利,并无法直接证成剥夺其权利的正当性,不能因为权利人不长期行使权利,就推定其已经抛弃权利了,至少权利人可以主张其享有将来的利益。另外,时效制度并不完全依照“权利人长期怠于行使权利”来进行制度安排,已如上所述。

主张保护实体法说的人,多把对证明困难的救济作为时效制度的另一个根据。它本来是出于这样的考虑,即为了防止由于真正权利人不能证明过去的事实而丧失权利。因此在论据上缺乏一贯性。②我国亦有学者认为,一种事实状态长期持续存在,必致证据湮灭,证人死亡,此事实状态之是否合法,殊难证明。实行时效制度,凡时效期间届满,即认不行使权利的人丧失权利,此系以时效作为证据之代用,可避免当事人举证及法庭调查证据的困难。③但是真正权利人即使举出证据,亦将因时效已完成而丧失权利,于此情形时效制度运用的结果,与其说是防止其丧失权利,还不如说是剥夺其权利。

真正权利人因时隔久远,无法备证以证明其权利,那么其是否就是“真实权利人”本身已有可疑。当原告证明自己的真实权利所需证据不易获得,或难辨真假之时,如何就能认为原告就是真实权利人。时效受益人,是否就是“无权利人”本身就有可疑之处。如果享有合法权利的人,因为时隔久远,无法随时备证或者无法无限期备证,以证明其为真实权利人,那么此时时效所保护的就是真实权利人,而非无权利人。实体法说认为时效受益人为无权利人,不免有先入为主的嫌疑。

---

① [日]山本敬三:《民法讲义 I·总则》,解亘译,北京大学出版社,2004,第 347 页。

② [日]山本敬三:《民法讲义 I·总则》,解亘译,北京大学出版社,2004,第 346–347 页。

③ 梁慧星:《民法总论》(第三版),法律出版社,2007,第 238 页。

(二)保护权利人·诉讼法说

诉讼法说认为时效制度的目的在于保护权利人,所谓时效就是这样一种制度,真的拥有权利、不负担义务的人在经过较长时间后无法证明这一点,为了使其免遭不利益而给予保护的制度。按照诉讼法说的观点,时效以真实的权利状态的存在为前提,作为证明该事实的手段发挥机能。在这个意义上,可以将它定位为证明的问题。围绕在作这种证明时在多大程度上认可时效的意义,存在法定证据说与法律上的推定说。(1)法定证据说认为,如果能显示一定事实状态持续了规定的期间,那么与其相对应的法律关系的存在,在法律上就得到了当然的证明。即使通过其他的证据证明了与其相抵触的事实,也不能推翻。在这一点上,它不同于通常的证据,称为法定证据。(2)法律上的推定说认为,如果能显示一定事实状态持续了规定的期间,那么与其相对应的法律关系的存在,在法律上将得到推定。在此情形,如果相对人证明了与其相反的事实,则推定不再成立。支撑诉讼法说对时效制度的这种理解,来源于这样一种观念:"一定事实的持续,增大了反映真实的盖然性。"①

关于时效的性质,有学者认为是法律上的推定,凡久占他人之物,即推定为正当取得其所有权,又不行使债权者,推定为即丧失其债权。日本旧民法,即基于此观念,以时效作为证据的一种,规定于证据篇中,但是推定说并无沿革上的根据。②永续的事实状态,究竟是否与真实的法律关系相符合,因岁月流逝,权利人欲举出于己有利之免责事由并获致成功,纵然并非全然不能,亦属难矣。因此不如对此永续的事实状态加以承认,反较妥当。此种事实状态,虽未必与真实的法律关系相合致,但亦未必不与真实的法律关系相合致,易言之,总有其盖然性也。③但是,虽说"一定事实的持续,增大了反映真实的盖然性",但该事实也完全有可能没有反映真实。因此,一定存在本不是权利人的人因为时效而得到保护的情形。纯粹的诉讼法说难以解释这种情况。④

如果债权人证明了与存续事实相反的事实,在债务人援用时效时,法院也仍将判决保护债务人的利益,而非提出丰富证据的债权人,这说明了时效制度并不都如诉讼法所说的保护真实权利人的利益,另一方面也没有如法律上的推定说所认为的,在相对人证明了相反的事实则推定不再成立。在诸多使用消灭时效尤其短期消灭时效的案件中,年代并非久远,也并非事实不清,法律关系不能确定,纵使债权人提出丰富的证据,也将因超过时效期间行使权利就导致败诉。这样的结果与诉讼法说保护真正权利人的出发点并不一致。实际上,诉讼法说所保护的真实权利人仅限于以"债务人"出现的真实权利人,而非以"债权人"出现的真实

---

① [日]山本敬三:《民法讲义 I·总则》,解亘译,北京大学出版社,2004,第347–348页。

② [日]富井政章:《民法原论》(第一卷),陈海瀛、陈海超译,中国政法大学出版社,2003,第370页。

③ 郑玉波:《民法总则》,中国政法大学出版社,2003,第491页。

④ [日]山本敬三:《民法讲义 I·总则》,解亘译,北京大学出版社,2004,第348页。

权利人。

作为原告的债权人证明自己的权利所需证据不易获得，或难辨真假之时，此时债务人无需随时备证或者无限期备证，证明其为真实权利人，即可因时效制度获得法律的保护。但是，此时债务人是否就是真实权利人，并不能获得确实的证明，他只不过是基于证据负担规则在诉讼中胜出。另外，即使债权人提出充分证据证明自己的权利，也因时效已完成而丧失权利，债务人并非基于其为真实的权利人，而是基于时效制度保护其利益。诉讼法说认为债务人为真实权利人，亦不免有先入为主的嫌疑。

诉讼法说能够说明债务人承认作为时效中断事由的原因，但却不能说明在请求、申请扣押、临时扣押、临时处分的时刻时效已经中断。[①]另外，诉讼法说也难以解释客观法定期间的规定，以及债务人不援用时效或者抛弃时效利益的情形。债务人不援用时效或者抛弃已完成时效的利益，债权人将因此在诉讼中胜出，但是债务人不援用时效或者抛弃已完成时效的利益，并不能等同于债务人承认债权的存在。

（三）多元说（通说）

多元说，是保护权利人说与保护非权利人说的统合。由于无论采取保护权利说，还是保护非权利说，都难以正当化时效制度，因此，一般的立场是对各自的立场所强调的侧面都予以承认。许多文献都并列社会关系的稳定、对证明困难的救济、行使权利的懈怠三个根据，这意味着同时承认保护权利人与非权利人两个侧面。按照多元说的观点，所谓时效制度，可以理解为："在一定的事实状态长时间持续后，以真正的权利人怠于行使权利为前提，保护虽然本不是权利人但以该事实状态为前提生活之人的制度；同时也是保护不能证明真正权利关系的权利人的制度。"另外，一般认为，以时效制度中包含着多种制度为理由，所以应当分别就各个具体的制度思考其存在的理由。主要的个别制度为长期取得时效、短期取得时效、债权的消灭时效、债权所有权以外的财产权的消灭时效以及短期消灭时效。不过，至于如何理解各个制度的宗旨，因主张者的不同而各异。[②]刘得宽先生亦曾言，时效制度存在之理由，实以永续事实所具之推定力为主要根据；但其具有多元性之意义，其效力亦得解之为实体法上的效力；援用上具有实体法上及诉讼法上之二面性，在诉外诉内均可被援用，在诉讼法上的当事人进行主义之立场言，此亦无可非议。[③]我国学者多主张时效制度的存在理由包括维护现存社会秩序、避免举证困难以及在权利上睡眠者不值保护[④]。

---

① [日]山本敬三：《民法讲义 I·总则》，解亘译，北京大学出版社，2004，第 368 页。

② [日]山本敬三：《民法讲义 I·总则》，解亘译，北京大学出版社，2004，第 348–349 页。

③ 刘得宽：《民法总则》，中国政法大学出版社，2006，第 329 页。

④ 王泽鉴：《民法总则》，中国政法大学出版社，2001，第 517 页；刘得宽：《民法总则》，中国政法大学出版社，2006，第 325–326 页；黄立：《民法总则》，中国政法大学出版社，2002，第 452 页；梁慧星：《民法总论》（第三版），法律出版社，2007，第 238 页。

居于通说地位的多元说,无非就是实体法说与诉讼法说的简单结合,实体法说或者诉讼法说分别就其无法解释之处,借用对方的立场和观点进行解释。这样的混合虽然能在表面上解决一些各自无法解释的问题,但是实体法说与诉讼法说两种立场基本上是对立的,缺乏协调的基础,必会存在因各自立场观点简单混合导致的矛盾。

时效本为公益而设之制度,此学者所通唱。①至于时效制度所为之公益,学者论述多有语焉不详的嫌疑。但据多元说的观点,此时效制度所为之公益,应指维护社会现存秩序之公益。多元说似乎以维护社会现存秩序之存在理由统领举证困难之存在理由与怠于行使权利之存在理由。维护社会秩序,保障群众安宁,是法律的终极目的,为达此目的,其所采取的手段虽不一而足,但是"保护个人的权利"是其重要一环。多元说仅是实体法说与诉讼法说的简单混合,从实体法说的角度出发,时效制度保护的是非权利人,因此时效发生效力的结果导致真实权利人丧失权利,与通过"保护个人的权利"达致维护社会秩序之目的恰恰相反。从诉讼法说的角度出发,时效制度虽然保护的是真实权利人,但是其所保护的仅仅是出于"债务人"地位的真实权利人,换言之,也就是享受时效利益的真实权利人。当真实权利人以"债权人"出现时,即使其能提出有力证据证明其权利,也将因时效发生效力而丧失权利。就此而言,诉讼法说与实体法说,如果存在区别,也只是五十步与一百步的区别。

即使时效制度系在尊重已成立一种新秩序的事实状态,然而至于旧秩序达于何种程度始不足以维持,多元说则结合举证之困难之存在理由与权利人怠于行使权利之存在理由进行说明,以充分时效制度维护社会秩序之公益的存在理由。②但是,一方面,从时效的构成出发,时效并不要求以该事实为基础有新的生活关系积极地建立,已如上述。另一方面,举证之困难与权利人怠于行使权利,即使混合作为说明的理由,也难以解释债务人不援用时效、抛弃已完成时效的利益之时时效发生效力,客观法定期间届满之时时效发生效力,也难以解释请求权已罹于时效而债权人仍得实现其担保物权,③时效发生效力而债权人仍得以抗辩的方式主张权利。

有学者将通过时效减轻法院受理案件的负担称之为一种公共利益,因为法院在受理这种久远的案件时,工作难度很大,而且对这类案件的处理或多或少地受偶然性的支配。④但是,在短期时效期间中,即使债权人提出有力证据证明其权利的存在,也将因时效的完成而丧失权利。即使承认减轻法院受理案件的负担是时效制度需要维护的公共利益,问题也将回

---

① [日]富井政章:《民法原论》(第一卷),陈海瀛、陈海超译,中国政法大学出版社,2003,第370页。

② [日]富井政章:《民法原论》(第一卷),陈海瀛、陈海超译,中国政法大学出版社,2003,第370页。

③ 郑玉波先生认为,惟旧秩序达于何种程度,始不足以维持?言之如下:(1)举证之困难;(2)权利人之不值保护。参见郑玉波:《民法总则》,中国政法大学出版社,2003,第491页。

④ 我国《物权法》第202条规定,抵押权人应当在主债权诉讼时效期间行使抵押权;未行使的,人民法院不予保护。在此立法下,不存在请求权虽已罹于时效而债权人仍得实现其担保物权的可能性。

到诉讼法说的举证困难之存在理由,或者回到经实体法说改造过的举证困难之存在理由。实体法说与诉讼法说虽皆认为时效制度是对真正权利人经年代久远发生证明困难时的一种救济,但诉讼法说中发生举证困难的真正权利人为债务人,而实体法说中发生举证困难的真正权利人则为债权人。诉讼法说与实体法说简单混合的多元说,造成了具体制度的宗旨以及具体解释,因主张者的立场不同而各有差异。

(四)免于备证说

曾世雄先生认为,法律上主体享有权利之情形,有依法律关系(即于法有据)享有与依事实关系(即于法无据)享有之别。依法律关系享有之情形,占绝大多数;依事实关系享有之情形,乃少数例外。民法本乎维护社会生活中绝大多数人共通之利益,而设计时效制度。因有消灭时效之制度,权利人得免于随时备证消灭防御他人之请求,依然可以长时继续享有权利不被干扰。随着消灭时效之运作,真正请求权人因消灭时效期间之经过,请求权难以伸张,反使少数例外义务人逍遥于义务之外。消灭时效之如此反射效果,乃例外非原则。传统法学以例外解释消灭时效存在之理由。①

有学者认为,该说主张取得时效与消灭时效制度存在的理由皆为"权利人长时间继续享有权利得免于随时备证",至少在我国台湾地区现行体制下,存在商榷余地。例如:甲对乙有一笔金钱债权返还请求权,因十五年未行使,而使得甲此一原有权利消灭,然乙并未因之获得一新权利,而建立另一新秩序。此例中的甲,不再享有完整的权利(债务人得抗辩),想备证以护权利亦不可得,而此例中的乙,其仅是债务的消灭抗辩,既非长时间行使权利之人,亦无须备证以作抗辩。因此,"权利人长时间继续享有权利得免于随时备证",应仅限于时效取得。②

既然依法律关系享有的情形为绝大多数,则可以认为存在这样的一种权利表征,即债务人不负有义务。债权人若欲推翻此权利表征,需提出充分有力的证据证明其权利的存在。当债权人没有能够提出充分有力的证据之时,债务人并不能被要求提出证据积极证明自己不负有义务。换言之,此时即使债务人没有提出证据积极证明自己不负有义务,无需通过时效制度,基于证据规则的负担原则,其利益也将受到法律的保护。这也是诉讼辩论主义的当然之义。免于备证说认为,民法本乎维护社会生活中绝大多数人共通之利益,而设计时效制度。然而就上述推论而言,于大多数情形时效制度设计已成多余,而时效制度的实际功能仅余其衍生的反射效果。基于时效制度的正面效果,免于备证说方才无奈地接受这衍生的反射效果。既然时效制度的正面效果纯属多余,那么如此反射效果也自可抛弃。据免于备证说的逻辑推演,其结果自然应完全废弃时效制度。这样的结论自然已经完全背离免于备证说的初衷。

---

① 曾世雄:《民法总则之现在与未来》,中国政法大学出版社,2001,第211—213页。

② 李太正:《取得时效与消灭时效》,载苏永钦主编:《民法物权争议问题研究》,清华大学出版社,2004,第76页。

免于备证说的前提在于区分绝大多数情形与少数例外情形，认为依法律关系享有之情形，为绝大多数；依事实关系享有之情形，为少数例外，并且认为传统法学以例外解释时效制度。虽然"一定事实的持续，增大了反映真实的盖然性"，但该事实也完全有可能没有反映真实。另外，判断债务人原为"无权利人"抑或"权利人"，似乎已经先决定了谁无权利谁有权利，但是对于判断准据何在，则加以省略。假定裁判者知道原告权利的性质是怎样的，并且知道被告是不是真实权利人，而这些问题可能恰恰是需要在诉讼中加以解决的。①

三、制度构建及其副产品

《德国民法典立法理由书》第 1 卷第 291 页写到了消灭时效的立法理由，②其基本立场是，就常规而言，债务人往往是不负有债务的，主张一方的要求或自身并不成立，或已具结完案；同时并不否认真正权利人——债权人因时效而丧失权利，此为公共利益维护的代价，亦属债权人不积极行使权利的代价。此立法理由书采取多元说的立场甚为明显，其中可寻见诉讼法说与实体法说的踪迹。就《立法理由书》上述理由的行文来看，其所阐述的诉讼时效存在理由至少包含三个方面的内容：基于举证困难而保护真正权利人的债务人，长期怠于行使权利的债权人（真正权利人）的利益不值得保护，应维护社会公益。

梅迪库斯认为，如果在消灭时效届满之前的很长时间里，债权人本来可以行使其请求权却不行使之，则《立法理由书》中的上述理由是能够令人信服的。③该论断中所指的能够令人信服的理由究竟为何种理由，未见明确。然而，结合其所说的"债权人本来可以行使其请求权却不行使之"以及下文中所言"然而在第 477 条和第 638 条规定的两种重要情形中，这一条件并不存在"与灭火器之例，该理由应为"债权人长期怠于行使权利"。

对于时效存在理由的总体理解，客观上似乎一方面完成了债务人举证困难到债权人举证困难的转变，另一方面也同时完成了时效制度保护权利人到保护非权利人的转变。我国台湾地区"民法""立法"理由认为："规定请求权经若干年不行使而消灭，盖期确保交易之安全，维持社会秩序耳。盖以请求权永久存在，足以碍社会经济之发展。"④我国台湾地区有学者在论述时效制度之时，虽也包含诉讼法说立场，⑤认为随着时间的流逝，债务人举证困难，时效往往保护其真正权利，但是上述台湾"民法""立法"理由并未涉及诉讼法说的观点。台湾"民

---

① 参见[英]巴里·尼古拉斯：《罗马法概论》，黄风译，法律出版社，2000，第 132 页。原文为："假定裁判者知道原告权利的性质是怎样的，并且知道被告是不是所有主，而这些问题可能恰恰是需要在诉讼中加以解决的。"

② 迪特尔·梅迪库斯：《德国民法总论》，法律出版社，2000，第 91-92 页。

③ 迪特尔·梅迪库斯：《德国民法总论》，法律出版社，2000，第 92 页。

④ 王泽鉴：《民法总则》，中国政法大学出版社，2001，第 516 页。

⑤ 刘得宽：《民法总则》，中国政法大学出版社，2006，第 325-326 页。

法"第 125 条关于消灭时效一般期间的规定(请求权因十五年间不行使而消灭;但法律规定期间较短者,依其规定)更给人以实在法说的感观(此条规定的立法例有①法国民法第 2262 条、德国民法第 194、195 条②、瑞士债法第 127 条、日本民法第 167、168 条、泰国民法第 425、450、451、452 条)。

《德国民法典立法理由书》第 1 卷写道:"第 196 条之所以给消灭时效规定了短期时效,是因为日常生活中的行为很容易被人们忘记,而且对这些行为一般都没有书面记载,或者虽然作了记载也难以长期保存这些书面材料。"从上述立法理由中,尚难以判断短期时效究竟是因为债务人举证困难而设置,以短期时效保护真正权利人的利益,抑或是因为债权人举证困难而设置,以短期时效促使债权人及早行使权利。富井政章认为,"所以设此短期时效者,因上列各项债权,皆于短期间所应支给,如历年经月,递次堆积,他日必有不堪负担者。故对于债权者之怠慢,而特别保护债务者。又有附属之理由,当事者因自己之便利,而怠其债权之取索或清偿,又久保受取证书者甚鲜。故以短缩时效期间,为至当之事也。"③虽然富井政章的论述包含了债权人怠于行使权利方面的考虑,但其重心仍在于保护债务人免于久保受取证书。然而,时效制度中的短期时效制度是被作为特殊期间来处理的。债务人举证困难因素的考虑虽从未离开民法的视野,但此项的存在理由很大程度上却是隐而不显的。就时效制度总体而言,占据强势地位的仍是"债权人怠于行使权利"之存在理由。曾世雄先生认为传统学说认为时效制度之设计在于保护非权利人,以例外解释消灭时效存在之理由,④并非无由。但是,现代社会法律生活的效率和节奏普遍得以提高和加快,普通时效呈现缩短的趋势。实际上,时效期间的历史就是时效期间不断缩短的历史。⑤当较短的时效期间成为时效制度的普遍发展趋势和普遍适用,自不能将其仅仅列为例外处理。

所有权物上请求权是否为消灭时效的客体,德国学者解释《德国民法典》第 194 条,采取肯定说,德国民法理由书亦同。⑥台湾实务上经历了一个发展历程,⑦我国学界,尤其在大陆,对此问题多有争论,真可谓百家争鸣。有持肯定说者,有持否定说者,⑧亦有持折衷说者,各有所据。谢在全先生认为应就消灭时效制度的存在目的加以考虑。⑨可惜其没有进而提出具体

---

① 郑玉波:《民法总则》,中国政法大学出版社,2003,第 496 页。

② 德国民法第 195 条是关于普通消灭时效的规定,其期间规定现已修改为 3 年。

③ [日]富井政章:《民法原论》(第一卷),陈海瀛、陈海超译,中国政法大学出版社,2003,第 407 页。

④ [德]迪特尔·梅迪库斯:《德国民法总论》,法律出版社,2000。

⑤ 朱岩:《消灭时效制度中的基本问题——比较法上的分析—兼评我国时效立法》,《中外法学》2005 年第 2 期。

⑥ 刘得宽:《民法总则》,中国政法大学出版社,2006,第 331 页。

⑦ 谢在全:《民法物权论》(上册),中国政法大学出版社,1999,第 141 页。

⑧ 刘得宽:《民法总则》,中国政法大学出版社,2006,第 331 页。

⑨ 谢在全:《民法物权论》(上册),中国政法大学出版社,1999,第 142 页。

的考量标准。所有权物上请求权适用诉讼时效与否，与诉讼时效的目的或存在理由相关，甚至有助于对后者存在理由的理解，然而更为可惜的是谢在全先生的声音似乎被淹没在嘈杂的纷纷争论之中。所有权物上请求权背后隐藏着的证据问题，始终游离在制度与学说的边缘。

时效制度大体上沿着"债权人怠于行使权利"进行制度上的构建，有此存在理由无法解释的情形，则作为例外解释。此种制度的构建在诉讼时效的定义、期间的起算以及中止中断事由上获得佐证。我国学者对消灭时效的定义，虽不尽相同，但基本上大同小异：消灭时效者，指因一定期间不行使权利，致其请求权消火的事实。① 诉讼时效期间的起算点的一般基准为"可以行使权利之时"。梅迪库斯指出，从法律政策上看，最佳的方案或许是规定一项短期的消灭时效期间，但起算点应该是在债权人事实上能够利用该期间时开始计算。② 2002 年修改后的《德国民法典》基本上采用了梅迪库斯的观点，具体体现在该法典的第 199 条。我国《民法通则》第 137 条规定了诉讼时效期间的起算自债权人知道或者应当知道权利被侵害之日起计算。正如有学者指出，只有存在权利人享有请求权而怠于行使的事实，方可适用消灭时效，也只有具备这种事实状态时，时效期间才开始计算。③

时效期间的中止，在时效期间行将完成之际，出现了请求权行使的障碍，诉讼时效期间暂停计算，待障碍事由消灭后继续计算。中止的制度价值在于保护权利人的利益，起到真正惩罚不行使权利人的作用。诉讼时效制度的设置在于惩罚长期怠于行使权利的债权人，如果存在与债权人不行使权利相反的事由，则不应当实施这种惩罚，中断就是这种解除惩罚的方法。诉讼时效中断事由有请求、起诉、债务人承认以及与起诉具有同等效力的事项。我国大陆《民法通则》及学理、司法实践对于请求做了宽泛的规定和解释，一旦通过口头形式（只要能证明）、书面形式向对方主张权利，即可发生中断时效期间的效果，④ 更加彻底地贯彻了"债权人怠于行使权利不值保护"之存在理由。债务人承认债权人的权利，应属"避免举证之困难"存在理由，但有学者努力将之纳入"债权人怠于行使权利"的范围，认为权利既经债务人加以承认，则债权人虽不行使其权利，亦无懈怠可言，已如上述。

诉讼法说的立场在制度中逐渐隐退，而其中突现出来的是实体法说中的"债权人怠于行使权利不值保护"之存在理由。在制度的构建方面，客观上完成了从多元说的立场迈向实体法说的立场的过程。至于"债权人怠于行使权利"所不能圆满解释的方面，如时效的援用、时

---

① 王泽鉴：《民法总则》，中国政法大学出版社，2001，第 516 页；郑玉波：《民法总则》，中国政法大学出版社，2003，第 493 页；刘得宽：《民法总则》，中国政法大学出版社，2006，第 323–324 页；林诚二：《民法总则》（下册），法律出版社，2008，第 506 页；黄立：《民法总则》，中国政法大学出版社，2002，第 451 页；杨与龄：《民法概要——债编及亲属编再修正》，中国政法大学出版社，2002，第 77 页。

② 柳经纬：《关于时效制度的若干理论问题》，《比较法研究》2004 年第 5 期。

③ 李永军：《民法总论》，法律出版社，2006，第 736 页。

④ 李永军：《民法总论》，法律出版社，2006，第 736 页。

效利益的抛弃,短期时效期间、客观法定期间、时效的溯及力,或者作为时效制度忽略个人伦理道德之时的限制,①或者作为例外处理。至于所有权物上请求权是否适用诉讼时效的问题,虽备受重视,但几乎没有进入到诉讼时效存在理由的视野之中。

罗马法上的诉讼时效,除期间经过之外,并无其他成立要件。其后教会法认为时效制度属于一种罪恶,于是要求须以善意为要件,并且设有广泛的停止事由,以阻止时效的完成。②但是,"实际上,无论当教会是权利人或者义务人,俗世或教会请求权的时效消灭对寺院法学而论,都有实务上的意义"。③生活在现代社会的人们发现自己也陷入了这样一种罪恶制度与现实需要之间的矛盾。

四、双轨运行思想

弗朗茨·维亚克尔在其《近代私法史》中写道:"纯粹的作为有时也可以是一种表示(这就是今天所谓的默示),有时甚至不作为(质言之,沉默)也可以是一种表示:只要它出于自由意志、已经充分认识到对方就此将有的评价,并且这种沉默客观上具有特定意义;格劳秀斯提出这些观点,所凭据的是一些——即使对今天实际发生的解释问题而言,也是经得起考验的——现象与法伦理上的分析。从长期的默然(沉默、闲坐、任时效经过),完全可以推论出抛弃的意思,于此,他不是以维持法律状态的和平之类的实证考量为依据。正是这种伦理性的论证方式,对现代的失权理论提供了一些观点。"④债权人长期怠于行使权利,可推论出其抛弃权利,因此时效的完成对其而言,难以认为就是剥夺其权利。但是,推论仅仅是对债权人意思的一种拟制,是可以通过相反的事实来推翻的。另一方面也导致了时效制度与失权制度之间的关系困境。权利人长期怠于行使权利,则不必等到适用消灭时效或除斥期间,就不再允许其行使权利的见解,称为权利失效原则。但是问题在于,如果承认权利失效原则,法律特意规定消灭时效和除斥期间的趣旨就被埋没了。⑤

(一)真相不明时不得拒绝裁判

债权人提出丰富的证据,而债务人无法提出丰富的相反证据,虽然从表面上看来似乎债权人就是真实权利人,债务人对债权人负有债务,但是随着时间的流逝,事实的真相实际上难以通过表面的证据直接认定。事实的真相有可能是债务人之前就已经清偿了债务,但是并

---

① 刘得宽:《民法总则》,中国政法大学出版社,2006,第327页。

② 郑玉波:《民法总则》,中国政法大学出版社,2003,第543页。

③ [德]弗朗茨·维亚克尔:《近代私法史——以德意志的发展为观察重点》(上),陈爱娥、黄建辉译,上海三联书店,2006,第284页。

④ [德]弗朗茨·维亚克尔:《近代私法史——以德意志的发展为观察重点》(上),陈爱娥、黄建辉译,上海三联书店,2006。

⑤ [日]山本敬三:《民法讲义 I·总则》,解亘译,北京大学出版社,2004,第396页。

未保全其清偿债务的证据。例如债务人早已在十五年前将债务还清，唯保有的收据经长久年月未知收藏何处，一道去还债的人亦已死亡无法为之作证，这时债权人若拿着债务人所开出未收回的老借据向法院诉求债务人履行，因债权人一方有足以证明债权之证据，而债务人一方虽已清偿，但提不出已清偿证据。

债权人提出丰富证据之时，既然事实的真相现实上存在两种可能性，而至于事实的真相如何，可能只有"你知、我知、天知、地知"了。但是作为第三人的裁判者，面对这样的情形，实际上是无法判断事实的真相究竟属于何种情形。虽然事实与权利在某种程度上存在一定的盖然性，但是此种盖然性的程度是无法了解的，此种盖然性与具体案件之间的联系程度也是难以了解的。面对裁判上的困难，法官无论是根据表面证据裁判，还是根据表面证据下隐藏的可能真相进行裁判，都需要冒一种很大的裁判风险。债权人向法院提出诉讼时，当其满足法律对起诉所规定的特定要求的情况下，即可获得法官对其请求的裁判。通过诉讼程序，在法官与当事人之间建立起一种法律关系，即"诉讼审理关系"。基于这一关系，法官必须进行裁判。如果法官拒绝裁判，则构成刑法上的拒绝裁判罪，会受到追究。①于是，法官就陷入到了人类的有限理性与法官不得拒绝裁判的困境之间，而时效制度就是这样一种试图帮助法官从此种困境摆脱出来的制度设计。

在时效制度规定下，债权人可以预期其行使权利的期间，并且从理性的角度在此规定期间内行使其权利。同样，债务人也可以预期其保全清偿证据的期间，并且在此期间内保存该证据。作为裁判者的法官，于无法明了事实的真相时，可以依赖时效制度作出裁判。虽然这是一种无奈之举，但是并不能因此认为没有其合理的依据。债权人与债务人可以进行理性选择和制度博弈，这应该有助于提高依赖时效制度所作出的裁判的正确性。虽不中，亦不远矣。

关于所有权物上请求权是否适用诉讼时效的讨论，可以作为上述分析的佐证。如上所述，所有权物上请求权是否适用诉讼时效，我国学界存在众多争议。本文赞成已登记不动产所有权所生的物上请求权不适用诉讼时效的观点，理由在于"土地登记簿具有特殊证明力，它使得消灭时效成为多余。"②在适用诉讼时效与否的问题上，关键的是特殊的证明力所导致的事实的真相清晰，土地登记簿仅仅是获取此种清晰真相的工具与途径。未登记的所有权所生的物上请求权，或者相邻法上的请求权等等，只要有获取如此清晰的事实真相的手段与依据，使其不适用诉讼时效，有何不可？在我国大陆实施不动产登记者，仅限于城市，广大农村并未实施，即使在我国台湾，"但就建筑物一项而言，亦多未登记"，"故如以登记为条件，则仅

---

① 法国学者认为"由此引申出了确立诉权的一项规则：当某人向法院提出某一诉讼请求时，如果其请求符合程序规定，也符合其他所有条件（包括诉权的存在），该当事人有权要求法官就其请求的实体内容进行裁判。"参见雅克·盖斯旦、吉勒·古博著，缪黑埃·法布赫-马南协著，陈鹏、张丽娟、石佳友、杨燕妮、谢汉琪译，法律出版社，2004，第522页。

② 迪特尔·梅迪库斯：《德国民法总论》，法律出版社，2000，第91页。

能解决小部分,对于大部分之不动产仍难获解决。是司法院第 107 号解释,论其效果,不无欠佳之感。"①

(二)隐藏在程序中的真相问题

随着时间的流逝,事实的真相逐渐地被掩盖起来,时间经过越是久远,事实的真相越是模糊(事实真相的模糊也有可能是突然地,而不是渐进式发生的,债务人放弃保全清偿债务的证据的事实,有可能是在非常短暂的时间之内发生的。但是这并不妨碍本文的论述)。法官无法确切知晓事实的真相,但不得因此拒绝裁判,因此有时效制度之设。法官也无法确切知晓事实真相的模糊何时发生,以及如何发生,因此只能假设随着时间的流逝,事实的真相"逐渐"地模糊,并以此为依据设计时效制度的期间起算点和中止中断事由。尽管时效期间完成时点的"质变"对于当事人更为关键,但期间起算点和中止中断事由的安排,使得当事人对于时效期间经过的预期得以稳定。

时效期间的起算,自权利人"得以行使权利"或者"知道或者应当知道权利受侵害"之时开始。从此时点开始,权利人就有可能已经开始行使其权利,而债务人亦有已经应债权人的请求履行债务。只是时间越是久远,依据上述渐进式模糊的理论假设,债务人保全已经清偿债务证据的可能性越小。随着时间的流逝,事实真相逐渐模糊,但是当债务人对债权的存在做出承认之时,诉讼时效期间重新开始计算,因为在这个时点,事实的真相又马上变得清晰起来,但是从这个时点开始,事实的真相又趋于模糊。就"请求"与"起诉"而言,事情显得要复杂一些。广义的请求,包括诉讼上及诉讼外请求,狭义的请求专指诉讼外的请求。当将"请求"与"起诉"并列作为时效中断的事由时,"请求"应理解为专指诉讼外的请求。诉讼外的请求,并不能有助于事实真相的清晰,不应是时效中断的事由。"起诉"本身并不会马上有助于事实真相的清晰,最多只能说明在起诉引起的诉讼程序这段时间内债权人没有从债务人那里获得清偿,这只能作为时效中止的事由。但是通过起诉,法官就必须做出裁判,无论裁判的结果如何,事实的真相又将随着裁判确定而被"固定"下来。因此,结合起诉导致的裁判确定的结果,"起诉"应当被作为时效中断的事由来考虑,尽管这样处理有便宜或者简化的色彩。时效因起诉而中断者,若撤回其诉,或因不合法而受驳回之裁判,其裁判确定,视为不中断。②因不合法而被驳回者,如其诉状已达于相对人时,亦不应发生时效中断的效力。③"与起诉有同一

---

① 詹世文:《消灭时效与物上请求权问题》,载郑玉波主编:《民法总则论文选辑(下)》,五南图书出版公司,1984,第 771 页。

② 台湾民事诉讼法第 249 条规定:"诉之驳回者,系因其程序之不合法,并非因其起诉为无理由而受实质的驳回。

③ 台湾有学者认为,"因不合法而被驳回者,如其诉状已达于相对人时,则不妨解为从诉状送达于相对人时,有因请求而中断时效之效力。而按前述请求之规定处理之。"参见刘得宽:《民法总则》,中国政法大学出版社,2006,第 349 页。

效力的事项"导致时效中断的情形,应作与"起诉"相同的理解。

《德国民法典》原第 209 条规定了提起诉讼和有效主张自己的请求权将使得该请求权的时效中断,但是 2002 年修改后的《德国民法典》第 204 条规定了消灭时效因权利追及而停止,①而非中断。第 204 条第 1 款第一句中规定,提起诉讼为时效中止的原因。在修法之前,Peter 和 Zimmermann 认为"通过诉讼引起时效中断的规定十分不系统。在诉讼造成一个具有法律效力的裁决或事实上驳回诉讼的情况下,该程序结束之后重新开始计算的原来时效期间并没有什么意义,因为要么新裁决的请求权的时效较长,要么法庭有效判决不存在此种请求权。现行的规定只有在诉讼陷入悬而未决的情况时方有意义。现行第 212 条规定,当债权人在撤回诉讼或驳回起诉之后重新提起诉讼的,原来的时效中断的法律效果不予存在并具有回溯力的效果;同时重新计算时效期间,但事实上这仅仅具有时效中止的效果。"因此,Peter 和 Zimmermann 建议,"在现行第 209 条和第 210 条所规定的情况下,应当规定时效中止以代替时效中断,但第 209 条第 2 款 5 除外。"②债权人在撤回诉讼或驳回起诉之后重新提起诉讼的情形,确如 Peter 和 Zimmermann 所言,事实上仅仅具有时效中止的效果。但是,债权人不撤回诉讼或者没有驳回起诉的情形,与后来发生的确定裁判结合在一起,随着事实的真相因裁判确定而被"固定"下来,可以作为时效中断的事由。

发生不可抗力之时;或者权利被侵害的无民事行为能力人、限制民事行为能力人没有法定代理人,或者法定代理人死亡、丧失代理权、丧失行为能力;或者继承开始后未确定继承人或者遗产管理人;或者权利人被义务人或者其他人控制无法主张权利;或者其他导致权利人不能主张权利的客观情形,时效发生中止或不完成。③一般认为时效中止或不完成,是因为时效期间终止之际,有不能或难于行使权利的事由发生,而使时效停止计算,待障碍事由消失后重新连续计算,或者使时效暂不完成。发生时效中止或不完成事由之时,构成了权利人行使权利的障碍或困难,但是也反映了事实真相的问题。事实的真相,随着时间的流逝而逐渐模糊,这种模糊的程度随着时间的流逝而得以增强。法官无法确切知晓事实真相的模糊何时发生,以及如何发生,当发生不能或难于行使权利的障碍时,法官同样无法知晓障碍发生之前债务人有否清偿债务,但是在障碍存续期间,由于权利行使障碍的存在,可以排除在障碍存续期间内债权人行使权利或者债务人清偿债务的可能性,因此这段时间应当从时效期间中排除出去,就如同这些障碍没有发生过,这段时间也没有流逝过。换言之,这段障碍存续期

---

① 我国学者李永军将该条误认为是"中断",李永军:《民法总论》,法律出版社,2006,第 736 页。

② 朱岩编译:《德国新债法——条文及官方解释》,法律出版社,2003,第 35 页。

③ 梅迪库斯认为《德国民法典》(原)第 202 条至 205 条为消灭时效的停止进行,而(原)第 206 条、207 条为消灭时效的不完成。[德]迪特尔·梅迪库斯:《德国民法总论》,法律出版社,2000,第 100-101 页。郑冲、贾红梅将《德国民法典》原第 202 条至 207 条都翻译成"中止"。参见《德国民法典》,郑冲、贾红梅译,法律出版社,2001,第 40-41 页。

间的停止计算或者时效不完成，就是要阻止一切当事人预期之外的因素介入到事情真相的模糊过程之中。在时效期间长短之设计中，对这些当事人难以预期的因素加以考虑，是非常困难的。比较妥当的解决办法是，当发生权利行使障碍时，将障碍存续期间从时效期间中排除出去。让这些在设计时效期间之长短时本没有，也难以考虑的种种当事人预期之外的因素介入进来，很可能造成对债权人或债务人一方不公平的结果。

(三)当事人之间的利益平衡

在人类的每一种追求中，在我们穿越完全失败的深渊和人类卓越成就的巅峰之间的狭长山径的时候，我们总是会遭遇平衡的难题。[①]诉讼时效制度的利益平衡，并非在于公共利益与私人利益的平衡。时效制度使得参与社会法律关系的所有人都得以免于时效期间之外保全清偿债务的负担(债权人在另一种法律关系中也扮演着债务人的角色)。这或许是时效制度所直接导致的一种"公共利益"，但如果论及维护社会法律关系稳定这样一种公共利益的实现，那是债权人债务人之间利益平衡所导致的结果。

时效期间长短的设计，必须考虑债权人与债务人之间的利益平衡，一方面需要考虑债权人行使权利一般所需的时间，另一方面也需要考虑债务人清偿债务之后保全证据期间上的负担。如果时效期间过于长久，债务人可能在清偿债务之后，需要长久的保存清偿的证据，这样时效无疑将增加其负担，甚至导致不公平的结果。如果时效期间过于短暂，债权人可能往往没有充分的时间行使权利，时效的完成将使其陷入不利境地。过短的时效期间不符合债权人的利益，但是也并不一定就符合债务人的利益。如果没有充裕的期间预留给债权人行使权利，可能会逼迫债权人采取更为有效的手段(如起诉)，这对于债权人和债务人都不见得是最好的选择。合适的时效期间应该给与债权人和债务人磋商的可能性。客观法定期间也同样反映了债权人与债务人之间的利益平衡。时效期间的开始一方面依赖于成立请求权，另一方面依赖于主观状态，此种双重规定将会造成时效期间进展的不稳定性。此种双重规定虽然对于债权人的利益是必要的，但是，另一方面，债务人也必须在一个确定的时刻确切知道债权人是否对其真正享有请求权。这就是规定绝对时效期间的目的。[②]

已登记的不动产物权，由于登记簿的特殊证明力而事实真相清晰，此时如果考虑到债务人生活较之于债权人的请求权更需要法律的保护，则可以规定一个较长的时效期间。但是不动产是至为重要的生活资料，如果债权人的不动产物权所生的物上请求权适用诉讼时效，其很有可能陷入生活的困境。此种情形不应适用诉讼时效，因为难以认为债务人生活可以凌驾于债权人的生活之上，可以得到更多的法律保护。但是在动产物权发生的物上请求权，由于不存在像不动产一样的特殊证明力，则可按照普通时效期间来对待。

---

① [美]富勒：《法律的道德性》，郑戈译，商务印书馆，2005，第55页。

② 朱岩编译：《德国新债法——条文及官方解释》，法律出版社，2003，第26页。

时效制度是平衡债权人与债务人之间利益的法律设计,于时效完成之时,债务人基于良心或者其他原因,不援用时效或者抛弃时效利益的,应当为法律所允许,虽然债务人的不援用时效或者抛弃时效利益并不能当然的说明事实的真相。于时效完成之时,债务人实施以债务的存在为前提的自认行为的情形,日本法上有两种见解,一为放弃推定的构成,二为援用权丧失的构成。放弃推定的构成为日本旧判例的立场,认为在时效完成后实施自认行为时,推定为明知时效已经完成。援用权丧失的构成为日本现行判例的立场,认为债务人事实的自认行为,并非是时效利益的放弃,而是根据信义则不认可援用权,因为时效完成后债务人一方面承认债务,另一方面又主张债务因时效而消灭,自相矛盾。在此情形,以为债务人不会援用时效的相对人的信赖需要保护。①债务人于时效完成后的作出自认行为,虽然使得事实的真相得以清晰,但是排除债务人时效援用权的理由并不在此,而是基于诚实信用原则排除债务人的时效援用权,因为在债务人作出自认行为之后,债权人的利益显得更加值得法律保护。请求权时效届满之后债权人仍然得以抗辩的方式主张该权利的情形,以及请求权罹于时效后权利人仍得实现其担保物权的情形,都可以认为是债权人与债务人之间利益平衡的体现,只是必须以债务人对于债权的存在没有争议为前提。

有学者认为,“民法关于时效的规定,属于强行性规定,不得由当事人依自由意思予以排除,时效期间不得由当事人协议予以加长或缩短,时效利益不得由当事人预先予以抛弃。当事人关于排除时效适用、变更时效期间或预先抛弃时效利益的约定,依法当然无效。然而,一味强调时效规定的强制性,可能产生妨碍交易效率的结果。”②从各国消灭时效制度立法来看,合意变更法定时效期间有三种模式:绝对禁止,单方加重禁止,原则上允许通过合意的方式约定时效期间。③国际统一私法协会国际商事合同通则(PICC)(2004 年新版)第 10.3 条第 1 款规定了当事人可以变更时效期间。欧洲合同法通则(PECL)第 14:601 条第 1 款规定,当事人可通过协议变更时效的规定,特别是缩短或者延长时效期间。时效是平衡债权人与债务人之间利益的制度,因此当事人另作时效约定不违反此种利益平衡,原则上就应当允许,如对此合同自由有所限制,则应另有理由。法定的时效期间长短并不总是与当事人的利益相符,因此存在这样的问题,即合同当事人是否可以改变及在多大的范围内可以改变法定的时效期间,以及法典是否应规定强制性的事由以禁止改变法定时效期间。④《德国民法典》原第225条规定了当事人可以约定减轻时效,但是禁止通过法律行为排除和加重时效。此处所规定的禁止首先包括明确延长时效期间的约定,另外也包括法律并未规定的时效中止及中断的事由。⑤《德国民法

---

① [日]山本敬三:《民法讲义Ⅰ·总则》,解亘译,北京大学出版社,2004,第 365 页。

② 梁慧星:《民法总论》(第三版),法律出版社,2007,第 237 页。

③ 朱岩编译:《德国新债法——条文及官方边界解释》,法律出版社,2003。

④⑤ 朱岩编译:《德国新债法——条文及官方解释》,法律出版社,2003,第 27、28 页。

典》第 202 条规定："在因故意而造成的责任时禁止通过法律行为事先减弱时效。禁止通过法律行为加重时效期间至从法定时效开始起算超过 30 年。"新规定去掉了原第 225 条第 2 款所规定的原则上准许减轻时效的内容,因为这是一般的合同自由的组成部分,所以无需着重规定。新规定准许了加重时效的约定,只是禁止通过法律行为加重时效期间至从法定时效开始起算超过 30 年。其他符合一般合同自由的加重时效的约定原则上是准许的。时效本质上是为了平衡债权人与债务人之间的利益。因此,时效期间的规定并非当然是强行性的,当事人应该可以通过自己的自由意思另作约定。如果对于当事人另作约定的合同自由作出限制甚至强制性禁止,那么可以从合同自由限制的角度考虑。在考虑合同自由限制时,需结合普遍的实际交易情形,以防止具有优势的交易一方将自己的意志强加于对方之上。在市场经济尚不发达、信用体系尚未构建起来的我国,允许当事人进行自由约定是需要特别慎重的。

五、我国现行法的修正

最高法院就《关于审理民事案件适用诉讼时效制度若干问题的规定》答记者问重申了诉讼时效的立法目的,"诉讼时效制度虽具有督促权利人行使权利的立法目的, 但其实质并非否定权利的合法存在和行使,而是禁止权利的滥用,以维护社会交易秩序的稳定,进而保护社会公共利益。维护社会交易秩序、保护社会公共利益是诉讼时效制度的根本立法目的,世界两大法系的诉讼时效立法均体现了这一点。基于这一根本立法目的,诉讼时效制度对权利人的权利进行了限制,这是权利人为保护社会公共利益作出的牺牲和让渡;但应注意的是,通过对权利人的权利进行限制的方式对社会公共利益进行保护应有合理的边界, 应该就是在保护社会公共利益的基础上进行利益衡量,不能滥用诉讼制度,使诉讼时效制度成为义务人逃避债务的工具,随意否定权利本身,违反依法依约履行义务的诚实信用原则。"

由于上述立法目的对诉讼时效制度的本质存在认识偏差, 因此依据此立法目的制定的《中华人民共和国民法通则》(简称《民法通则》)、最高人民法院关于贯彻执行《中华人民共和国民法通则》若干问题的意见(试行)(简称《民法通则意见》)、《最高人民法院关于审理民事案件适用诉讼时效制度若干问题的规定》(简称《适用诉讼时效制度若干问题规定》)以及《中华人民共和国物权法》(简称《物权法》)中的一些规定需要做一些修正或解释。

(一)诉讼时效的适用对象

《物权法》第 33 条规定:"因物权的归属、内容发生争议的,利害关系人可以请求确认权利。"第 34 条规定:"无权占有不动产或者动产的,权利人可以请求返还原物。"第 35 条规定:"妨害物权或者可能妨害物权的,权利人可以请求排除妨害或者消除危险。"上述规定并未明确确认物权请求权、返还原物请求权、排除妨害请求权与消除危险请求权是否适用诉讼时效。如属于《民法通则意见》第 170 条中规定的未授权给公民和法人经营、管理的国家财产的情形,则不受诉讼时效期间的限制。至于《适用诉讼时效制度若干问题规定》第 1 条的规

定,只适用于债权请求权,不涉及物上请求权。《民法通则》第135条的规定,向人民法院请求保护民事权利的诉讼时效期间为二年,法律另有规定的除外。该条规定也并未涉及物上请求权是否适用诉讼时效问题。关于物上请求权是否适用诉讼时效的问题,我国立法和司法解释似乎并未做出任何明确规定。已登记的不动产物权所生的物上请求权不适用诉讼时效,广大农村未登记的不动产物权所生的物上请求权也不适用诉讼时效。理由为(1)此时事实真相清晰;(2)不存在为了特别照顾债务人的生活而牺牲债权人利益的情形,因为不动产对于权利人的生活至为重要。为了解决物上请求权适用诉讼时效的问题,可以将《适用诉讼时效制度若干问题规定》第1条规定的适用范围扩大为"请求权",另外以上述两个衡量标准解释该条第4款规定"其他依法不适用诉讼时效规定的债权请求权"。

(二)中断

《民法通则》第140条规定:"诉讼时效因提起诉讼、当事人一方提出要求或者同意履行义务而中断。从中断时起,诉讼时效期间重新计算。"从中断时起,诉讼时效期间重新计算,对于"请求"或者"承认"这样的中断事由是没有问题的,但是提起诉讼导致中断时,因为诉讼程序结束之前,该新的时效期间也可能已经届满。较为妥当的规定为"从中断事由结束之日起,诉讼时效期间重新计算"。

《民法通则意见》第173条、174条规定,权利人在新的诉讼时效期间内,再次主张权利,或者权利人向债务保证人、债务人的代理人或者财产代管人主张权利的,或者权利人向人民调解委员会或者有关单位提出保护民事权利的请求的,诉讼时效因此而中断。《适用诉讼时效制度若干问题规定》第10条、第14条、第19条更是对《民法通则》第140条规定的"当事人一方提出要求产生诉讼时效中断"情形做了大量的细化规定。但是,纯粹的"请求"并不应导致诉讼时效的中断,因为即使债权人提出履行债务的请求,并不能使得事实的真相清晰明了,债务人可能在此之前就已经清偿债务。

起诉或者与起诉具有同一效力的事由皆可导致诉讼时效中断,因为起诉与后来发生的确定裁判结合在一起,事实的真相又将随着裁判确定而被"固定"下来,因此应作为时效中断的事由。《适用诉讼时效制度若干问题规定》第12条规定,当事人一方向人民法院提交起诉状或者口头起诉的,诉讼时效从提交起诉状或者口头起诉之日起中断。规定诉讼时效"从提交起诉状或者口头起诉之日起中断"而非"法院依法受理之日中断",更符合诉讼时效中断制度的立法目的。债权人撤诉或者受到驳回之裁判,由于未有事实的真相随着裁判确定而发生的事实,应视为不中断。但是,我国立法和司法解释并未规定"时效因起诉而中断者,若撤回其诉,或因不合法而受驳回之裁判,其裁判确定,视为不中断"。

(三)中止

《民法通则》第139条规定,在诉讼时效期间的最后六个月内,因不可抗力或者其他障碍不能行使请求权的,诉讼时效中止。从中止时效的原因消除之日起,诉讼时效期间继续计算。

依据该条规定，诉讼时效中止事由只能是不可抗力或者其他障碍导致权利人不能行使请求权的情形，而且中止只能发生在诉讼时效期间的最后六个月。《适用诉讼时效制度若干问题规定》第20条对《民法通则》第139条规定的"其他障碍"作了更为详尽的规定。该条规定的情形有(1)权利被侵害的无民事行为能力人、限制民事行为能力人没有法定代理人，或者法定代理人死亡、丧失代理权、丧失行为能力；(2)继承开始后未确定继承人或者遗产管理人；(3)权利人被义务人或者其他人控制无法主张权利；(4)其他导致权利人不能主张权利的客观情形。双方当事人就所争议的或所疑问的请求权及可能产生请求权的情况加以磋商的情形，是否属于"其他导致权利人不能主张权利的客观情形"，不无疑问。磋商过程其实意味着在此时间段内债务人没有清偿债务，因此磋商时所花费的时间就不应该计算在事实真相的模糊过程之中，也就是说，这段时间应该从时效期间中剔除出去，也就是诉讼时效中止。但是，从文义上来说，磋商很难说是"其他导致权利人不能主张权利的客观情形"，尤其在债权人主动参加的情形。因此，应对"其他导致权利人不能主张权利的客观情形"加以扩大解释，以包括磋商这类为了避免产生法律上争议而暂时不行使权利的情形。

《民法通则意见》第174条规定："权利人向人民调解委员会或者有关单位提出保护民事权利的请求，从提出请求时起，诉讼时效中断。经调处达不成协议的，诉讼时效期间即重新起算；如调处达成协议，义务人未按协议所定期限履行义务的，诉讼时效期间应从期限届满时重新起算。"经调处达不成协议的，诉讼时效期间即重新起算，这样的规定是可疑的。正如纯粹的请求不能导致诉讼时效中断一样，经调处达不成协议的，也不能导致诉讼时效的中断。但是在调处期间，当事人之间的关系如同磋商时的一样，可导致诉讼时效的中止。

(四)时效期间延长

《民法通则》第137条第3句规定，有特殊情况的，人民法院可以延长诉讼时效期间。能够延长的诉讼时效期间是指何种期间，学者间存在争议。有的学者主张仅仅适用于20年期间，其他的适用中断与中止。[①]有学者认为，从《民法通则意见》第175条规定(民法通则第一百三十七条规定的"二十年"诉讼时效期间，可以适用民法通则有关延长的规定，不适用中止、中断的规定)看，适用于所有的期间。[②]《民法通则意见》第169条规定，权利人由于客观的障碍在法定诉讼时效期间不能行使请求权的，属于民法通则第一百三十七条规定的"特殊情况"。依据《民法通则》第139条与《适用诉讼时效制度若干问题规定》第20条规定，诉讼时效中止的事由有(1)不可抗力(2)权利被侵害的无民事行为能力人、限制民事行为能力人没有法定代理人，或者法定代理人死亡、丧失代理权、丧失行为能力；(3)继承开始后未确定继承人或者遗产管理人；(4)权利人被义务人或者其他人控制无法主张权利；(5)其他导致权利人不能主张权利的客观情形。如此之多的"特殊情况"，而且没有限制延长的时效期间，使得诉

---

①② 梁慧星：《民法总论》(第三版)，法律出版社，2007，第250页。

讼时效制度充满了极大的不确定性。诉讼时效期间长短的设置是债权人与债务人之间利益平衡的体现，如果赋予法官根据"特殊情况"决定延长诉讼时效期间，将可能打破债权人与债务人之间的利益平衡，与诉讼时效制度的本质不符。实际上，"特殊情况"与"客观障碍"的重合，说明了延长时效期间的做法可以通过完善诉讼时效中止制度来替代。[①]

（五）特殊时效期间

《民法通则》第136条所规定的1年特殊时效过短。在身体受到伤害的情形，或者产品质量不合格造成加害给付的情形，虽然《民法通则意见》第175条规定了特殊诉讼时效期间可以适用民法通则有关中止、中断和延长的规定，但是被侵害人知道或者应当知道其权利受到侵害之时起1年的期间可能也过短。此外，20年的客观法定期间是否足够长也是值得怀疑的。

六、结束语

"时效制度之结果，或至保护不法之占有者，及恶意之债务者，学者或痛诋之，谓为法律上之夺掠，然欲达立法之目的，其弊诚不可免，保持法律生存之安全，遂不遑愿怠慢者之利害。故自罗马法以来，咸以时效为私法制度中，必不可缺之一，学者所同认也。"[②]对于时效制度的矛盾心态跃然纸上，这种矛盾心态也可以说是"学者所同认也"。我国有学者引古时类似诉讼时效的零星踪迹，如唐穆宗长庆四年制："百姓所经台府州县，论理远年债负，事在三十年以前，而立保经逃亡无证据，空有契书者，一切不须为理"，强调诉讼时效与中国"欠债者还钱"，"今生不还来生还"之旧观念不合，因此未建立此种制度，仅零星的有其踪迹而已。[③]时效在中国未普遍适用，未形成一种制度的原由，不敢妄断。但是上述之零星踪迹中"一切不须为理"的原因，未尝不可以理解为，事经三十年，空有契书，官府已无法辨明事实的真相。与现代社会法官不得拒绝裁判不同，古时官府可以有选择地"不理"，从而可以不陷入到有限理性与不得拒绝裁判的困境之中。[④]富勒曾言：在人类的每一种追求中，在我们穿越完全失败的深渊和人类卓越成就的巅峰之间的狭长山径的时候，我们总是会遭遇平衡的难题。其实，在制度之路上，我们又何尝不同时也总是会遭遇有限理性的难题。时效制度，正是帮助我们摆脱有限理性与不得拒绝裁判的困境的制度设计，而其中平衡的难题仍有待进一步解决。

（本文经修改后发表于《珞珈法学论坛》第8卷）

---

① 李永军：《民法总论》，法律出版社，2006，第740—741页。

② [日]富井政章：《民法原论》（第一卷），陈海瀛、陈海超译，中国政法大学出版社，2003，第368页。

③ 郑玉波：《民法总则》，中国政法大学出版社，2003，第492—493页。

④ 清律典卖田宅条附例："其自乾隆十八年定例以前典卖契载不明之产，如在三十年以内，契无绝卖字样者，听其照例，分别找赎，若远在三十年以外，契内虽无绝卖字样，但未注明回赎者，即以绝产论，概不许找赎。"系类似取得时效之一例。郑玉波：《民法总则》，中国政法大学出版社，2003，第493页。该例与唐穆宗长庆四年制例中的界限均为三十年，与罗马法以来的时效制度期间有惊人的相似之处，也实在耐人寻味。

大数据时代下个人信息权的私法属性

张里安＊　　韩旭至＊＊

内容摘要：个人信息权的法律属性是个人信息保护亟需回答的首要问题。当前我国不乏个人信息保护的相关规范，但仍缺少对个人信息权的明确规定。司法实践上，亦对个人信息的法律属性认识不一。纵观世界各国，有以欧陆"逐步发展个人信息权"与美国"隐私权保护"为代表的两种模式。在法理学说上，个人信息权主要有六大学说：宪法人权说、一般人格权说、隐私权说、财产权说、新型权利说、独立人格权说。其中，唯有独立人格权说恰当阐释了个人信息权的私法属性。个人信息权具有与大数据时代特征相适应的独特内涵，其范围、内容均无法为其他权利所替代，社会情况的深刻变化呼唤个人信息权的诞生。在法律属性上个人信息权是一项独立的人格权。

关 键 词：个人信息权　隐私权　人格权　大数据

一、大数据与个人信息权益保护

在计算机互联网技术普及的短短二十余年时间里，信息处理技术得到迅猛的发展。近年来，从 web2.0 到新媒体再到大数据，信息的收集、储存、处理和传播变得越来越便捷、高效、迅速。当前，大数据已经从一种数据处理模式变成了当下的时代特征。

（一）大数据下的数字人格

所谓大数据是指伴随着可作为处理对象的数据外延不断扩大，依靠物联网、云计算等新的数据收集、传输和处理模式的一种新型数据挖掘和应用模式。[1]大数据的特点可被概括为 4V，即大数量(volume)、多类型(variety)、高处理速度(velocity)、价值(value)密度低。[2]在大数据面前，个人信息安全面临着前所未有的冲击和威胁。个人在网络空间上零星的各种细琐信息通过技术手段，能轻易被整合拼凑出完整的足以反映其人格的关键信息。如购物消费记录、送货地址、通信信息，微博、微信图片、文字、位置、留言评论，网络通信所储存的邮件、账

＊武汉大学法学院教授、博士生导师，法学博士。

＊＊武汉大学法学院 2015 级民商法学博士研究生。

① 参见王忠：《大数据时代个人数据隐私规制》，社会科学文献出版社，2014，第6页。

② 参见刘铭：《大数据反恐应用中的法律问题分析》，《河北法学》2015 年第 2 期。

单、记录,通信设备 GPS 系统所留下的位置地址信息、日常运动轨迹等。这些信息的整合,便能形成一个人的数字身份或数字人格(digital identity / computer persona)。

大数据的应用在一定程度上使得个人信息泄露更为严峻。近年来,居民开房信息泄露、婚外情交友网站会员信息泄露、房地产中介信息共享等事件层出不穷。当下,公民个人的数字人格受到源源不断的侵扰,已经严重影响到个人的现实生活。对个人信息的保护同时也是对人性尊严、生活安宁的保障。

(二)大数据下的个人信息商业利用

个人信息不仅仅与一个人的人格息息相关,也与财产、商业价值密不可分。在大数据背景下,个人信息被称为"新石油",个人信息交易已形成一定规模。根据欧洲司法专员 Viviane Reding 的预计,到 2020 年时个人数据交易将占欧洲 GDP 总量的 8%,成为名副其实的数字经济的货币。[①]

在某购物网站浏览后,再次上网时收到的弹窗广告准确指向过往浏览记录,这就是在大数据背景下的精准营销策略,即所谓的"RTB(Real-time-bid)"。网络服务提供商通过 cookie 获取个人信息,个人信息经收集、整合后在信息平台打包出售,广告商借此完成个性化的广告定向投放。

大数据时代中个人信息的商业运用,为个人信息保护提出了许多新问题。个人信息不再被视为一种单纯的人格权权利,其看似具有了某些财产属性。甚至有学者称:"法律应该做的是对一切个人信息都予以财产权保护"[②]。

(三)大数据下的个人信息权问题

在大数据时代下,我们亟需了解我们的个人信息到底是被谁收集及存储、信息将会被存储多久、在什么时候什么人可以访问这些信息、在什么情况下他人可以依法强制访问这些信息等等。这些问题无一不回归到个人信息权的本源问题:个人对其个人信息是否享有权利?如果享有,这种权利性质如何?

根据齐爱民教授的定义,个人信息权是指本人依法对其个人信息所享有的支配、控制并排除他人侵害的权利。[③]该定义以支配、控制、排除侵害在定义中概括个人信息权的权能,既反映了个人信息权的积极权能也体现了消极权能。事实上,关于该权利的称谓,仍有许多不

---

① See Rebecca Lowe,Digital Identity——Me,Myself and I,67 No. 5 IBA Global Insight 14,October/November,2013.

② 参见刘德良:《网络时代的民商法理论与实践》,人民法院出版社,2008,第 184 页。

③ 参见齐爱民:《拯救信息社会中的人格——个人信息保护法总论》,北京大学出版社,2009,第 137 页。

同的观点,有个人信息权、个人数据权、资料隐私权等。①这些分歧大多基于各学者对我国当下个人信息权利的认识与其所参照国外立法与理论的差别。

二、中国法视野下的个人信息权益定性

纵观我国立法,当前我国不乏个人信息保护的相关规范,但仍缺少对个人信息权的明确规定。司法实践上,亦对个人信息的法律属性认识不一,未能明确区分个人隐私、个人名誉、个人信息等概念。

(一)个人信息法益的中国法渊源

虽然我国并没有在法律规范中直接规定个人信息权。但对个人信息权益保护并非无法可依。

从法律层面来看,我国《宪法》即规定了通信自由权利,2009 年《刑法》修正案(七)增加出售、非法提供公民个人信息罪、非法获取公民个人信息罪,2015 年《刑法》修正案(九)更是拓宽了该罪的适用范围。侵害个人信息民事权益的案件,可援引《民法通则》《侵权责任法》中关于人格尊严权、肖像权、名誉权、隐私权的相关规定。另外,在《刑事诉讼法》《民事诉讼法》《护照法》《身份证法》《未成年人保护法》《妇女权益保护法》《母婴保护法》《消费者权益保护法》《执业医师法》《律师法》《档案法》《保险法》等法律中均有相应保护公民个人信息的规范。

从司法解释上看,2001 年《最高人民法院关于确定民事侵权精神损害赔偿责任若干问题的解释》、1998 年《最高人民法院关于审理名誉权案件若干问题的解释》、1993 年《最高人民法院关于审理名誉权案件若干问题的解答》均是我国当下个人信息权益的重要法源之一。值得关注的是,2014 年《最高人民法院关于审理利用信息网络侵害人身权益民事纠纷案件适用法律若干问题的规定》(以下简称"最高院信息网络侵权纠纷规定")首次在司法解释中明确了个人信息权益的侵权法保护。根据该规定第十二条,法院应将"基因信息、病历资料、健康检查资料、犯罪记录、家庭住址、私人活动等"视为个人隐私保护,同时也保护"其他个人信息"。

除此之外,保护个人信息的规范更多地散见于各层级较低、具有较浓厚行政管理色彩的行政法规、部门规章、规范性文件、事务性文件、地方性法规、地方政府规章、地方政府规范性

---

① 据笔者不完全统计,采用个人信息称谓的学者:王利明、张新宝、齐爱民、刘德良;采用个人数据的学者:郭瑜、谢永志;采用资料隐私的学者:孔令杰。参见王利明:《论个人信息权的法律保护—以个人信息权与隐私权的界分为中心》,《现代法学》2013 年第 4 期;张新宝:《从隐私到个人信息:利益再衡量的理论与制度安排》,《中国法学》2015 年第 3 期;齐爱民:《个人信息保护法研究》,《河北法学》2008 年第 4 期;刘德良:《个人信息的财产权保护》,《法学研究》2007 年第 3 期;郭瑜:《个人数据保护法研究》,北京大学出版社,2012,第 225 页;谢永志:《个人数据保护法立法研究》,人民法院出版社,2013,第 1 页;孔令杰:《个人资料隐私的法律保护》,武汉大学出版社,2009,第 62 页。

文件。这些规范均是在涉及某一行业、领域管理时，涉及个人信息保护的一些内容。一般涉及互联网管理、电信业务管理、医疗管理、征信及银行卡管控的金融管理、统计税收和档案信息管理、消费者管理、计算机管理、信息化管理、电子商务管理、邮政及通信管理等领域。①

总的来说，目前我国现行个人信息相关立法现状表现出以下几个问题：大多数规范只是零散地针对特定行业的特定个人信息，没有专门的个人信息保护法，缺乏对个人信息权利的直接保护；偏重刑事处罚与行政管理，民事立法上欠缺相应的确权；拘束力有限，规范大多偏重宣示性地规定义务，但缺乏法律后果；个人信息权益仍与个人隐私纠缠不清。②

(二)侵害个人信息权益民事案件定性

从当前我国各法院的裁判文书看来，我国法院对个人信息民事权益的法律属性认定不一，有的法院认为个人信息权益属于隐私权，有的法院认为属于名誉权，有的则直接表述为个人信息权。

2014年《最高人民法院公布8起利用信息网络侵害人身权益典型案例》之案例6"王某与张某、北京凌云互动信息技术有限公司、海南天涯在线网络科技有限公司侵犯名誉权纠纷系列案"即为一起侵害个人信息民事权益的案件。北京市朝阳区人民法院认为，公民的个人感情生活包括婚外男女关系均属个人隐私，披露该类个人信息是侵犯隐私权的。最高人民法院指出，该案的典型意义之一即该案反映了"哪些信息是个人信息？哪些个人信息是个人隐私？那些有违公序良俗的个人信息是否应当受到保护？随着互联网时代的到来发生着深刻的变化。"③

面对互联网时代个人信息保护的深刻变化，近年来也确有些法院倾向于认为个人信息权益是与隐私、名誉并列的一种权利或法益。2014年9月16日，广州市中级人民法院在"温国强与莫丕向不当得利纠纷案"二审中，以被上诉人获取的证据"侵犯上诉人的隐私、个人信息权"为由，排除一项证据的适用。④这是我国法院裁判文书中首次出现的个人信息权概念。2015年，浙江省乐清市人民法院在"赵信强与温州市仙人球文化传媒有限公司网络侵权责任纠纷案"中指出，"网络用户或者网络服务提供者利用网络公开自然人基本信息等个人隐私和其他个人信息，此类信息已然涉嫌侵权。"⑤该判决并没有把个人信息归入名誉权或个人

① 参见郭瑜：《个人数据保护法研究》，北京大学出版社，2012，第39~43页。

② 参见郭瑜：《个人数据保护法研究》，北京大学出版社，2012，第43~44页；洪海林：《个人信息的民法保护研究》，西南政法大学2007年博士论文，第162页；杨咏婕：《个人信息的私法保护研究》，吉林大学2013年博士论文。

③ 参见《最高人民法院公布8起利用信息网络侵害人身权益典型案例》，2014年10月10日。

④ 参见(2014)穗中法立民终字第2604号《民事裁定书》。

⑤ 该案经过浙江省温州市中级人民法院二审判决，驳回上诉，维持原判。参见(2015)温乐民初字第159号《民事判决书》；(2015)浙温民终字第1712号《民事判决书》。

隐私范畴,而是采取了并列的表述方式。

尤其需要注意的是,截至 2015 年 10 月 15 日,通过"裁判文书大数据平台"①的搜索功能,直接援引"最高院信息网络侵权纠纷规定"第二十条的民事判决共计 6 项(详见表 1)。6起案件中,法院将绝大多数个人信息以隐私权进行保护,对侮辱性地发布个人信息或发布其他能造成他人社会评价降低的判断为侵犯名誉权。

表 1

序号	审判时间	审判法院	案件名及案号	个人信息类型	法院判断侵害权益类型
1	2015.4.14	辽宁省沈阳市和平区人民法院	赵虹、赵志平与浙江浪仕威电子商务有限公司、浙江天猫网络有限公司案 (2015)沈和民一初字第 00732 号	网上购物信息	无 (原告败诉)
2	2015.3.11	江苏省南京市中级人民法院	上诉人熊文郁与被上诉人杨婧瑶名誉权纠纷案 (2015)宁民终字第 322 号	IP 地址和部分个人信息 (侮辱性散布信息)	名誉权
3	2015.1.15	北京市丰台区人民法院	张佳与黄贻名誉权纠纷案 (2015)宁民终字第 322 号	身份证号码信息 (侮辱性散布信息)	名誉权
4	2014.12.19	广东省佛山市南海区人民法院	陈小婷与吴伟国名誉权纠纷案 (2014)佛南法里民一初字第 235 号	生活照片,工作单位名称、单位地址、单位电话、家庭地址、家庭电话信息(侮辱性散布信息)	肖像权、隐私权和名誉权
5	2014.12.18	江苏省泰州市海陵区人民法院	戴某某与汤庆名誉权纠纷案 (2014)泰海民初字第 1676 号	个人身份信息、家庭住址、工作电话、单位电话、住房公积金等信息	隐私权
6	2014.12.11	广东省深圳市中级人民法院	关力立与赵耀名誉权纠纷案 (2014)深中法民终字第 3130 号	姓名及亲属的犯罪记录信息	名誉权

可见,该司法解释在实施效果上虽然对个人信息权益保护起到一定的积极作用,但仍远远未能确立独立的个人信息权。其以不完全列举的形式将大多数个人信息纳入隐私范畴,又以除隐私以外"其他"的方式表述"其他个人信息",实质上完全没有明确"其他个人信息"的范畴与内涵。因此,在司法实务上还是指导着各级法院将个人信息权益视为隐私,在涉及他人社会评价时视为名誉权。

三、个人信息权属性的比较法分析

世界各国对个人信息权属性的认识不一,基于各个对个人信息权益保护的发展历史,总

---

① 地址:http://caseshare.cn,该平台由北京北大英华科技有限公司运营。

的来说,有以欧陆"逐步发展个人信息权"与美国"隐私权保护"为代表的两种模式。

(一)欧陆:逐步发展个人信息权

个人信息权与隐私权即具有无法割舍的历史联系。[①]1970 年德国黑森州颁布了世界上第一部信息保护法《黑森州资料保护法》,1973 年瑞典颁布了世界上第一部全国性的信息保护法《瑞典资料法》,[②]然而两部法律中均没有确立独立的个人信息权。由此以来,欧洲范围内的许多立法,尤其是国际法层面上的规范,均将个人信息权利纳入隐私权框架之中,如1973 年欧洲理事会《私人行业中的电子资料库与个人隐私保护》、1974 年欧洲理事会《公共领域中的电子资料库与个人隐私保护》、[③]1980 年经济合作与发展组织《资料保护指导原则》、1981 年欧洲理事会《有关个人数据自动化处理的个人保护协定》、1990 年联合国《数据保护指导原则》、1995 年欧盟《数据保护指令》、2002 年欧盟《隐私和电子通信指令》、2005 年亚太经合组织《隐私框架》。[④]

虽然个人信息保护起源于隐私权的保护,但绝不限于隐私权的范畴。1977 年德国在《联邦资料保护法》中正式赋予个人一般性的个人信息权利,该法第一条明确指出"本法的目的在于保护个人一般人格权不受个人数据的操作的损害"。[⑤]1998 年瑞典《个人数据法》指出,个人信息保护的是人格完整。2000 年《欧洲基本权利宪章》也对隐私权与个人信息权作出了区分,分别规定在第七条、第八条之中。[⑥]除此之外,荷兰、葡萄牙、西班牙、希腊、波兰、奥地利、匈牙利等国均承认个人信息权利的宪法地位。[⑦]

从典型司法判例来看,1983 年德国联邦宪法法院在"人口普查案"的经典判决中指出:"在现代资料处理之条件下,应保护每个人之个人资料免遭无限制之收集、储存、运用、传递,此系基本法第 2 条第 1 项(一般人格权)及基本法第 1 条第 8 项(人性尊严)保护范围。该基本人权保障每个人原则上有权自行决定其个人资料之交付与使用。"[⑧]虽然,该案中对个人信

---

① 参见孔令杰:《个人资料隐私的法律保护》,武汉大学出版社,2009,第 62 页。

② 参见孔令杰:《个人资料隐私的法律保护》,武汉大学出版社,2009,第 112 页。

③ 参见孔令杰:《个人资料隐私的法律保护》,武汉大学出版社,2009,第 61 页。

④ 参见孔令杰:《个人资料隐私的法律保护》,武汉大学出版社,2009,第 5 页、第 7 页;王忠:《大数据时代个人数据隐私规制》,社会科学文献出版社,2014,第 7 页;郭瑜:《个人数据保护法研究》,北京大学出版社,2012,第 85 页;周汉华:《域外个人数据保护法汇编》,法律出版社,2006,第 1—77 页。

⑤ 参见孔令杰:《个人资料隐私的法律保护》,武汉大学出版社,2009,第 93 页;郭瑜:《个人数据保护法研究》,北京大学出版社,2012,第 88 页。

⑥ 参见郭瑜:《个人数据保护法研究》,北京大学出版社,2012,第 85 页。

⑦ 参见孔令杰:《个人资料隐私的法律保护》,武汉大学出版社,2009,第 178 页;周汉华:《域外个人数据保护法汇编》,法律出版社,2006,第 78—294 页。

⑧ 参见 Bundesverfassungsgericht BVerfBE(Federal Constitutional Court),Nov.15,1983.转引自李震山:《电脑处理个人资料保护法"之回顾与前瞻》,《"国立"中正大学法学刊集》2000 年第 14 期。

息权的属性沿袭 1977 年德国《联邦资料保护法》，将其认为属于一般人格权保护的范畴，但德国宪法法院在该案中正式提出了"个人信息自决权"(a right to informational self-determination)的概念，认为个人原则上有能力决定其个人信息的披露或使用。①自此以往，个人信息权的权能逐渐丰富，在权利属性上也愈显独立性。2014 年，欧洲法院更是在"谷歌诉西班牙数据保护局"案件中确立了个人对其数字个人信息享有的"被遗忘权"(right to be forgotten)。②欧洲法院通过对欧洲《数据保护指令》的相关条文作宽泛解释，创设了"数字遗忘权"，即"数据主体有权利要求互联网搜索引擎服务商将与其姓名链接的陈旧的、不完整、不恰当或不相关的信息从搜索结果中删除"。③

纵观欧陆，个人信息权是一个逐步发展的过程。这个发展过程，实质上也是立法、司法为适用日新月异的数据处理技术而不断调适的过程。正如有德国学者所指出，欧陆个人信息保护呈代际性特点。第一代个人信息保护法是为了适应政府及大公司内部的电子数据处理的出现而制定的；第二代是以公民的个人隐私权为中心展开的；第三代的特点是个人信息自我决定权和信仰公民应享有该项权利；当前正在进行的第四代发展，则表现为针对个人在实施其权利时普遍弱势的谈判地位作出一定调整。④

(二)美国:隐私权保护

1888 年，美国法官托马斯·库利(Thomas Cooley)首次将隐私权(Privacy)定义为"单独而不受干扰的权利"(to be let alone)。⑤1890 年，沃伦(Samuel D. Warren)和布兰代斯(Louis D. Brandeis)发表了著名的《隐私权》一文，指出人们有权远离他们所讨厌的东西，并提出确立一种个人决定其在何种程度上向他者表达自己的想法、感受和情感的隐私权。⑥根据 Prosser 教授在 1960 年的经典论述，隐私权具有四项内容:①禁止他人私生活的安宁;②禁止宣扬他人私生活的秘密;③禁止置人于遭公众误解的境地;④禁止利用他人特点作商业广

---

① 参见郭瑜:《个人数据保护法研究》，北京大学出版社，2012，第 87 页。

② See Karen Eltis, Breaking Through the "Tower of Babel":A "Right to be Forgotten" and How Trans-systemic Thinking Can Help Re-conceptualize Privacy Harm in Age of Analytics, Fordham Intellectual Property, Media and Entertainment Law Journal 69, Autumn 2011.

③ 参见郑文明:《新媒体时代个人信息保护的里程碑——"谷歌诉西班牙数据保护局"案解读》，《新闻界》2014 年第 23 期;Rebecca Lowe, Digital Identity—Me, Myself and I, 67 No. 5 IBA Global Insight 14, October/November, 2013.

④ 参见 Viktor Mayer-Schönberger:《欧洲数据保护的代系发展》，Chapter 8 in op cit, Agre and Rotenberg, fn 23.转引自:[英]戴恩·罗兰德、伊拉莎白·麦克唐纳:《信息技术法(第二版)》，宋连斌、林一飞、吕国民译，武汉大学出版社，2004，第 315-317 页。

⑤ See Thomas Cooley, Laws of Torts, 2nd, 1888, p29.

⑥ See Samuel D. Warren and Louis D. Brandeis, The Right to Privacy, Harvard Law Review, December 15, 1980

告。另外,根据风险自担理论及社会公众有权对能够看得见的事情进行记录的理论,普洛塞教授(William Prosser)还指出了"公众场合无隐私"。①普洛塞教授(William Prosser)的经典论述为《美国侵权法复述(第二版)》所采纳。②1980年,加维森(Ruth Gavison)进一步提出,隐私是"对别人接近他人的限制",保护的是个人的"安静或者安宁",隐私权包括:①秘密权;②匿名权;③独处权。③随着计算机网络技术的普及,"公共场所有隐私"的理论逐渐得到认可。安德鲁.杰.麦克拉格明确指出,"即使在深处公众可以进入或观察的区域内,仍然享有合法的、有限度的隐私利益"。④信息的公开与否,已不再是美国隐私权关注的重点。诚如沃尔德曼(Ari Ezra Waldman)所指,在当下个人信息保护的背景之下,美国隐私法关注及保护的重点应是人与人之间的信任关系。⑤

从司法实践上看,1965年美国最高法院通过"格里斯沃尔德诉康涅狄格州案"(Griswold v. Connecticut)建立了宪法上的隐私权。⑥此后,美国法院亦通过一系列案例从美国宪法第4、9、14修正案中不断发展美国法上的隐私权。⑦隐私权成为美国法上的一种宽泛的宪法权利。1977年,美国最高法院更是通过"沃伦诉罗伊案"(Whalen v. Roe)确立了个人信息隐私权。该案中,美国最高法院的判决表明,政府所进行的个人信息处理工作关涉宪法上的隐私权。⑧

从立法上看,1988年《信息自由法》以及1970年《公平信用报告法》开启了美国个人信息隐私保护立法的历程。统一的个人信息保护立法主要有:1974年《隐私法》、1980年《隐私保护法》、1988年《电脑对比和隐私保护法》。⑨另外,对于金融、通信和医疗等行业以

① See William Prosser, Privacy,California Law Review,1960,p.48.

② 参见张民安:《侵扰他人安宁的隐私侵权责任构成要件》,《侵扰他人安宁的隐私侵权——家庭成员间、工作场所、公共场所、新闻媒体及监所狱警的侵扰侵权》,张民安主编、宋志斌副主编,中山大学出版社,2012,第28页。

③ See Ruth Gavison,Privacy and the Limits of Law,89 Yale Law Journal,1980,p.428.

④ 参见[美]安德鲁·杰·麦克拉格:《代开隐私侵权的封闭空间:公共场所隐私侵权理论》,骆俊菲译,《侵扰他人安宁的隐私侵权——家庭成员间、工作场所、公共场所、新闻媒体及监所狱警的侵扰侵权》,张民安主编、宋志斌副主编,中山大学出版社,2012,第297页。

⑤ See Ari Ezra Waldman,Privacy as Trust:Sharing Personal Information in a Networked World,University of Miami Law Review 559,Spring 2015.

⑥ See Griswold v. Connecticut,381 U.S. 479 (1965).

⑦ See Thomas Garry,Frank Douma and Stephen Simon,Intelligent Transportation Systems:Personal Data Needs and Privacy Law,39 Transportation Law Journal 97,Winter,2012.

⑧ See Whalen v. Roe,433 U.S. 599–60 (1977).

⑨ 参见孔令杰:《个人资料隐私的法律保护》,武汉大学出版社,2009,第106–107页;齐爱民:《拯救信息社会中的人格—个人信息保护法总论》,北京大学出版社,2009,第45页;郭瑜:《个人数据保护法研究》,北京大学出版社,2012,第50–51页。

及教育、家庭娱乐和车辆管理等特定领域中的个人信息隐私保护,美国均制定了相应的联邦法。①

总的来说,美国法上的隐私权内容相对开放且不断发展。由沃伦与布兰代斯的理论发展而来的隐私权并不应该理解为私生活秘密权,而是"right to be let alone",是一种更为一般更为广泛的权利,可以理解为"个人豁免权利""独处的权利""保持自己个性的权利"。②隐私一词带有信息、身体、财产和决定等方面的含义。③在美国法意义上,隐私就是我们对自己所有的信息的控制,④而唯一的隐私利益就是人格尊严。⑤

(三)两大法域比较分析

美国与欧洲个人信息保护立法之区别主要表现为以下两点:1、在个人信息权益属性上,在美国个人信息权益显然已被纳入隐私权的内涵之中。而欧洲多将个人信息权益定性为一种宪法权利、一种一般人格权保护的法益,或者可以说是一种逐渐形成中的个人信息权。即便如此,许多欧洲的立法仍未厘清隐私与个人信息两者的关系。⑥2、在立法模式上,欧洲倾向于对个人信息采取综合统一的立法,而美国采取分散的立法且多依赖行业自治。有学者认为,美欧的区别的原因在于美国的个人信息保护模式偏重于个人的自由,欧洲的保护则注重个人的尊严。⑦美国将个人信息视为个人问题,注重个人价值与行业自律;欧洲将个人信息视为社会问题,注重社会价值与社会立法。⑧

美欧之间的个人信息权益保护看上去截然不同,但实际上美国法的将个人信息纳入隐私权与一些欧洲国家以一般人格权保护个人信息并没有实质差异。美国法上的隐私权其实类似于大陆法系的一般人格权,其保护的利益也是人格尊严、人格独立及人格自由。⑨大陆法

---

① 参见孔令杰:《个人资料隐私的法律保护》,武汉大学出版社,2009,第 108 页。

② 参见[美]阿丽塔.L.艾伦、查理德.C.托克音顿:《美国隐私法:学说、判例与立法》,冯建妹等编译,中国民主法制出版社,2004,第 25—26 页。

③ 参见[美]阿丽塔.L.艾伦、查理德.C.托克音顿:《美国隐私法:学说、判例与立法》,冯建妹等编译,中国民主法制出版社,2004,第 8 页。

④ 参见[美]阿丽塔.L.艾伦、查理德.C.托克音顿:《美国隐私法:学说、判例与立法》,冯建妹等编译,中国民主法制出版社,2004,第 13 页。

⑤ 参见郭瑜:《个人数据保护法研究》,北京大学出版社,2012,第 29 页。

⑥ 参见王利明:《论个人信息权的法律保护——以个人信息权与隐私权的界分为中心》,《现代法学》2013 年第 4 期。

⑦ 参见洪海林:《个人信息保护立法理念探究——在信息保护与信息流通之间》,《河北法学》2007 第 1 期。

⑧ 参见孔令杰:《个人资料隐私的法律保护》,武汉大学出版社,2009,第 96 页。

⑨ 参见洪海林:《个人信息的民法保护研究》,法律出版社,2010,第 32 页;谢永志:《个人数据保护法立法研究》,人民法院出版社,2013,第 39 页。

系国家的从属于人格权的隐私权概念与美国法上的隐私概念完全不能等同。[1]人格权并非一项普通法下的权利,[2]美国法上的隐私是包括姓名、肖像、声音等其他人格利益在内的广义的隐私概念。[3]

由此可见,两大法系保护个人信息权益均以一般人格权或类似于一般人格权的隐私权出发。与美国不同的是,欧陆国家将个人信息权的内容在一般人格权中逐渐具体化了。当前,对个人信息权的法律属性进行界定,厘清个人信息权、一般人格权、隐私权及其他权利的关系,是两大法系面临的共同挑战。

四、个人信息权属性的法理辨析

关于个人信息权的法律属性有多种学说,概括而言,主要有以下六种:宪法人权说、一般人格权说、隐私权说、财产权说、新型权利说、独立人格权说。

(一)宪法人权说

国际组织的立法常主张个人信息权是一种基本人权。如前所述,2000年《欧洲人权宪章》即规定了个人信息权。另外,许多欧洲国际的个人信息保护也源于宪法上的人权保护要求,美国的个人信息保护也是基于宪法上的隐私权。同时,我国也有学者认为,个人信息权利应视为"一种宪法基本权"。[4]

笔者认为,我国《宪法》中的通信自由权并不可能衍生出个人信息权利保护的内涵。作为一种基本人权的个人信息权,要求的是相应的宪法法院或宪法裁判空间,并不符合我国当前国情与司法体系。

(二)一般人格权说

不少学者认为,个人信息权应属于一般人格权的范畴。马俊驹教授曾经指出,"个人资料体现的人格利益远远超出了具体人格利益的范围,这也是现有法律框架无法对个人资料提供切实、充分保护的根本原因。……个人资料所体现的利益是人格尊严、人性自由、人身完整

---

[1] 参见洪海林:《个人信息的民法保护研究》,法律出版社,2010,第33页;Paul M. Schwartz, Daniel J. Solove: Reconciling Personal Information In the United States and European Union, 102 California Law Review 877, August, 2014.

[2] See Karen Eltis, Breaking Through the "Tower of Babel": A "Right to be Forgotten" and How Trans-systemic Thinking Can Help Re-conceptualize Privacy Harm in Age of Analytics, Fordham Intellectual Property, Media and Entertainment Law Journal 69, Autumn 2011.

[3] 参见张民安:《侵扰他人安宁的隐私侵权责任构成要件》,《侵扰他人安宁的隐私侵权——家庭成员间、工作场所、公共场所、新闻媒体及监所狱警的侵扰侵权》,张民安主编、宋志斌副主编,中山大学出版社,2012,第1页。

[4] 参见郭明龙:《个人信息权利的侵权法保护》,中国法制出版社,2012,第44页。

等基本利益,属于一般人格权范畴。"①

另外,亦有不少学者指出对个人信息权的认识不应止步于一般人格权,理由有二:1、一般人格权的适用依赖于法院对其内涵的阐释,以一般人格权保护个人信息会造成法律适用上的模糊和混乱。②2、在侵权责任的判断中,个人信息权应采用过错推定原则,适用举证责任倒置的相关规定。而一般人格权只能采取过错原则,实行"谁主张,谁举证"。个人信息持有人、使用人对个人信息有合理的注意义务。根据"危险管理理论",个人信息持有人、使用人应证明自身合法地使用相关信息且没有过错。鉴于双方的不平等地位,让权利人证明持有人、使用人的过错是不合理也是不科学的,会不恰当地加重了权利人证明责任与维权的成本。③

笔者认为,个人信息利益作为一种随着现代信息处理技术的发展而产生的新型人格利益,已经逐渐成熟。个人信息权应从一般人格权中具体化。德国著名法学家拉伦茨曾经指出,德国在《联邦档案保护法》等立法中所赋予个人的同意权、知悉权、消除权等个人信息权利,就是一般人格权在法律中的具体化的表现。④

(三)隐私权说

隐私权理论经历了从"独处权说"到"有限地接近自我说"再到"个人信息控制权理论"的发展过程。在这个过程中,个人信息逐步成为隐私权保护的内容之一。⑤当今,美国法上隐私权的保护范围就包括生育自主、家庭自主、个人自主、信息隐私四大方面。⑥我国台湾地区亦认为个人信息属于隐私权的保护客体之一,台湾"司法院"释字第 063 号解释即指出,"隐私权在于保障个人资料之自主控制"。⑦王泽鉴教授即认为:"隐私权包括保护私生活不受干扰及信息自主两个生活领域"。⑧

以王利明教授为代表的许多学者认为,个人信息与隐私应属于两个不同范畴。学界一般认为,二者至少有以下五点区别:1、在内涵上,隐私权说主要由美国法上的隐私权(Privacy)发展而来。⑨美国法上的隐私权具有相当于大陆法上一般人格权的特性。而我国隐私的语境

---

① 参见马俊驹:《个人资料保护与一般人格权 (代序)》,《个人资料保护法原理及其跨国流通法律问题研究》,齐爱民主编,武汉大学出版社,2004,第 1 页。

②③ 参见谢远扬:《信息论视角下个人信息的价值——兼对隐私权保护模式的探讨》,《清华法学》2015年第 3 期。

④ 参见[德]卡尔·拉伦茨:《德国民法通论》,王晓晔等译,法律出版社,2003,第 171 页。

⑤ 参见杨咏婕:《个人信息的私法保护研究》,吉林大学 2013 年博士论文,第 81 页。

⑥ 参见王泽鉴:《人格权法:法释义学、比较法、案例研究》,北京大学出版社,2013,第 187 页。

⑦ 参见王泽鉴:《人格权法:法释义学、比较法、案例研究》,北京大学出版社,2013,第 209 页。

⑧ 参见王泽鉴:《人格权的具体化及其保护范围·隐私权篇》(中),《比较法研究》2009 年第 1 期 ; 王泽鉴:《人格权法:法释义学、比较法、案例研究》,北京大学出版社,2013,第 209 页。

⑨ 参见齐爱民:《个人信息保护法研究》,《河北法学》2008 年第 4 期。

与内涵并没有美国法上的"独处权"、"安宁权"等含义,隐私往往仅被理解为隐和私的集合,隐即不为他人所知悉,私即私密信息。尹田教授指出,"个人隐私为个人私生活中不愿公开的私密空间"。①我国司法实践上,隐私一般仍被认为是阴私或其他会导致他人名誉受损的私密信息。2、在范围上,隐私与个人信息有交叉但不重合。②有些涉及个人私生活的个人信息诚然属于隐私,但生活中还存在许多公开的个人信息。如电话号码、工作单位、家庭住址等信息,为了便于交流,人们常常在一定范围内予以公开。这些信息难以归入隐私权的范畴,但对于这些信息的,诚如王利明教授所指,"个人也应当有一定的控制权,如知晓在多大程度上公开,向什么样的人公开,别人会出于怎样的目的利用这些信息等等"。③另外,隐私权也难以涵盖个人信息权的全部权能,如对个人信息的记载有误时个人所享有的修改权,无法通过大陆法系国家的隐私权理论进行描述。3、在内容上,隐私权制度的重点在于保密,而个人信息权的重点则在于信息的控制与利用。在隐私权视角下,因重在保密,擅自公布他人隐私的行为构成侵权。而在个人信息权视角下,虽为公布,但收集、利用个人信息也应受到限制。因此,隐私权常表现为消极的防御性权能,而个人信息权则具有积极权能,如欧盟《数据保护指令》中所规定的知情权、进入权、修改权等。④4、在价值上,隐私权一般被认为主要具有精神价值,是一项精神性人格权,而个人信息权则兼具精神价值与财产价值。⑤因此,隐私权无法适应人格权商品化的相关理论,而个人信息权则并不排除对个人信息的商业利用。5、在保护方式上,由于隐私权与个人信息权上述价值属性的不同,侵害隐私权采用精神损害赔偿的方式救济,而对个人信息权则既可采取精神损害赔偿,也可采取财产救济的方式。⑥

笔者赞同上述个人信息与隐私不能等同的观点。个人信息权随着信息社会的发展而发展,可被认为是隐私权的大数据时代升级版。诚然,隐私权在特定的历史条件下发挥了保护个人信息,尤其是敏感个人信息的重要作用。然而,在今天个人信息权在内涵、范围、内容、价值、保护形式上均发展出独特内涵,再将其回归隐私权在理论上已经无法自洽。

(四)财产权说

萨缪尔森(Pamela Samuelson)指出,20世纪中叶以前信息与其载体密不可分,所以法律只需要以财产权的形式保护有形载体即可。而随着社会的发展,信息不再依赖于有形载体,

---

① 参见尹田:《民法典总则之理论与立法研究》,法律出版社,2010,第330页。
② 参见张新宝:《从隐私到个人信息:利益再衡量的理论与制度安排》,《中国法学》2015年第3期。
③ 参见王利明:《隐私权概念的再界定》,《法学家》2012年第1期。
④ 参见王利明:《隐私权概念的再界定》,《法学家》2012年第1期。
⑤ 参见王利明:《论个人信息权的法律保护——以个人信息权与隐私权的界分为中心》,《现代法学》2013年第4期。
⑥ 参见王利明:《论个人信息权的法律保护——以个人信息权与隐私权的界分为中心》,《现代法学》2013年第4期。

此时便需要赋予个人以信息财产权。[①]20世纪60年代起，就有不少欧美学者主张以财产权保护个人信息。[②]米勒(Athur R. Miller)认为，"保护隐私最容易的途径是将个人信息的控制作为数据主体拥有的财产权"。[③]威斯丁(Alan F. Westin)指出，可将个人对信息的权利视为人格决定权，应将其界定为财产权，在处置个人信息时可适用限制危险商品的方式予以限制。[④]波斯纳(Richard Allen Posner)亦认为，隐私权应被视为财产权法的分支。

当然，也有不少学者反对将个人信息财产权化，理由如下：1.人是目的不是手段，个人信息权属于人格权，若人格权被物化，人将毫无尊严可言。[⑤]2."财产权说"混淆了人格利益和财产利益。个人信息可被利用具有财产利益，但财产利益不等于财产权。如姓名、肖像等许多人格权客体同样具有财产利益。[⑥]3.由于信息交易市场不完善，个人信息财产权并不能解决当前大数据时代下信息交易中的个人信息保护问题。[⑦]个人信息交易实质上会加速个人信息财产权由信息主体向信息使用者转移[⑧]，导致交易双方经济地位差距根据不平等。[⑨]4.交易双方的信息、地位的不对等，个人信息交易对价难以公允。[⑩]另外，单项个人信息或许影响不大价值不高，但若将若干个人信息予以整合，将产生汇聚效应，产生无法估量的影响，这也将严重影响个人对信息价值的估计。[⑪]5.个人信息财产权将导致信息主体难以限制信息市场的参与者自由处分其个人信息，导致个人信息的任意流动可能变得难以控制。[⑫]

笔者认为，个人信息权不是财产权。个人信息固然具有财产利益，可以被商品化，但这并非财产权所专属的特性。1953年弗兰克法官(Jerome Frank)在"哈兰实验室公司诉托普斯口香糖公司案"(Haelan Laboratories, Inc. v. Topps Chewing Gum, Inc.) 的判决中即指出了肖

---

① See Pamela Samuelson, Privacy as intellectual property, Stanford law review, 52, 2000.

② 参见孔令杰：《个人资料隐私的法律保护》，武汉大学出版社，2009，第75页。

③ See Athur R. Miller, Personal Privacy in the Computer Age: The Challenge of New Technology in an Information-Oriented Society, Michgan Law Review, Vol. 67, 1969. 转引自郭瑜：《个人数据保护法研究》，北京大学出版社，2012，第214页。

④ See Alan F. Westin, Privacy and Freedom, 1967, pp.324-325. 转引自孔令杰：《个人资料隐私的法律保护》，武汉大学出版社，2009，第75-76页。

⑤ 参见洪海林：《个人信息的民法保护研究》，法律出版社，2010，第70页。

⑥ 参见齐爱民：《个人信息保护法研究》，《河北法学》2008年第4期。

⑦ 参见孔令杰：《个人资料隐私的法律保护》，武汉大学出版社，2009，第78页；李震山著：《人性尊严与人权保障》，元照出版公司，2001，第284-285页。

⑧ 参见孔令杰：《个人资料隐私的法律保护》，武汉大学出版社，2009，第77页。

⑨ 参见洪海林：《个人信息的民法保护研究》，法律出版社，2010，第72页。

⑩ 参见洪海林：《个人信息的民法保护研究》，法律出版社，2010，第71页。

⑪ 参见孔令杰：《个人资料隐私的法律保护》，武汉大学出版社，2009，第86页。

⑫ 参见洪海林：《个人信息的民法保护研究》，法律出版社，2010，第73页。

像所具有的公开价值,从而创设了公开权。①1956 年德国联邦法院在"BGHZ 20,345—Paul Dahlke"案中判决,肖像权的商业使用,具有财产利益。其后,学界通说进一步肯定姓名、声音等人格特征亦具有财产利益,构成人格权的财产部分。②人格权财产利益的保护范围随着时代的发展逐渐扩大。③如今,个人信息权的财产利益逐渐凸显,但这并非将其归入财产权的理由。另外,与知识产权中蕴含的人身权与财产权不同,个人信息权并非基于智力成果而产生的,自然人的个人信息是其与生俱来并在其发展过程中不断形成的,个人信息权与自然人的人格密不可分。因此,个人信息权应属于人格权,无法归入无形财产权的类型。

(五)新型权利说

人格权在权利内容上并不直接表现为财产利益,在表现方式上一般表现为消极的不受侵害的权利,在行使方式上与人身密不可分且不能成为交易客体,在救济方式上主要采取事后救济的方式实现。而个人信息权可直接表现为财产利益,以积极方式行使,个人信息可用以交易,救济方式结合事前与事后救济。因此,有学者认为个人信息权既不是人格权也不是财产权,是一种新型的复合性权利,具有人格和财产的双重属性。④

笔者认为,该说片面理解人格权的属性。首先,人格权与人身利益密切相关,然而并非不能表现为财产利益。如前文所述,现代社会,部分人格权的财产属性越来越显著:在大陆国家表现为人格权商品化的发展;在英美法系,则表现为公开权,如肖像权的使用,权利人即签订许可合同,许可他人对其肖像进行商业使用,并收取费用。难道说,因为权利人对肖像权进行许可使用了肖像权就不是人格权了吗? 这显然是荒谬的。其次,在行使方式和救济方式上,人格权并不排斥积极的行使与事前的救济。人格权请求权作为一种绝对权请求权当然不限于消极行使与事后救济,我国法律规定的"排除妨害"、"消除危险"即是典型的在人格权有受妨害之虞时所实施的事前救济。因此,个人信息权的特性并不排斥其成为一种具体人格权。

(六)独立人格权说

以王利明教授为代表的民法学家认为,个人信息权是一种独立人格权。⑤笔者亦深为赞同。人格权是一个不断发展的权利范畴。诚如庞德(Roscoe Pound)所指,"人格权这一类别正在形成之中,它至今也没有超越这一阶段"⑥。随着数字时代的发展,个人信息权的人格利益

---

① 参见王泽鉴:《人格权法:法释义学、比较法、案例研究》,北京大学出版社,2013,第 259 页。

② 参见王泽鉴:《人格权法:法释义学、比较法、案例研究》,北京大学出版社,2013,第 281 页。

③ 参见王泽鉴:《人格权法:法释义学、比较法、案例研究》,北京大学出版社,2013,第 296 页。

④ 参见张素华:《个人信息商业运用的法律保护》,《苏州大学学报》2005 年第 2 期。

⑤ 参见王利明:《论个人信息权的法律保护——以个人信息权与隐私权的界分为中心》,《现代法学》2013 年第 4 期。

⑥ 参见[美]罗斯科·庞德:《通过法律的社会控制:法律的任务》.沈宗灵、董世忠译.商务印书馆,1984,第171 页。

与财产利益均日益凸显。在社会生活中,对个人信息的保护的挑战与要求亦越来越高。将个人信息权视为一种独立的人格权就是要正面回答大数据时代下个人信息保护的问题。

作为一种独立人格权的个人信息权,既保护个人信息的人格利益也保护财产利益。一方面,个人信息权具有传统人格权的消极防御的一面,当个人信息被不当利用时可主张排除妨害、消除危险、赔偿损失。另一方面,基于个人信息的财产价值,该权利也有积极的一面,行使该权利可直接支配、控制个人信息,在一定条件的限制下也可将个人信息用于交易。其积极的一面与其人格权的属性并不相悖。个人信息无可争议地具有一定的经济价值,也应属于能商品化的人格特征。随着人格权商品化理论的认识与发展,个人信息权具有如肖像权一样的积极权能并不过分。

纵观个人信息权属性的六大学说,宪法人权说并不符合我国国情,一般人格权说忽视个人信息权的特性及发展需求,隐私权说实质上是美国法语境下的一般人格权说,财产权说与新型权利说均混淆了财产利益与财产权的区别并忽视人格权商品化的新发展。唯有独立人格权符合个人信息权的内在属性。因此,个人信息权在法律属性上应视为一项独立的人格权。

五、大数据时代中个人信息权的独特内涵

个人信息权成为一种独立的人格权有其必要性、可行性。个人信息权独特的范围、内容无法为其他权利所替代。其独特的内涵是由大数据的时代特征所决定的,现代社会情况的深刻变化呼唤个人信息权的诞生。

(一)个人信息的范围

国家质量监督检验检疫总局、国家标准化管理委员会 2012 年发布的《信息安全技术公共及商用服务信息系统个人信息保护指南》第 3.2 条规定,个人信息指"可为信息系统所处理、与特定自然人相关、能够单独或通过与其他信息结合识别该特定自然人的计算机数据。个人信息可以分为个人敏感信息和个人一般信息。"我国工信部 2013 年发布的《电信和互联网用户个人信息保护规定》第四条指出,"本规定所称用户个人信息,是指电信业务经营者和互联网信息服务提供者在提供服务的过程中收集的用户姓名、出生日期、身份证件号码、住址、电话号码、账号和密码等能够单独或者与其他信息结合识别用户的信息以及用户使用服务的时间、地点等信息。"

从以上规范性文件中可见,个人信息的定义重在识别。学界通说亦认为,个人信息的首要特征即识别性,即"把当事人直接或间接地认出来"。[1]笔者认为,参照《德国联邦资料保护

---

① 参见齐爱民主编:《个人资料保护法原理及其跨国流通法律问题研究》,武汉大学出版社,2004,第 4 页。

法》第二条的规定,个人信息权下的个人信息应定义为,凡能识别特定自然人的所有属人或属事的信息。[1]

因此,包括但不限于自然人的姓名、性别、种族、年龄、出生年月日、身份证号码、护照号码、驾驶证号码、工作证号码、身高、体重、指纹、血型、基因信息、遗传特征、健康情况、病历资料、户籍、家庭住址、电子邮件地址、家庭成员、婚育情况、教育经历、工作经历、财务状况、社会活动、头衔、犯罪记录、联系方式等,一切能识别特定自然人的信息均属于个人信息。

这些个人信息又可分为敏感的个人信息与非敏感的个人信息。敏感的个人信息即与隐私相关的信息。[2]诚然,敏感的个人信息在内容上能为隐私所覆盖,但是还有一些非敏感的个人信息,尤其是在一定范围内公开的个人信息。为了便于交流,人们常常主动告诉他人这些信息,如递名片、留电话号码都是日常行为。对于这些个人信息,虽然人们主动在一定范围内公开,但往往并不愿意被全世界所了解、利用。

近年来,无论是不当运用大数据进行的"人肉搜索",还是前文谈到过的"精准营销",无一不涉及非敏感个人信息不当利用对个人人格利益的损害。目前来看,单纯通过隐私权、姓名权、名誉权等具体人格权难以保护这些非敏感个人信息客体。唯有通过个人信息权,对敏感个人信息与非敏感个人信息均予以保护,方能适应时代发展的需要。

(二)个人信息权的内容

与传统意义上的人格权不同,个人信息权既有消极的权能,亦有积极的权能。参照欧盟《数据保护指令》的相关规定,信息主体应具有知情权、进入权、修改权、反对权、删除权、不受完全自动化决定约束权等权利。[3]关于个人信息权的具体内容,王利明教授认为,至少包括处分权、要求更正权、更新权、了解信息用途的权利。[4]齐爱民教授认为,应包括决定权、保密权、查询权、更正权、封锁权、删除权、报酬请求权。[5]个人信息权的这些权能具有特殊性,无法用其他权利进行解读。

首先,个人信息权的知情权、决定权、处分权,是个人信息权所具有的最显著的积极权

---

[1] 《德国联邦资料保护法》第2条规定,个人资料是指"凡涉及特定或可得特定的自然人的所有属人或属事的个人资料"。参见齐爱民主编:《个人资料保护法原理及其跨国流通法律问题研究》,武汉大学出版社,2004,第5页。

[2] 参见齐爱民主编:《个人资料保护法原理及其跨国流通法律问题研究》,武汉大学出版社,2004,第6页、第34页、第102页;张新宝:《从隐私到个人信息:利益再衡量的理论与制度安排》,《中国法学》2015年第3期。

[3] 参见刘德良:《论个人信息的财产权保护》,人民法院出版社,2008,第55页。

[4] 参见王利明:《人格权法制定中的几个问题》,《暨南学报(哲学社会科学版)》2012年第3期。

[5] 参见齐爱民主编:《个人资料保护法原理及其跨国流通法律问题研究》,武汉大学出版社,2004,第122页。

能。在前个人信息权时代,知情权一般体现为"知政权",是一种公民对国家机关的、宪法行政法上的权利。而个人信息权所强调的知情权是信息主体(自然人)对信息持有、使用人的权利,是调整平等主体之间法律关系的民事权利。个人信息权的知情权是自然人行使个人信息的决定权、处分权的前提,自然人的处分权、决定权是当代人格权商品化发展的必然结果。如前所述,大数据时代下个人信息财产价值利益凸显,个人信息显然也是一种具有显著财产价值的人格要素。自然人对其个人信息财产价值的支配可体现为个人信息权的决定权、处分权。2013 年我国《消费者权益保护法》修订后第二十九条第一款,即体现了个人信息权的知情权、决定权、处分权。该款规定,经营者收集、使用消费者个人信息的,应明示其收集、使用信息的目的、方式和范围,并经消费者同意。

其次,个人信息权的修改权、更正权表现为,一个人发现其个人信息被错误记载时,有权要求修正。错误的信息有时会对个人生活造成重大影响,如征信信息的错误记录。2012 年以前,关于信用记录错误的问题,不少法院仍支持以名誉权侵权进行保护。如在 2010 年的"中国银行股份有限公司广州白云支行与卢润娟名誉权纠纷案"中,广州市中级人民法院判决认为,银行报送不真实的个人信用记录的行为侵犯了客户的名誉权。①然而,根据《最高人民法院公报》2012 年第 9 期"周雅芳诉中国银行股份有限公司上海市分行名誉权纠纷案"的相关指引,关于信用记录错误的问题应根据名誉权侵权要件进行审查,没有造成社会评价降低的后果的,不能判决构成名誉侵权。②至此,个人信息权里的修改权、更正权在实务上处于无法可依、无处安放的状态。

再次,个人信息权的保密权也无法完全为隐私权或其他人格权利所涵盖。2011 年,武汉农业银行某支行直接将 200 多份客户资料丢弃在闹市垃圾堆里,造成客户个人信息泄露的重大风险。③由于缺乏个人信息权的相关规定,且丢弃客户资料难以被认为是"公开他人隐私",实际上又难以证明客户隐私受到侵犯的后果,因此造成了客户维权难的状况。

(三)社会情况的变化呼唤个人信息权的诞生

大数据时代下,社会情况已经发生了深刻变化。当下信息的传播方式已经脱离了传统媒体中线性传播的方式,裂变的传播方式已经成为信息传播的主流方式。④在当今这个去中心化、开元、共享的大数据时代,每个人只要拿起手机,都成为类似报纸、电台的传播媒介,信息

---

① 参见广东省广州市中级人民法院(2010) 穗中法民一终字第 1946 号《民事判决书》。

② 参见《周雅芳诉中国银行股份有限公司上海市分行名誉权纠纷案》,《最高人民法院公报》2012 年第 9 期。

③ 《武汉农行 200 位客户资料现垃圾堆 表态称正调查》,载搜狐新闻,地址:http://news.sohu.com/20110225/n279519948.shtml?1298609235,最后访问日期:2015-10-27。

④ 参见常文英、刘冰:《基于可信度分析的微博用户个人信息泄露实证研究》,《情报杂志》2015 年第 8 期。

的流动呈几何增长的趋势。生活中无处不在的摄像头,内嵌于每个人智能电子设备上的定位系统,运用物联网射频识别(RFID)技术的电子标签,云(could)存储上海量的数据信息等等,这些大数据技术手段与工具无时无刻不了解着一个人的一举一动。可以说,一个全景敞视式的利维坦已经开始形成。

人格权是一个随着时代发展的范畴。隐私权、姓名权、名誉权等人格权立法是在前数据时代设立的保护自然人人格利益的具体规则。但是,这些规则在大数据时代中已远远无法达到保护个人信息的需要。在这个人信息乃至个人自由均受到前所未有的威胁的时代中,对个人信息的保护已无法停留在保护个人秘密或者事后寻求救济的层面。

个人信息权以其独特的范围、内容,以其支配、控制、排除他人侵害的各项权能对各类个人信息在收集、处理、加工、存储、流转、交易的全方面予以保障,适应了社会情况的变化与时代发展的需要。尽快确立作为独立人格权的个人信息权,是大数据时代下保护个人人格的必然要求。

六、结论

个人信息权,是本人依法对其个人信息所享有的支配、控制并排除他人侵害的权利,是一项独立的人格权,具有独立的价值与内涵。在当下,明确个人信息权、独立人格权的法律属性,既适应了人格权法不断发展的实际需要,又能对司法实践上正确区分个人信息、隐私、名誉、财产的关系起到指引作用。

(本文经修改后发表于《法学论坛》2016年第3期)

财产权研究

改革开放三十年：
中国农村土地物权制度的历史变迁

张里安＊　汪　灏＊＊

内容摘要：30年波澜壮阔的改革开放进程中，农村改革始终是重中之重，而土地制度又是农村改革的核心。通过对中国农村土地物权制度三十年历史变迁的描述和分析，可以清晰地看到中国农村土地物权制度在改革开放进程中的重要影响，以及在社会主义新农村建设中的重要作用。

关 键 词：农村　土地物权制度　物权法　社会主义新农村建设

党的十七大对改革开放作了大跨度的回顾，系统总结了改革开放的宝贵经验，其中一个重要经验就是"把推动经济基础变革同推动上层建筑改革结合起来"[①]。作为人类社会发展的一般规律，经济基础的性质决定了上层建筑的性质。因此，经济基础的变革决定上层建筑的变化。经济基础为了适应生产力发展要求而发生的变化，无论是质变还是量变或局部质变，都会引起意识形态和社会政治结构发生变化。上层建筑的变化方向和变化方式都要适应经济基础的状况。另一方面，上层建筑对经济基础的反作用就是为经济基础提供服务。观念上层建筑和政治上层建筑通过对社会施加各种形式和多方面的控制和调节，努力促进和保护自己的经济基础的形成、巩固和成熟[②]。本文试图通过描述和分析中国农村土地物权制度的历史发展，借以理解法律上层建筑是如何同社会主义基本经济制度的变革、社会主义市场经济体制的建立和完善紧密联系的。

一、中国农村土地物权制度变革的历史回顾

在波澜壮阔的改革开放进程中，农村改革发展始终是被置于重中之重的地位，而从十一

＊ 武汉大学法学院教授、博士生导师，法学博士。

＊＊ 成都市委党校公共管理教研部主任、副教授，法学博士。

① 胡锦涛：《高举中国特色社会主义伟大旗帜为夺取全面建设小康社会新胜利而奋斗》，《人民日报》2007年10月25日第1版。

② 杨俊一、黄伟力：《马克思主义哲学原理》，上海教育出版社，2003，第242-243页。

届三中全会拉开农村改革的序幕至十七届三中全会在新形势下推进农村改革发展，土地物权制度始终是核心问题。

(一)农村土地改革的早期实践

土地作为"一切生产和一切存在的源泉"①，是人类赖以生存的最重要的资源，自有人类社会以来，有关土地归属和利用的种种设置和制度运行，便始终与社会安宁和社会发展紧密相连，与社稷的兴衰和人民的福祉息息相关②。因而改革开放的第一个突破口选择在农村进行土地改革，并非偶然。在改革开放前，我国实行的是城市土地国家所有，农村和市郊土地集体所有的土地公有制。与土地公有制相伴随的，是计划经济体制下的土地所有权与使用权不相分离，以及土地无偿无期使用和土地权利非市场化的土地制度。所谓所有权与使用权不相分离，是指土地使用权不脱离所有权单独存在。也就是说，土地使用者不能凭借自己的意志占有使用土地，而国家并没有尊重土地使用权的义务，反而有干预土地使用关系的无限权力③。这种土地制度适应计划经济体制的需要，但是不利于生产力的发展。特别是在农村，建立在集体共同所有、集体共同使用的土地制度基础上的"政社合一"的人民公社体制，使生产力受到极大的破坏，农民吃不饱，穿不暖。为了挽救中国，小平同志为改革开放选择的第一个突破口就是在农村废除"政社合一"的人民公社体制，实行家庭联产承包责任制，与之相适应将原来的集体共同所有、集体共同使用的土地制度改为"集体所有，农户承包经营"的土地制度。实践早已证明这一改革的伟大历史意义，发端于安徽凤阳的农村土地承包的实践，将合同关系运用于集体土地的使用经营，农民在取得土地承包经营权后，焕发了生机和活力，粮食连续4年丰收，国家和农民都从中获得了实惠，国民经济开始复苏，改革开放取得了开门红，也为进一步改革奠定了坚实的经济基础和政治基础。几年试点后，1986年的《土地管理法》明确规定"土地的承包经营权受法律保护"，在法律上正式承认了土地承包经营权的法律地位，并在1986年《民法通则》中对农村土地承包经营权的内容做出了具体规定，在法律上确立了农村土地承包经营权制度。

(二)构建中国特色社会主义农村土地物权制度的不断探索

农村早期的土地改革，是在不改变土地所有权基础上所进行的制度创新，在实践上开始了构建中国特色社会主义农村土地物权制度的探索，也引发了更加深入的思考和进一步的制度创新。在农村土地承包经营权设立的初期，其法律性质是一种债权，1986年制定的《民法通则》中，将土地承包经营权规定放于"所有权和与所有权有关的财产权"一节中，土地承包经营权只能说是具有物权倾向，"这样的权利就比较容易受到集体，乃至乡、镇行政人员的

---

① 《马克思恩格斯选集》第2卷，人民出版社，1972，第109页。
② 王卫国:《中国土地权利研究》，中国政法大学出版社，1997，第1页。
③ 王卫国:《中国土地权利研究》，中国政法大学出版社，1997，第60页。

干预,甚至不断增加名目繁多的税费",土地承包经营权的活力逐渐削弱"[1],而且随着农村工业化的加速和市场经济的发展,小规模经营的一些固有弊端也日渐显露出来,要求农业生产规模化经营,否则生产力的发展会受到限制。而要开展农业规模化经营,必须实现土地承包经营权的流转。适应实际生活的需要,2002年《农村土地承包法》不仅把土地承包作为一项国家的基本法律制度定了下来,而且突显了土地承包权的物权属性,实现了一定范围内的流转,完善了农村土地承包经营权制度。例如,它坚持了关于承包权法定期限的规定(林地承包甚至可到70年以上),规定了承包地被征用、占有时有获得补偿的权利;允许家庭承包的土地承包经营权可以依法转包、出租、互换、转让或者以其他方式转让,允许通过招标、拍卖、公开等方式取得的土地承包经营权,可以入股、抵押等(第四十九条);它采取物权的救济手段保护土地承包;它还采取物权公示的原则,规定对土地承包权实行登记制度,通过登记确认承包人的权利。随着土地使用权进入市场,土地商品概念的开始确立,作为市场经济体制发展的必然结构,土地使用权抵押被广泛运用于经济生活,抵押仅仅作为债的担保形式,立法上从属于债和合同制度已不能满足经济生活的需要,土地抵押权作为一种独立的财产权已经在国家及地方的立法中得到确认。1994年《城市房地产管理法》、1995年《担保法》等都对土地抵押权作了规定,土地担保物权制度开始建立。但是这一时期国家对农村土地使用权的抵押持非常谨慎的态度,反映在1995年《担保法》上,就是禁止在耕地、宅基地、自留地、自留山等集体所有的土地使用权上设立抵押,只有依法承包并经发包方同意抵押的荒山、荒沟、荒丘、荒滩等荒地的土地使用权和以乡(镇)、村企业的厂房等建筑物抵押的,其占用范围内的土地使用权可以设立抵押。

1998年《土地管理法》修订,对宅基地使用制度进行了修订,规定"农村村民一户只能拥有一处宅基地",第一次明确规定了宅基地以户为单位的分配原则,而1986年和1988年《土地管理法》没有规定只有"户"才能申请宅基地。另外,1986年和1988年《土地管理法》还规定城镇非农业户口居民经县级人民政府批准,可以使用集体所有的土地建住宅,但1998年《土地管理法》已无此规定。尤其值得注意的是,在1998年《土地管理法》中仍然没有使用"宅基地使用权"的概念,2004年《土地管理法》对1998年《土地管理法》有关宅基地的内容没有任何修改,仍然没有在法律上承认宅基地使用权制度。

(三)中国特色社会主义农村土地物权制度体系的基本形成

通过改革开放29年的实践和理论准备,终于在2007年制定了《物权法》,标志着中国特色社会主义农村土地物权制度体系基本形成。《物权法》关于农村土地物权制度的规定,正是建立在总结我国农村土地物权现行立法的基础之上的。《物权法》第二编到第四编在所有权、

---

① 杨立新、袁雪石:《关于完善中国农地使用权制度的几点思考》,《民商法理论争议问题——用益物权(民商法研习丛书)》,中国人民大学出版社,2004,第157-168页。

用益物权和担保物权的规定,详细规定了农村土地所有权、农村土地用益物权和农村土地担保物权。除了规定地役权制度和在法律上明确了宅基地使用权制度外,基本上是现行法规定的再现。第二编中对农村土地所有权的规定是对《宪法》《民法通则》的重述;第三编第十一章"土地承包经营权"基本上是对 2002 年《农村土地承包法》的重述;第四编"土地抵押权"更是 1995 年《担保法》的再现,仍然严格限制农村土地的抵押。总体来看,《物权法》关于土地物权制度的规定与现行立法比较,并无根本的重大突破,但是它通过整合现行《宪法》《民法通则》《土地管理法》《担保法》《农村土地承包法》等法律法规,建立了比较完整的农村土地物权制度体系,并对其中一些法律概念上的冲突进行了调整,使现行农村土地物权制度的一些不完善的方面更加健全。

二、农村土地物权制度变革原因分析

农村土地物权制度的变革受经济、政治、社会等多种因素的影响,其中最重要的因素包括生产力发展的客观需要、土地合理利用的必然要求和土地稀缺的社会属性。

(一)适应生产力发展的客观需要

经济基础为了适应生产力发展要求而发生的变化,无论是量变还是质变或局部质变,都会引起意识形态和社会政治结构发生变化。上层建筑的变化方向和变化方式都要适应经济基础的状况。从土地物权制度的经济属性来看,土地物权制度就是生产资料所有制关系在法律上的反映,生产力的发展决定了土地所有制关系的变革,进而决定了土地物权制度的变革。改革开放 30 年,为了适应农村生产力的发展,经济基础进行了变革,作为上层建筑重要组成部分的农村土地物权制度也必然随着进行重大变革,形成了中国特色社会主义农村土地物权制度体系。例如土地承包经营权制度的变革就充分体现了生产力发展的要求,首先是将土地交给农民充分发挥农民的生产积极性,而随着生产力的发展,小规模生产的生产结构就不适应生产力的需要,例如,农户耕地面积过小,地块过于分散,不利于合理使用农业机械,采用现代技术,实现农业现代化。善于农业经营的劳动者,得不到足够的土地,使其专长得不到发挥,也不利于专业农业劳动者收入的进一步提高;而一些已经转入非农部门的劳动力又不转让土地,把土地作为副业经营,往往降低农业投入甚至出现土地撂荒现象[①]。这时,就对土地承包经营权的流转制度提出了要求,为了适应农业规模化生产的需要,在 2002 年《农村土地承包法》中就对土地承包经营权的流转制度做出了规定,而且一直在探索土地承包经营权流转的多种形式,以适应生产力的不断发展。

(二)符合土地合理利用的必然要求

从土地的自然属性来看,土地作为一种自然资源,是人类最基本、最重要的生存条件,合

---

① 毕宝德:《土地经济学》,中国人民大学出版社,2006,第 106 页。

理利用和保护土地资源是任何国家都必须坚持的基本国策[1]。中国有着特殊的国情,我国人口众多,虽幅员辽阔,但可利用面积相当有限,因而土地负荷沉重。尤其是人多耕地少,耕地后备资源不足,加上长期以来的土地破坏、土地浪费、土地退化、水土流失和土地污染,我国存在严重的土地危机,对合理利用和保护土地资源有着更加迫切的要求。因此在农村土地物权制度的变革过程中,除了考虑到经济发展的需要,还必须考虑到农村土地物权制度在保护土地生态系统的作用,即土地物权制度不能影响到土地资源的合理利用。在当前而言,最重要的就是保护耕地,保护土地利用生态系统,并提升其功能。例如,宅基地使用权的制度设计就要求不能与耕地争夺建设用地,确保基本农田18亿亩的红线。

（三）体现土地稀缺的社会属性

从土地的社会属性来看,土地作为社会中最基本的生产资料,具有稀缺性,其归属和利用对于一国经济制度、政治制度的确立和运行有着极其重要的影响。在我国历史上,土地问题一向是社会矛盾、社会冲突的焦点,而土地问题上的矛盾与冲突又常常导致社会动乱乃至政权更迭。而从土地物权的权利性质来看,土地物权作为财产权的一种,也具有财产权的特性。一是互换性,即可以发生财产形态的转换,土地物权既可以选择物权形态,也可以选择股权形态、债权形态去实现它的效益和利益。二是流通性,不流通的土地物权严格说没有什么真正价值,"它只有使用价值,而没有交换价值"[2]。土地物权只有当它可流通时才有真正的财产权属性,也只有在流通中方能增值。但流通既可能带来流失,也可能带来权利人财产权的丧失,而农村土地物权(特别是土地承包经营权和宅基地使用权)又是农民赖以生存和生活的基础,过度的流通就会带来生产资料和生活资料的丧失,损失农民的根本利益,带来社会秩序的不稳定。因此农村土地物权制度的变革必须体现土地稀缺的社会属性,注意公平和效率的平衡,稳定和流动的平衡。

三、现行农村土地物权制度的特色

现行农村土地物权制度体现出了强烈的中国特色,即反映在农村土地所有权制度上的公有属性和在农村土地用益物权制度上的公平和效率相结合。

（一）农村土地所有权制度体现公有属性中国特色

土地作为最重要的生产资料,"公有制为主体,多种所有制经济共同发展"的社会主义基本经济制度要求只能由国家和集体取得土地所有权,从而确保公有制的主体地位,维护社会

① 杨立新、袁雪石:《关于完善中国农地使用权制度的几点思考》,《民商法理论争议问题——用益物权(民商法研习丛书)》,中国人民大学出版社,2004,第50页。

② 江平:《不动产物权立法的难点》,《洪范评论:第2卷第3辑》,中国政法大学出版社,2005,第6-16页。

主义基本经济制度。坚持农村土地所有权的公有属性,能够从根本上杜绝土地私有化带来的隐患。土地私有化带来的主要隐患是土地兼并,"毫无疑问,私有化将加速农民失去土地,因为农民一旦面临生病、灾害和孩子上大学时通常只能廉价出卖土地以济一时之需"[①],于是土地逐渐集中到少数人手中,产生大量失地农民,分化为游民和流民,这会对社会稳定产生重大影响,一旦出现大的突发事件,后果不堪设想。坚持农村土地所有权的公有属性,还能够更好地保护和利用土地资源。由于土地所有权公有,国家能够更好地规划土地的使用,保护耕地和其他农业用地,保证国家建设用地,保持国家对社会可持续发展的调控能力。农村土地所有权制度公有属性体现如下。

1.土地所有权的权利主体只能是国家或集体。根据我国宪法、物权法和土地法的规定,土地只能为国家或集体所有,国家和集体以外的民事主体,不能成为土地所有权人。根据2007年《物权法》第45条的规定,国有财产由国务院代表国家行使所有权。因此属于国家所有的土地,其所有权由国务院代表国家来行使所有权。集体所有的土地,根据《物权法》第60条的规定:属于村农民集体所有的,由村集体经济组织或者村民委员会代表集体行使所有权;分别属于村内两个以上农民集体所有的,由村内各该集体经济组织或者村民小组代表集体行使所有权;属于乡镇农民集体所有的,由乡镇集体经济组织代表集体行使所有权。

2.集体土地所有权和国家土地所有权法律地位平等。根据宪法、物权法和土地管理法等法律的规定,集体土地所有权与国家土地所有权之间,不存在派生或隶属的关系,它们之间也不存在等级差别。但是,这并不意味着法律对这两种土地所有权的规范和调整毫无差别。集体土地所有权往往受到一定的法律限制,主要体现在两个方面:

首先是对集体土地处分权能的限制,集体土地所有者要服从国家对土地的管理权,不能任意改变土地的农业用途,仅享有不完整的处分权能。其次,对集体土地所有权范围的限制。根据《物权法》第46条的规定,矿藏属于国家所有。在集体土地的地表或者地下的矿藏资源一律属于国家所有,这是法律对集体土地所有权范围的限制。

3.土地所有权单向流转。根据我国宪法和物权法的规定,土地所有权是不能交易的,唯一的流转方式是国家征收集体的土地,将集体土地所有权转变为国家土地所有权。根据我国宪法和物权法的规定,国家征收集体土地的唯一理由是公共利益的需要。但现行的法律法规没有对公共利益做出明确界定,这导致了农村土地征收中的乱象,房地产开发商的商业开发都能以公共利益为名进行农村土地征收,严重侵害了农民的利益。而且还在一定程度上助长了地方政府通过征收农民土地实现土地储备,再通过土地二级市场"招拍挂"高价出让土地获得巨额土地收入的经营思路,进而为了扩大"土地财政"而客观上与农民争利。

① 孟勤国:《公有制与中国物权立法》,《法学》2004年第2期。

(二)农村土地用益物权制度体现了中国特色

虽然坚持土地所有权的公有制属性，但是社会主义市场经济体制要求土地这种生产资料在一定范围内的流通。从土地承包经营权的创建开始，我国就选择了通过土地用益物权制度来实现土地物权的互换性和可流通性的发展路径，充分体现和反映了中国特色社会主义道路的发展历程。2007 年出台的《物权法》规定的农村土地用益物权包括：土地承包经营权、宅基地使用权、地役权，通过建立土地承包经营权制度，实现了耕地、林地、草地以及其他用于农业的土地的承包经营，解决了这些农地的流转问题。通过建立宅基地使用权制度，解决了农民使用集体所有的土地建筑自己住宅所需用地的问题，实现了农民私有房屋的流转。通过建立地役权，通过利用他人的土地或其他不动产，以提升自己的土地或不动产的使用价值，从而实现整个社会资源利用效率的总体提高。

在土地用益物权制度发展中，制度设计上实现了既要长期化又要适度流转，这是"把提高效率和促进社会公平结合起来"[1]在物权法上的具体体现。土地用益物权长期稳定最重要的意义在于通过激发对土地的持久性投资，促进社会发展。在农业生产上，"历史上人口增长和有限耕地的矛盾是通过精细的养地措施为基础的精耕细作的耕作技术的不断提高来解决的，精耕细作是中国必须的技术选择"[2]，因此生产力发展的客观需要决定了必须保证农民拥有长期的土地承包经营权。而土地用益物权适度流转的意义在于保障社会稳定。土地承包经营权如果不允许流通，势必影响到农业规模化经营的发展，也会造成农民抛荒现象的蔓延，但是如果过度放开农村土地承包经营权的流通范围，由此造成农村无地农民增多，则会影响到社会稳定。因为在当前中国城乡二元社会结构下，土地对于农民而言不仅是基本的生产资料，还是基本的社会保障手段。在改革开放的进程中，农民虽可以进城择业，但因缺乏必要的文化素质与专业技能等，只能做一些城里人不愿或者不屑从事的职业。即使如此，城市经济一旦出现问题或者城市居民就业紧张，农民时刻面临被"清退"或"排斥"的就业风险。而且城市居民下岗后，政府可给予"再就业"或救济金的帮助；失去劳动能力的还可以获得最低生活保障，到了一定年龄就能够领取养老金。农民工失业或者失去劳动能力后，就只能回到农村从土地获得生活保障。因此，在城乡一体化的社会保障制度建立之前，土地承包经营权的流转制度必须保障土地作为农民基本社会保障的职能。而且，土地承包经营权的流转制度还要考虑到限制实质上的土地兼并，因为如果出现大规模的土地兼并会打破目前的利益格局，社会冲突会十分激烈，有可能使改革开放中发展起来的生产力重新遭到严重破坏。

---

① 胡锦涛：《高举中国特色社会主义伟大旗帜 为夺取全面建设小康社会新胜利而奋斗》，《人民日报》2007 年 10 月 25 日第 1 版。

② 王昉：《中国古代农村土地所有权与使用权关系：制度思想演进的历史考察》，复旦大学出版社，2005，第 273 页。

四、中国农村土地物权制度未来变革之展望

虽然当前我国已经建立了比较完整的农村土地物权制度体系，但是生产力的发展和社会的进步，又要求农村土地物权制度做出新的变革。党的十七届三中全会，系统回顾总结我国农村改革发展的光辉历程和宝贵经验，指明了农村土地制度的改革方向，并要求抓紧完善相关法律法规和配套政策，规范推进农村土地管理制度改革。根据十七届三中全会决定的精神，农村土地物权制度未来的变革主要在于土地承包经营权流转制度和农村宅基地制度的完善。

（一）土地承包经营权流转制度进一步完善

在改革开放 30 年后的中国农村，出现了生产力结构落后于生产力要素的矛盾。农业的发展迫切需要以机械化为基础的实行规模经营的大农业，但我国地少人多的国情决定了每户农民所承包的土地面积无法满足农业规模化经营的需要。随着我国第二产业的迅猛发展和城市化进程的加快，大量青壮年农民选择进城务工，大量土地缺少劳动力耕种，农村土地规模化经营的客观条件开始出现。党的十七届三中全会指出："以家庭承包经营为基础、统分结合的双层经营体制，是适应社会主义市场经济体制、符合农业生产特点的农村基本经营制度，是党的农村政策的基石，必须毫不动摇地坚持。"[1]在坚持家庭联产承包责任制的前提下，实现农业的适度规模经营就必须实现土地承包经营权的适度流转。否则不仅影响到农村土地规模化发展的程度，而且还因大量土地抛荒影响到我国的粮食安全。"生产关系对生产力的适应和促进，它所表现的社会进步作用，不能仅仅用生产力一时的质的改变和量的扩张来衡量，这只是一方面的衡量；同时，还要用它是否能在长时期内实现可持续发展来衡量，这是又一方面的衡量。这就要求为适应一定生产力发展要求的生产关系变革在适度的范围内、用适当的节律来进行"[2]。适当的范围内、用适当的节律来进行的生产关系变革反映在土地承包经营权流转制度的设计上，就是既满足规模化经营的需要，又确保农民的基本社会保障不受到影响，同时防止土地的大规模兼并。

针对农村生产力发展的需要，党的十七届三中全会指出："加强土地承包经营权流转管理和服务，建立健全土地承包经营权流转市场，按照依法自愿有偿原则，允许农民以转包、出租、互换、转让、股份合作等形式流转土地承包经营权，发展多种形式的适度规模经营。有条件的地方可以发展专业大户、家庭农场、农民专业合作社等规模经营主体。土地承包经营权流转，不得改变土地集体所有性质，不得改变土地用途，不得损害农民土地承包权益。"[3]从立

---

[1]《中共中央关于推进农村改革发展若干重大问题的决定》，《人民日报》2008 年 10 月 20 日第 1 版。

[2] 陆剑杰：《广义经济结构论》，社会科学文献出版社，2005，第 165 页。

[3]《中共中央关于推进农村改革发展若干重大问题的决定》，《人民日报》2008 年 10 月 20 日第 1 版。

法政策的角度而言,这为未来土地承包经营权的制度完善指明了方向。首先,土地承包经营权流转的形式是转包、出租、互换、转让和股份合作;其次,流转的目的是多种形式的适度规模经营,并不追求最大的规模效益;第三,规模经营的主体是专业大户、家庭农场和农民专业合作社,排除公司形式,防止土地过分集中;第四,明确了土地承包经营权流转的禁区,即不得改变土地集体所有性质,不得改变土地用途,不得损害农民土地承包权益。

(二)宅基地使用权制度进一步完善

宅基地使用权制度需要解决一系列矛盾:保护耕地和保障农民基本居住权利之间的矛盾;宅基地使用权流通与限制土地兼并之间的矛盾;农民房屋私有与其所依附的土地公有之间的矛盾。这些矛盾的解决既要实现人与自然的和谐,又要体现出整个社会的公平正义。宅基地使用权制度的核心是宅基地的分配和流转,主要依据物权法、土地管理法的相关规定而进行,在坚持一户一地和无偿使用的分配原则下,严格限制宅基地使用权的流转,限制主要体现在两个方面,首先限制流转到城市居民手中,其次只能在集体经济组织内部流转[①]。这一规定的目的是通过一户一地和无偿使用的分配原则既保障农民基本居住权利又能够防止农民占用过多宅基地,从而保护我国宝贵的耕地,同时又通过限制流通实现既允许流通又防止出现土地兼并的局面。但这一规定的致命缺陷是既浪费了土地又严重影响到了农民私有房屋的正常流转。

以户为单位和无偿取得的宅基地分配制度,对耕地保护和土地节约适用已经产生了严重冲击,一户一地的分配原则合理推出了"增户则增地"的再分配制度,又由于土地是无偿取得的,于是立个户头就能免费分取一块土地。这一错误的分配制度,引导中国农村家庭的建设误入歧途,两三口人的小家庭随处圈地,反正是无偿供应,不圈白不圈。农村人口因城镇化趋势而逐渐减少,农户数量却迅速攀升,自1999年至2002年,农民数量下降1.6%,农户数量却增加1.1%。《全国土地利用总体规划纲要》本来规定2000年农村居民点用地应控制在2.05亿亩,可是截至1996年10月31日,该数据即已突破2.42亿亩,人均用地192m²。在农村人口不断下降的趋势下,宅基地突破了土地利用总体规划,多占用了大量的耕地,原因主要在于现行的宅基地分配制度。可以说,现行的宅基地分配制度是耕地减少的一个重要原因。另一方面,严格限制宅基地使用权的流转又影响了农民私有房屋的正常流转。检索现行的法律法规,却又并无禁止农民处分其房屋的规定,这就在事实上侵害了农民的财产权利。

因此有必要把农村宅基地制度放在推进社会主义新农村建设的伟大历史进程中来考量,根据现在建筑技术的发展水平和地少人多,用地紧张的基本国情,根本就不应允许随处挖一大块田地建一层颇有气势的平房然后配上一溜宽敞的牛栏猪圈,里面住上两三人,而应该引导大家庭集中财力在一处宅基地向多层建筑发展。因此,中央早就要求在社会主义新农

---

① 韩世远:《宅基地的立法问题》,《政治与法律》2005年第5期,第67-73页。

村建设中要加强村庄规划和人居环境治理，加强宅基地规划和管理，大力节约村庄建设用地[①]。十七届三中全会也指出要"实行最严格的节约用地制度，从严控制城乡建设用地总规模。完善农村宅基地制度，严格宅基地管理，依法保障农户宅基地用益物权。农村宅基地和村庄整理所节约的土地，首先要复垦为耕地，调剂为建设用地的必须符合土地利用规划、纳入年度建设用地计划，并优先满足集体建设用地"[②]。因此，宅基地使用权制度的发展要适应科技发展的趋势和国情的特殊要求，首先对宅基地分配制度进行改革，突破一户一地原则和无偿使用原则，通过变革村庄建设思路，不再审批一户一地的宅基地使用权。其次，通过技术手段解决制度难题。通过节约化建设，通过多层甚至高层楼房解决农民的居住需要，农民通过类似于购买商品房的方式解决新增人口的住房需要，不仅解决了农村宅基地的流转问题，还节约了土地，大量富余的宅基地还可以复垦为耕地。

五、结语

"改革代表历史前进的方向，是现有制度的自我完善，既改革生产关系中那些不适应生产力发展的环节与因素，又改革上层建筑中阻碍社会前进的部分，并通过改革，使现有制度增强活力，从而推动与保障生产力的发展。"[③]通过对中国农村土地物权制历史变迁的回顾和未来发展的展望，我们可以清晰地看到在社会主义基本经济制度和社会主义市场经济体制的变革中，中国农村土地物权制度为适应中国生产力发展的需要不断自我完善，促进了中国生产力的发展。立法必须适应现实生活的需要，"立法可以搞出与现实生活格格不入的法律规则，但现实生活会以自己的方式如法律规避、法律冲突、法不责众加以反抗，使这样的法律规则形同废纸"[④]。我国改革开放30年的伟大历史进程告诉我们，实践永无止境，创新永无止境。因此中国特色社会主义农村土地物权制度的发展也将永无止境，必将随着改革开放的发展不断发展和完善。

（该文发表在《武汉理工大学学报（社会科学版）》2008年第6期）

---

① 《中共中央国务院关于推进社会主义新农村建设的若干意见》，《人民日报》2006年2月21日第6版。
② 《中共中央关于推进农村改革发展若干重大问题的决定》，《人民日报》2008年10月20日第1版。
③ 李龙：《良法论》，武汉大学出版社，2005，第8页。
④ 孟勤国：《专家不能代替人民立法》，《法学评论》2008年第5期。

玩家对网络游戏装备享有的权利性质再探析 *

邓社民 ** 李炳录 ***

内容摘要：网络游戏装备作为网络游戏的重要组成部分，是玩家获取的主要对象。随着网络游戏产业的发展，司法实践中因盗取或者转让网络游戏装备的纠纷经常发生，法院对于此类纠纷的判决也无统一标准，学者们关于玩家对网络游戏装备享有权利的法律性质亦存在不同认识。从著作权法的角度来看，网络游戏是计算机软件，属于作品，网络游戏创作者对其享有著作权，该专有权自然及于作为网络游戏组成部分的网络游戏装备。玩家基于游戏服务协议，对网络游戏及其装备享有在一定期限和条件下的非排他性许可使用权。

关 键 词：网络虚拟财产　网络游戏装备　服务协议　许可使用权

引言——众说纷纭的"网络虚拟财产"①

自 2003 年的"李宏晨诉北极冰科技公司案"②开始，学术界和实务界对"网络虚拟财产"

---

*2016 年中国法学会部级研究课题自选项目(项目编号：CLS(2016)D136)"民法典编纂与知识产权法入典方式问题研究"之阶段性成果。

** 邓社民，武汉大学法学院副教授，法学博士，知识产权法博士后。

*** 李炳录，武汉大学法学院 2016 级法律硕士研究生。

① 通常所说的"网络虚拟财产"，是指存在于网络空间的各种物的财产信息、个人信息以及非物质的知识财产的信息。最早欧美国家将金融服务称为"虚拟经济"。"网络虚拟财产"的说法，容易使人们产生此类财产是"转瞬即逝或者根本不存在"的错觉。实际上"网络虚拟财产"并不是虚拟的，而是现实世界的物或者知识产权客体在网络空间的数字化存在形式。

② 参见北京市朝阳区人民法院(2003)朝民初字第 17848 号民事判决书。2003 年李宏晨诉北极冰科技发展有限公司娱乐服务合同纠纷案。李宏晨是北极冰公司运营的网络多人游戏"红月"的玩家，2003 年 2 月 17 日，李宏晨在登录自己游戏账号时，发现其账号中的大量网络游戏装备丢失，他随即与北极冰公司联系，北极冰公司查询到其账号中的网络游戏装备已经流向另一玩家。李宏晨索要该玩家的信息时，北极冰公司则以保护玩家隐私为由拒绝。李宏晨认为北极冰公司宣称的玩家自行承担盗号损失的条款系无效条款，遂向北京市朝阳区人民法院起诉要求北极冰公司承担网络游戏装备丢失的损害赔偿责任。朝阳区人民法院认为被告经营网络游戏，原告是参与该游戏的玩家之一，被告为玩家提供网络游戏服务，双方形成消费者与服务者的关系。虽然被告丢失的网络游戏装备是无形的，且存在于特殊的网络游戏环境中，但并不影响虚拟物品作为无形财产可以获得法律上的适当评价和救济，遂判决北极冰公司恢复李宏晨账号中的网络游戏装备。本案上诉时，二审法院维持了朝阳区人民法院的判决。

性质的讨论,一直没有统一的认识。除了网络游戏装备以外,网络服务账号、网络游戏创作者为玩家提供的虚拟货币和互联网域名等也被纳入到讨论之中。特别是 2017 年 3 月 15 日全国人大通过的《民法总则》第 127 条规定:"法律对数据、网络虚拟财产的保护有规定的,依照其规定。"这表明我国民法典立法反映了时代特征,重视对网络虚拟财产的保护,但要保护网络虚拟财产就必须在理论上厘清其法律性质。

网络虚拟财产存在于互联网空间,网络用户通过访问互联网,既可以进行信息交流,也可以购买商品和服务。随着互联网经济的兴起,网络空间里呈现的商品不仅包括日常所见的有体物的数字化形式,也包括大量数字化的知识产品。针对网络空间的交易,如何对各个主体的行为进行规制,如何救济利益受损的权利人,成为了一个亟待解决的问题。[1]网络虚拟财产不同于有体物,其本质是以"0101"组成的字符串为形式存储于互联网空间的信息。[2]由于网络游戏装备是最重要的一类网络虚拟财产,且在实务中发生的纠纷最多,本文拟从各种理论学说和司法判例入手,探究玩家对网络游戏装备享有何种性质的权利。

一、玩家对网络游戏装备享有的权利性质的学说和司法判例

(一)玩家对网络游戏装备享有的权利性质的学说

玩家对网络游戏装备所享有的权利性质,学界目前有否定说、知识产权说、债权说、物权说、准物权说、无形财产权说和新型财产权说等七种学说。

1.否定说认为以网络游戏装备为代表的网络虚拟财产,不过是计算机网络中所存储的数据,即"0101"的组合,只存在于网络虚拟空间,对人没有价值,因而不是财产。[3]

2.知识产权说认为玩家在利用网络服务的过程中,花费了大量的时间、金钱和智力,比如随着玩家长时间使用,游戏账户的级别会提高,其功能也会随之增多,故而该账户所蕴含的"价值"将会大为提升,因此玩家取得的是知识产权。[4]

3.债权说认为玩家通过和网络游戏创作者签订协议,使其享有向网络游戏创作者请求提供特定服务的请求权,玩家和网络游戏创作者是合同法律关系,因此玩家享有的是债权。[5]

4.物权说认为网络游戏装备实际上是数据,玩家通过支付对价或付出时间、精力获得此种数据,自然拥有对该数据的所有权,数据在这里可以认为是"无形物",玩家所取得的是对

---

① See Michael H. Passman, Comment: Transactions of Virtual Items in Virtual World, 18 Alb. L.J. Sci. & Tech. 259(2008).

② 参见石杰:《论网络"网络虚拟财产"的法律属性》,《政法论丛》2005 年第 4 期。

③ 参见刘惠荣:《"网络虚拟财产"法律保护体系的构建》,法律出版社,2008,第 73 页。

④ 参见刘惠荣:《"网络虚拟财产"法律保护体系的构建》,法律出版社,2008,第 73 页。

⑤ 参见钱明星、张帆:《网络"网络虚拟财产"民法问题探析》,《福建师范大学学报》2008 年第 5 期。

特定数据的所有权。①

5.准物权说认为网络游戏装备不是传统民法理论上的物,因而玩家对其不享有所有权。但是为了保障玩家的利益,关于网络游戏装备的权利变动、风险负担、责任承担、损害赔偿都可以准用物权的规则。②

6.无形财产权说认为网络游戏装备不是物,亦不是知识产品,但其价值又无可否认,因其具有无形性,玩家对其享有的权利为无形财产权,李宏晨一案两审法院均持此观点。③

7.新型财产权说认为网络游戏装备兼具物权和债权属性,实际上是一种具有财产价值的权利凭证。这种权利凭证可以证明玩家所拥有财产的价值,但由于具有独立性,因此是一种不同于传统民事权利的新型财产权。④

(二)玩家对网络游戏装备享有的权利性质学说的评价

否定说认为互联网上的各种数字化信息不是财产,无视知识经济时代数据信息的价值。财产的价值不取决于其表现形式,网络游戏装备不会因为仅仅存在于网络世界或者依存于"字符串"的表达形式而不具有价值。事实证明,进入知识经济时代以来,人类社会的大量财富的表现形式正是非物质化的财产。譬如知识产权客体即是非物质性的,其在知识经济时代已经成为人类社会最重要的财富之一。

知识产权说混淆了玩家对网络游戏的使用行为和网络游戏开发者对网络游戏的创造行为之间的区别。众所周知,网络游戏是计算机软件。根据我国现行《著作权法》第三条第八项规定,计算机软件属于作品,网络游戏作品的著作权归属网络游戏开发者。玩家在使用网络账号、进行网络游戏的过程中,尽管付出了大量的时间、精力和金钱,但其玩游戏的过程并非开发软件的过程,而是在计算机终端根据网络游戏许可协议复制网络游戏进行娱乐的过程,并没有参与网络游戏的开发,当然没有享有著作权的任何合同或者法律依据。

物权说将网络游戏装备与"数据"相等同,混淆了物与各种信息的数字化。数据是计算机专业术语,不是法律术语。数据是各种信息在数字网络环境下数字化的结果,数据可能是对物的描述,但其本身不是物,不能成为物权的客体。传统民法理论上的物是指"可满足人类社会生活需要的有体物和自然力"。⑤数据和物在分类依据、公示方法和保护手段等方面存在很大差异,调整方法自然不可采用物权的方法。

准物权说认识到了数据和物的区别,但是既然网络游戏装备不是物,亦不得随便套用物权的救济方法,且玩家对网络游戏装备所享有的权利同物权相差甚远。

---

① 参见房秋实:《浅析网络"网络虚拟财产"》,《法学评论》2006 年第 2 期。

② 参见钱明星、张帆:《网络"网络虚拟财产"民法问题探析》,《福建师范大学学报》2008 年第 5 期。

③ 参见北京市朝阳区人民法院(2003)朝民初字第 17848 号民事判决书。

④ 参见刘惠荣:《"网络虚拟财产"法律保护体系的构建》,法律出版社,2008,第 89 页。

⑤ 王泽鉴:《民法物权》,北京大学出版社,2009,第 40 页。

无形财产权说认为网络游戏装备是无形财产,玩家对其享有无形财产权。无形财产权本身并不是一个科学的概念,权利都是法律创制的,属于意识形态的范畴,任何权利都是无形的。关于有形和无形在知识产权法学界多是针对知识产权的客体而言。"知识产权的客体究竟是无形的,还是有形的,还是非物质性的,还是无体的,知识产权学者有不同理解。有学者认为,知识产权是'无形'的,但知识产权的客体不一定是无形的;有学者认为知识产权的客体是无形的,是区别于有形物所有权的本质属性;还有学者认为,知识产权的客体不是有形与无形的问题,而是物质性与非物质性的问题。在此,争论各方在一个最基本的概念上使用了不同的语义,实际上是偷换了概念,即'形'这个概念。'无形'、'有形'中的'形'是针对物质形态之结构和形状而言。当我们说'有形物'时,是指这样的物具有固定的原子结构、分子结构,从而形成了一个固定的形状或形态,占有一定的物理空间,可能通过触觉感知到它的存在。不要说桌椅板凳有其固定结构、并占有一定的物理空间,就是光、电、气、声也都是由电子、原子和分子组成的,也有其固定的结构,并占有一定的物理空间,尽管它们所占的物理空间很小。而知识产权客体——智慧创作物则不具有固定的电子结构、原子结构或者分子结构。附载知识产权客体的物质载体,不是知识产权的客体。"[1]知识产权客体的物质载体是物,具有物质性,其上负载的知识产权客体——知识产品与物相比较具有非物质性、创造性、非消耗性和公共产品性等特点。网络游戏装备是网络游戏这个作品的组成部分,是著作权的客体,具有非物质性,但不是无形的。因此,无形财产权说不足以准确概括有关非物质性的知识产品的权利性质。

新型财产权说糅合了债权说和物权说,但玩家对网络游戏装备所享有的权利不会因为物权和债权的折中而变得明晰,反而使人们的认识更加混乱,因此亦不足取。

债权说较为合理,但不够具体明确。网络游戏作为作品,其著作权属于网络游戏创作者。任何人使用网络游戏财产权必须征得其著作权人的许可,否则就构成侵权。玩家之所以获得网络游戏装备,是因为玩家通过与网络游戏创作者签订复制权许可使用合同,获得了在一定期限和条件下使用网络游戏的许可使用权,其对网络游戏装备同样享有的是非排他性的许可使用权,而不可能享有著作权。虽然玩家在使用游戏时付出了时间、精力或者投资,但其使用行为不是创作行为。虽然不同的玩家在操作游戏的过程中会产生不同的画面,但这种不同不是玩家操作的结果,而是游戏创作者早已设定好的程序,不是玩家在游戏之外的创作。[2]

---

① 曹新明:《知识产权与民法典连接模式之选择———以《知识产权法典》的编纂为视角》,《法商研究》2005 年第 1 期。

② 参见上诉人广州硕星信息科技有限公司、广州维动网络科技有限公司与被上诉人上海壮游信息科技有限公司等著作权侵权及不正当竞争纠纷案。上海知识产权法院民事判决书(2016)沪 73 民终 190 号。

（三）司法实践中玩家对网络游戏装备享有权利性质的认定

随着网络游戏产业的发展,司法实践中关于网络游戏装备的纠纷案件也逐渐增加。司法判例对玩家和网络游戏创作者之间关于网络游戏装备的纠纷多数认定为网络服务合同纠纷,以双方在先存在的服务协议为各自权利救济的基础。但是对于网络游戏的法律性质以及玩家对网络游戏装备所享有的权利性质,各个判例的判决结果差异较大。我们对北大法宝数据库中 2003—2016 年的 62 个玩家和网络游戏创作者之间关于网络游戏装备纠纷的案例①进行了整理,发现此类纠纷有以下 4 个特点:

1.案件原被告类型固定(玩家是原告,网络游戏创作者是被告)。在所有案例之中,除 2014 年发生的网之易公司诉曾俊财产损害赔偿案②以外,其余发生在玩家和网络游戏创作者之间的纠纷皆是玩家起诉网络游戏创作者。网络游戏创作者拥有强大的技术支持和运营团队,针对违反游戏服务协议的玩家,网络游戏创作者可以根据不同情形采取收回游戏虚拟物品、封停账号、删除档案等措施。所以,与玩家相比,网络游戏创作者处于优势地位,在提供游戏服务时,容易滥用自己支配网络游戏环境的权利,从而导致玩家的利益受损,故而这类纠纷网络游戏创作者一般为被告;

2.案件纠纷以玩家装备被盗和网络游戏创作者封停玩家账号为主。在装备被盗或者丢失后,玩家以网络游戏创作者未尽到安全保障义务为由提起诉讼的案件有 18 例,占比 29%;在网络游戏创作者以玩家开启外挂程序等违反服务协议为由封停账号、冻结装备以后,玩家提起违约之诉的案件有 44 例,占比 71%。针对玩家网络游戏装备被盗的案件,法院有两种裁判模式:一种是由玩家举证证明网络游戏创作者对装备丢失存在过错,如 2015 年的吴伟诉上海盛大网络公司案③中,上海市浦东新区人民法院认为吴伟未能举证证明盛大公司存在过错,故而驳回了吴伟的诉讼请求;另外一种是由网络游戏创作者举证证明自己尽到了安全保障义务,玩家只需证明自己对账号内装备的安全保障采取了必要的措施,如 2011

---

① 在北大法宝数据库中以"网络游戏装备"为关键词,搜索到的民事案例共计 90 例,我们逐一整理之后排除与研究主题无关的案例 28 个,最后采用剩下的 62 个案例作为分析对象。参见网址:http://www.pku-law.cn/Case/,访问日期:2017 年 1 月 10 日。

② 参见北京市(2014)一中民终字第 1674 号民事判决书。本案中行为人曾俊通过对网之易公司《梦幻西游》游戏中的数据进行修改、增加等操作,使其获取大量游戏币,并通过游戏平台进行销售获利。客观上造成了网之易公司产生经济损失,故网之易公司诉请曾俊予以赔偿。法院认定曾俊构成侵权,判决曾俊赔偿网之易公司三百二十三万余元。

③ 参见上海市第一中级人民法院(2015)沪一中民一(民)终字第 932 号民事判决书。本案中吴伟在盛大公司运营的游戏《热血传奇》中的装备被盗后,诉请盛大公司继续履行网络服务合同,恢复其装备。一审法院认为吴伟未提供证据证明盛大网络公司对其装备被盗存在过错,因而驳回其诉讼请求。二审法院认为盛大公司对吴伟正常使用装备负有安全保障义务,判决盛大公司恢复装备。

年张某诉某网络公司网络服务合同纠纷案①中,上海市第一中级人民法院认为网络游戏创作者相对于玩家更有举证优势,因此应当由其承担举证责任,否则须承担败诉后果。针对玩家违反游戏服务协议遭网络游戏创作者封号的案件,法院的观点则较为一致,皆是从双方签订的服务协议出发来判断是否存在违约情形;

3.法院认定纠纷的类型以合同纠纷为主。法院认定的纠纷类型可以分为三类:合同纠纷、侵权纠纷和物权纠纷。各类纠纷的分布如图1所示,其中合同纠纷共计54例,占比87%;侵权纠纷共计6例,占比10%;物权纠纷共计2例,占比3%。由此可见,对于玩家和网络游戏创作者之间的纠纷,我国司法实践中已经确立了以游戏服务协议为基础的裁决模式。

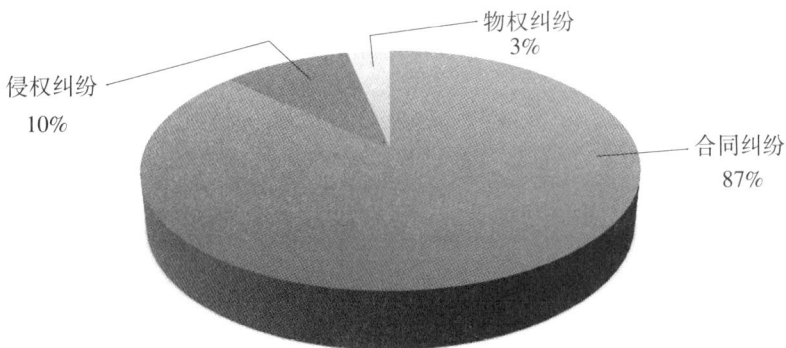

图1 法院认定玩家和网络游戏创作者之间纠纷类型

玩家进入游戏之前必须同意游戏服务协议,服务协议对玩家和网络游戏创作者之间的权利义务进行了全面而细致的约定,所以法院倾向于直接确认服务协议的效力,然后根据服务协议进行裁决。目前游戏服务协议已经比较成熟,基本囊括了游戏中所有可能出现的纠纷情形,这种裁决模式可以有效地减轻法院的负担。但是由于网络游戏创作者主导服务协议的制定,玩家没有参与的余地,因此部分服务协议的条款可能不利于玩家利益的保护。所以,法院如何对游戏服务协议进行合理解释,排除对玩家明显不利的格式条款的适用,是保障司法公正的一个重要问题;

4.法院对玩家享有网络游戏装备的权利性质认识分歧较大。法院对玩家享有网络游戏装备的权利性质的认定有四种类型:物权、无形财产权、债权和使用权,也有法院直接不予认定。如表1:

---

① 参见上海市(2011)沪一中民一(民)终字第2499号民事判决书。张某系某网络公司运营游戏玩家,在账户内元宝被盗后,诉请该网络公司恢复其账户内的元宝。二审法院认为网络游戏经营者负有安全注意义务,应保证其网络系统、服务器和程序的安全性能不低于一般安全技术保障水平或服务合同约定水平。但该公司未举证证明自己尽到安全保障义务,因此判决该公司恢复张某游戏中的元宝。

表 1　　　　　　　　　　法院认定玩家对网络游戏装备享有的权利类型

法院认定玩家权利类型	物权	无形财产权	合同权利	使用权	未认定
案例数量	5	3	42	2	10
具体案例	如宋涛诉金山公司网络服务合同纠纷案①	如李宏晨诉北极冰科技发展有限公司案②	如蔡权彬诉腾讯公司网络服务合同纠纷案③	如吴伟诉盛大公司网络侵权责任纠纷案④	如黄某诉上海某网络发展有限公司案⑤

根据以上 2003—2016 年法院认定玩家对网络游戏装备享有的权利性质类型的统计数据,制作统计图 2:

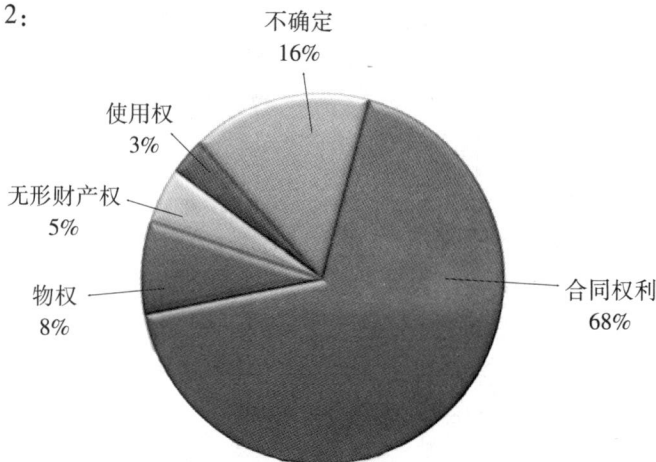

图 2　法院认定玩家对网络游戏装备享有的权利类型图

根据表 1 和图 2 可知,68%的判例将玩家对网络游戏装备享有的权利认定为债权,即根据玩家和网络游戏创作者签订的服务许可协议的约定来确定其享有的具体的权利内容。但

---

① 参见陕西省渭南市(2014)渭中民二终字第 00060 号民事判决书。宋涛在金山公司推出的仙剑情缘(三)游戏中注册了约 2000 个账号,金山公司检测到宋涛因使用辅助程序修改客户端数字签名,遂将宋涛全部账号冻结。法院认为宋涛对游戏账号及账号内的装备享有的权利属于物权范畴,金山公司可依照合同约定冻结违约账号,但冻结宋涛其他账号则属于侵权行为。因此判决金山公司解冻其他账号并恢复账号内的游戏数据。

② 参见北京市朝阳区人民法院(2003)朝民初字第 17848 号民事判决书。

③ 参见深圳市南山区(2014)深南法知民初字第 519 号民事判决书。蔡权彬系腾讯旗下《地下城与勇士》(简称 DNF)的玩家,原告因使用外挂程序致使被封号。法院认为 DNF 网络游戏玩家协议合法有效,玩家对网络游戏及其中的装备享有合同约定的权利。原告使用外挂程序的行为违反玩家协议,腾讯公司有权按照协议封停账号。

④ 参见(2015)沪一中民一(民)终字第 932 号民事判决书。上海市第一中级人民法院认为吴伟作为网络游戏的玩家对其通过合法途径购买网络游戏装备享有使用权。

⑤ 参见上海市(2010)浦民一(民)初字第 34363 号民事判决书。上海市浦东新区人民法院认为玩家黄某对网络游戏装备可以善意取得,但未认定具体属于何种权利。

没有进一步明确这种债权究竟是何种性质的权利，仅有3%的判例明确认定玩家对网络游戏装备享有使用权,另外还有部分判例认定为物权、无形财产权或者直接不予认定。这表明司法实践中玩家对网络游戏装备法律性质的认识还处于模糊状态，也充分说明了在理论上研究清楚其法律性质的必要性。

从域外司法实践来看,美国的主流网络游戏创作者所制定的终端玩家许可协议(EULA)同样约定玩家对游戏中的道具或装备只享有使用权,不享有著作权或者所有权等绝对权,而且这一约定在美国司法判例中得到了认可。在 Midway Manufacturing Co. v. Artie International,Inc.案中,首席法官 Cummings 认为玩家对游戏中出现的场景没有控制权,玩家不能根据自己的意志创作出可以储存在电路板中的游戏画面,玩家所能做的只不过是对游戏中给定场景序列的一种选择而已,同游戏中设计文字或者画面的作者不同,玩家所做的只是选择存储在网络中的文字或者画面。[1]虽然有不同观点认为对玩家权利的保护仅采用合同法上的救济模式不甚圆满,但是在司法实践中,法院基本上还是按照合同法的基本精神和原则进行裁判。[2]甚至有学者认为对以网络游戏装备为代表的网络虚拟财产进行保护并不需要创制新的法律,法院适用普通法完全可以对玩家和网络游戏创作者的利益在不同的层面上予以保护,而且根据双方的服务许可协议也完全可以达到衡平各方利益的目的。[3]

综合我国和外国的司法实践,以服务协议的模式调整玩家和网络游戏创作者之间的权利义务关系是目前通行的做法。而且司法实践倾向于尽可能地对游戏服务协议作出合理的解释来平衡玩家和网络游戏创作者的利益关系。

二、玩家对网络游戏装备享有权利的性质

(一)网络游戏是网络游戏创作者创作的作品

网络游戏是大型计算机软件,其法律属性是著作权法上的作品,网络游戏装备则是网络游戏的构成元素或者游戏角色。网络游戏创作者在创作网络游戏的过程中,需要经过美术设计、数值策划和代码开发等阶段,只有完成整个创作过程之后,玩家才可以在游戏中经过相应的操作获取网络游戏装备的使用权。"在网络游戏的著作权保护中,作品类型可从多种角度进行界定,从游戏引擎也即计算机程序和文档的角度,属于计算机软件作品;从屏幕端呈现的视听界面的角度,则有可能构成文字作品、音乐作品、美术作品、类电影作品等。"[4]网络

① See Midway Manufacturing Co. v. Artie International,Inc.,704 F.2d 1009 (7th Cir. 1983).

② See Michael H. Passman,Comment:Transactions of Virtual Items in Virtual World,18 Alb. L.J. Sci. & Tech. 259(2008).

③ See Emir Aly Crowne & Maxim Kaploun,From Blackackacre & Whiteacre to Greyacre:Three Models for Ascribing Virtual Property Rights in Cyberspace,19 U. Balt. Intell. Prop. L.J. 1(2010).

④ 上海壮游信息科技有限公司诉广州硕星信息科技有限公司等侵害商标权及不正当竞争纠纷案上海市浦东新区人民法院民事判决书(2015)浦民三(知)初字第 529 号。

游戏创作完成之后，由该网络游戏作品的创作者享有著作权，其权利内容包括署名权、发表权、修改权和保护作品完整权等著作人身权和复制权、出租权、信息网络传播权和广播权等著作财产权。网络游戏创作者可以许可他人行使网络游戏著作财产权，也可以向他人转让网络游戏著作财产权。玩家通过付费的方式使用网络游戏以及其中的网络游戏装备，是网络游戏创作者将其作品的复制权许可玩家使用的结果。

目前互联网上较为流行的网络游戏是大型多人在线游戏（Massively Multiplayer Online games，MMOs），MMOs 是网络游戏创作者开发出的用以模拟真实世界的网络虚拟环境，网络游戏创作者通过控制游戏软件的底层数据来运行这一网络虚拟环境。网络游戏创作者开发一款网络游戏需要耗费大量的人力、物力和财力，例如腾讯公司为开发网游《天涯明月刀》，组建了 150 人的研发团队，历时 5 年，采用了 500 万文字素材、超 50000 个声音素材和超过 1000G 的美术素材，总耗资达 10 亿人民币。在开发 MMOs 时，需要对游戏系统、剧情、关卡等宏观架构进行整体策划，还需要对服务器、客户端、开发引擎、数据系统进行设计，最后还要对游戏中的 3D 建筑、3D 角色、游戏图标、人物动作等进行美术创作。网络游戏中的内部元素诸如音乐、美术画面、故事情节、人物形象、网络游戏装备在具备独创性的前提下可作为著作权法保护的客体。①网络游戏的著作权则归属于创作游戏的网络公司。

由于 MMOs 有强大的技术支持和运营团队，所以可以支持全球数百万的玩家同时在线游戏。玩家在 MMOs 中可以通过化身（Avatars）争夺各种资源，而这一过程可以持续数月甚至数年。在 MMOs 中，目前最流行的是大型多人在线角色扮演游戏（Massively Multiplayer Online Role Playing Games，MMOPRGs）。②譬如目前国内流行的英雄联盟、DNF 都是这种游戏。一旦玩家进入 MMORPGs 之中，他们便可以通过化身与全球的玩家进行交流、合作和竞技，游戏运营团队则负责对整个游戏环境进行管理和监督，并且通过及时更新游戏系统来使得玩家获得更好的游戏体验。③MMOs 不同于传统小游戏，因为其可以构筑数百万 Avatars "居住"的"虚拟世界"，但这并不改变其作为计算机软件的本质。玩家通过付费或者免费的方式进入 MMOs 中进行游戏，网络游戏创作者则为玩家提供各色各样的网络游戏装备。毫无疑问，这些网络游戏装备都是游戏著作权人提前设定好的，玩家只能在网络游戏创作者设定的范围内进行使用，它们并不是因为玩家水平高而创作出的另外的作品，更不同于现实世界中，客户在商场购买的商品。所以，只有从作品的角度来认识 MMOs 才可以理解为什么同一时空之下，可以有数以百万计的玩家同时在 MMOs 中进行游戏，这正是由知识产权客体的

---

① 参见郝敏：《网络游戏要素的知识产权保护》，《知识产权》2016 年第 1 期。

② See Emir Aly Crowne & Maxim Kaploun，From Blackackacre & Whiteacre to Greyacre：Three Models for Ascribing Virtual Property Rights in Cyberspace，19 U. Balt. Intell. Prop. L.J. 1（2010）.

③ See Woodrow Barfield，Intellectual Property Rights in Virtual Environments：Considering the Rights of Owners，Programmers and Virtual Avatars，39 Akron L. Rev. 649（2006）.

非物质性所决定的,这一特性决定了知识产权客体的使用具有了分身术,在同一时空下,知识产权人可以将同 个作品分别许可多个人以相同或者不同的方式使用。

(二)网络游戏装备是网络游戏的构成元素或者游戏角色

网络游戏装备是指玩家通过网络游戏创作者指定的平台所获取的装备, 其本质的特征是由网络游戏创作者创作而成。网络游戏装备是网络游戏的构成元素,玩家通过付费购买优质的装备,从而在游戏中会占据优势,获胜和升级的概率大为提高,因此更容易获得满足感和愉悦感。网络游戏装备不能脱离网络游戏,网络游戏装备之于网络游戏,诚如特定角色之于文学创作作品,盖装备为游戏的构成元素,须臾不可分离。玩家和网络游戏创作者签订协议,玩家负有遵守游戏规则、按时付费的义务,享有进入游戏、享有合同约定的服务的权利。网络游戏创作者有保障游戏规则执行、维护游戏正常运行的义务,同时享有收取约定服务费的权利。玩家可通过付费方式获取网络游戏中的各种装备,如"英雄联盟"中的"无尽之刃"、"饮血剑"、"幻影之舞"等装备。网络游戏装备是网络游戏作品的组成元素,玩家对其获取的装备享有的是对网络游戏作品的许可使用权。

玩家在游戏过程中,为了获胜或者追求刺激,往往会选择购买网络游戏装备,增强自己游戏中的"战斗力"。[1]从表面看来是玩家向网络游戏创作者购买了网络游戏装备,实际上玩家所取得的不是对网络游戏装备的所有权。因为针对相同的网络游戏装备,网络游戏创作者可以许可众多玩家同时使用。准确地讲,网络游戏创作者不是将网络游戏装备"卖"给玩家,而是许可玩家在约定的期间内使用网络游戏,玩家取得的是对网络游戏的许可使用权。游戏装备作为游戏作品中重要的构成元素或者角色,而不是物,玩家对购买的网络游戏装备既不享有所有权,也不享有著作权,而是按照游戏服务协议约定享有许可使用权。

三、网络游戏装备纠纷中玩家的权利救济

我们认为,玩家对网络游戏装备享有的权利性质,是对网络游戏作品著作财产权的许可使用权,以下我们将从游戏服务协议、网络游戏装备"盗窃"纠纷和网络游戏装备"买卖"纠纷等三个方面探讨网络游戏装备纠纷中玩家的权利救济方式。

(一)游戏服务协议约定玩家对网络游戏装备的许可使用权

网络游戏创作者向玩家提供网络游戏服务,双方是游戏服务合同关系,网络游戏创作者负有提供技术支持、保证游戏正常运行和妥善保管玩家账户信息的义务,玩家负有遵守游戏操作规则、按时交纳服务费、禁止使用开挂程序和不侵犯网络游戏知识产权的义务。[2]玩家在

---

① See Kenneth W. Eng, Content Creators, Virtual Goods: Who Owns Virtual Property, 18 Alb. L.J. Sci. & Tech. 259(2016).

② 参见刘惠荣:《"网络虚拟财产"法律保护体系的构建》,法律出版社,2008,第23页。

注册游戏账号之时,必须同意网络游戏创作者的服务协议,否则即不能进入游戏。游戏服务协议对玩家和网络游戏创作者的权利和义务进行了详尽的规定,如账号的注册和使用、知识产权声明、资费政策、虚拟物品的归属①、不正当游戏行为、服务的中断、中止与终止等条款。

网络游戏创作者在其服务协议中一般都会约定玩家对网络游戏装备享有许可使用权,如腾讯公司在其《游戏许可及服务协议》中规定:"游戏道具、网络游戏装备、游戏币等是腾讯游戏服务的一部分,腾讯在此许可您依本协议而获得其使用权。"②2015年全国排名前五的网络游戏创作者的游戏服务协议,皆有类似规定。③那么,以上对网络游戏装备权利归属约定的效力如何呢?是否属于明显排除玩家权利的条款呢?美国有学者认为玩家对网络游戏装备的权利若采用合同法上的保护,则不利于玩家权利的救济,因此可以适当延伸版权制度来保护玩家的权利——为玩家在网络游戏装备上创设邻接权。④但是邻接权作为传播者权,是作品传播者在传播作品的过程中就其所付出的创造性劳动或投资所享有的专有权利,玩家并非网络游戏的传播者,其在玩游戏的过程中付出的时间和精力也不足以享有邻接权。网络游戏装备作为游戏的构成要素,玩家取得的当然只是许可使用权,故而我们认为游戏服务协议中玩家对网络游戏装备享有许可使用权的约定符合《著作权法》第十条第二款有关著作财产权许可使用的规定。

玩家行使游戏许可使用权时必须基于双方的游戏许可协议,在使用网络游戏装备之时也必须在网络游戏创作者设定的权利范围内使用。虽然 MMOs 的运行是网络游戏创作者和玩家进行交互的结果,但是游戏的底层数据和代码都是开发者研发的产物,玩家在游戏过程中如果侵入或者破坏游戏的底层程序,则毫无疑问侵犯网络游戏创作者的游戏作品著作权。此外,由于网络游戏创作者享有游戏的著作权,故而无须征得玩家的同意,即可以随时对游戏的底层代码进行修改,进而改造整个游戏环境。在网络游戏创作者升级游戏的过程中,如果网络游戏装备的功能发生变化,或者出现新型网络游戏装备,玩家不能以其损害自己的在先权利为由反对网络游戏创作者的修改行为,因为网络游戏创作者修改游戏是行使其著作修改权的应有之意。

---

① 《网易游戏使用许可及服务协议》第6条第1款规定:"游戏虚拟物品(或简称'虚拟物品')包括但不限于游戏角色、资源、道具(包括但不限于游戏中的武器、坐骑、宠物、装备等)等,其所有权归网易公司,用户只能在合乎法律规定的情况下,根据游戏规则进行使用。"http://game.163.com/sy/client/userAgreement.html,访问日期:2016年12月11日。

② 参见《腾讯游戏许可及服务协议》,资料来源于 http://game.qq.com/contract.shtml,访问日期:2016年12月11日。

③ 除了腾讯游戏以外,网易游戏、盛大游戏、搜狐畅游、完美世界等游戏运营商都有在服务协议中规定网络游戏装备属于网络游戏中的一部分,玩家仅仅享有使用权。

④ See Kenneth W. Eng,Content Creators,Virtual Goods:Who Owns Virtual Property,18 Alb. L.J. Sci. & Tech. 259(2016).

(二)网络游戏装备被盗属于第三人破坏网络游戏作品的技术措施

玩家的网络游戏装备被盗可以分为两种情形:一种是因为玩家自己的原因,比如过失将自己的游戏账号、密码透露给第三人,从而给第三人可乘之机,致使装备丢失的,不可归责于网络游戏创作者,此时玩家可向第三人主张著作权许可使用权的侵权责任。玩家对网络游戏装备享有的许可使用权本质上属于债权,通常情况下由于债权具有相对性,受害人不可直接向侵害债权的第三人主张侵权责任。但是在第三人盗窃网络游戏装备的情形下,第三人的行为属于"故意以背于善良风俗之方法,加害于他人",玩家可以向该侵权人主张侵权责任。①

第二种是第三人采用技术手段入侵游戏系统从而盗取网络游戏装备的行为,一方面,玩家可以向该第三人主张侵权损害赔偿请求权。但是此种情形下,玩家很难找到具体的侵权人,所以为了更加周延地保障玩家的权益,玩家可以向网络游戏创作者主张违约请求权,要求网络游戏创作者继续履行其对玩家的许可使用合同之债,恢复玩家已失去的装备。从网络游戏装备"被盗"的归责事由来看,既然网络游戏创作者负有维护游戏系统的义务,就应当保证游戏环境的安全,若第三人侵入系统导致网络游戏创作者违约,致使玩家失去装备,则网络游戏创作者即存在可归责的事由——即未尽到游戏平台中的安全保障义务。对玩家而言,我们认为采用违约责任的救济模式更为便宜,因为网络游戏创作者恢复玩家系统中的网络游戏装备不费吹灰之力,而且网络游戏创作者一般都会要求玩家在游戏系统中注册真实的个人信息,相较于丢失装备的玩家,网络游戏创作者也更有能力追究到具体的侵权人(往往是另外的玩家)。所以,当网络游戏装备"丢失"之时,赋予玩家请求网络游戏创作者继续履行合同的债权请求权是合法的。网络游戏创作者则可以第三人破坏技术措施为由,依据《著作权法》第 48 条第六项的规定追究其侵犯著作权的责任。

(三)玩家"买卖"网络游戏装备属于许可使用权的转让行为

关于网络游戏装备交易的纠纷最早发生在 2000 年,索尼公司运营的网络游戏 EverQuest 玩家在 eBay、Yahoo 等网站上拍卖 EverQuest 中的装备。为此,索尼公司更改了 EverQuest 的服务协议,禁止玩家交易游戏账户内的装备。索尼认为装备自由交易让那些没有付出足够时间的玩家也能够获得技能和装备,这对于那些认真玩游戏的人是不公平的,也是为了避免网络游戏装备交易过程中的欺诈行为。② 但是,大量的玩家抗议索尼的这种行为,

---

① 我国台湾地区民法典第 184 条规定:"因故意或过失,不法侵害他人之权利者,负损害赔偿责任。故意以背于善良风俗之方法,加损害于他人者亦同。"至于何种行为属于违背善良风俗,应考虑该行为和法律共同体中的基本价值和基本制度是否相符合,还需考虑不同行业的具体情形。对于网络游戏装备而言,盗取他人网络游戏装备显然有损于玩家利益,且有违诚实信用等民法基本原则,可以认定属于违背善良风俗的行为。

② Mia Garlick, Player, Pirate or Conducer? A Consideration of the Rights of Online Games, 7 Yale J. L. & Tech. 422 2004—2005.

因为他们认为自己有权进行装备交易,而且 eBay 上的类似的游戏交易行为在此之后仍在持续进行。事实上,关于网络游戏装备交易所引起的玩家和网络游戏创作者之间的纠纷并不多见,因为网络游戏创作者多是采取技术手段而不是法律手段来约束玩家的装备交易行为。比如在微软公司的网络游戏 Asheron′s Call 2 中,级别比较高的装备会自动降级,部分装备只能具有一定级别的玩家才可以使用,而且最强大的装备则被禁止交易。①

实际上,网络游戏创作者制定的服务协议是否允许装备交易或者允许什么样的装备进行交易,一方面是游戏公司根据市场状况自主做出决定,另一方面也是游戏公司和玩家之间博弈的一个过程。如果游戏服务协议全面禁止装备交易,过于苛刻的要求也可能会导致玩家抛弃该游戏,而转向其他游戏。这在网络游戏市场繁荣的当下,玩家也享有很大的选择权。但是,从著作权法和合同法的角度来看,司法裁判还是需要在网络游戏创作者的著作权和其服务协议的基础上来判断各个主体之间的法律关系。如果游戏服务协议禁止游戏内的装备交易,则玩家若擅自买卖,毫无疑问构成违约。在游戏服务协议允许的情形下,玩家之间可以进行不同装备之间的"买卖",也可以进行装备互换。网络游戏装备不是物,玩家对网络游戏装备所享有的权利是许可使用权,不是物权,所以玩家之间的装备"买卖"并非日常生活中物的买卖,其本质是不同玩家之间对网络游戏装备许可使用权的转让。如果网络游戏创作者在服务协议中明示或者默示装备可以"买卖"的话,其实质是允许玩家可以将其许可使用权转让给其他玩家,此时是合同的概括移转,只是被许可人的变更,即一方债权主体(玩家)变更,并没有改变网络游戏装备许可使用权的本质。因为玩家之间的网络游戏装备的"买卖"仍是在整个游戏规则之下进行的,若没有网络游戏创作者的技术支持,这种"买卖"亦无实现的可能。

结语

人类社会的发展进程是自由扩展、权利伸张的过程,而财产权作为个人自由的基础,无疑也随着科技的发展从传统的实物空间扩展到网络空间。随着互联网技术的发展,特别是人机交互、虚拟现实、人工智能等技术的开发和应用,如何规制由之产生的法律问题对传统的法律体系是一个巨大的挑战。但是对于新出现的事物是否属于新型财产,还需要认真研究其本质所在,需要检讨现有法律体系是否可以规制,必须探究其基础法律关系,不可一味追逐语词的新奇或者照搬外国法律制度,这是保持法律体系稳定性、可预测性和一致性的内在要求。就网络游戏装备而言,其本质上是网络游戏的构成元素,玩家对网络游戏创作者提供的网络游戏作品及其中的角色——网络游戏装备享有非排他性的许可使用权,本质上是债权债务关系,完全可以适用《合同法》和《著作权法》的有关规定。

---

① Stanford Law Class,Law in a Virtual World,Presentation:Asheron′s Call 2,Apr. 2003 (on file with the YALE JOURNAL OF LAW ANDTECHNOLOGY).

论信托财产权的三重二元结构

符 琪*

内容摘要:我国信托法有关信托财产权配置不明、当事人权利义务不清等问题不解决,即使银监会转变对信托公司的监管思路也无法根本化解信托兑付危机。构建信托财产权的"三重二元"结构,即信托财产权包含信托财产物权和债权,信托财产物权由受托人和受益人分别享有,信托财产债权由受托人注意义务和对信托财产享有的债权构成,或可廓清信托公司不能兑付信托计划时的责任承担,赋予受益人竞合性请求权,既可化解刚性兑付危机,亦可保障受益人权益。

关 键 词:信托兑付危机 信托财产权分权与制衡 传统二元结构学说 三重二元结构

引言

目前我国银监会对信托公司的监管思路发生了从"要求刚性兑付到允许暴露风险,并希望利用市场机制化解兑付危机"的转变。无论是刚性兑付的要求还是利用市场化解兑付危机的希望,均有违反银监会自身颁布的"信托公司不得以任何方式承诺信托资金不受损失,或者以任何方式承诺信托资金最低收益"等规定的嫌疑,但银监会提出这些要求或希望实属无奈之举。原因在于,我国信托法律关系中各方当事人的权利义务没有一个清晰的界定,特别是信托财产的权利配置一直处于模糊状态, 一方面信托公司不兑付或不完全兑付信托产品产生的纠纷难以解决,救济难以确定;另一方面完全遵循信托的金融工具性强调风险自负,很容易因为受托机构权利膨胀而损害受益人利益。本文以英美信托法分权与制衡原理为主体思路,分析大陆法系传统信托财产权"二元结构"学说的合理性和局限性,并在此基础上重新梳理信托财产上的物权与债权配置,构建信托财产权利的"三重二元"结构,以期进一步明确信托当事人各方的权利义务,为避免我国信托兑付危机引发信托业风险、充分救济受益人权益提供依据。

一、英美信托法上的分权与制衡

信托制度的精髓在于利用受托人专业理财能力为受益人利益管理信托财产并使其获得保值增值,这种财产管理主体与利益主体相分离的特质要求法律要有与之相应的精准设计。

---

*上海财经大学博士后流动站博士后,副教授,硕士生导师,法学博士。

历史发展表明,英美信托法利用普通法和衡平法的双重法律体系,通过赋予信托财产双重所有权、要求受托人承担衡平法义务等分权与制衡方式,实现了经济制度对法律的效率要求及法律自身的安全价值。

(一)信托财产双重所有权

英美信托财产"双重所有权"表面上是普通法和衡平法上的两项所有权重叠在一项信托财产上,实际上该双重所有权的目的在于分权与制衡:通过赋予受益人衡平法所有权分割受托人普通法上的财产权利,以制衡受托人并使信托财产具有了独立地位。普通法上的受托人所有权是信托财产权的基础,没有这项权利,受托人不可能以自己的名义与第三人进行以信托财产为对象的交易,并通过其管理能力使信托财产得以增值。衡平法上的受益人所有权赋予了受益人财产权益优先效力,在受益人财产权与受托人财产权发生冲突时,受益人衡平法财产权约束受托人普通法财产权,将受托人财产权限定在只能为受益人利益和信托财产目的而行使的限度内。英美信托法的双重所有权模式利用英美法系的普通法和衡平法双重法律体系,完美地实现了受托人和受益人对信托财产权的分权与制衡,在形式上受托人与受益人以不同方式拥有信托财产,实质上二者均不拥有罗马法严格意义上的所有权,而是在信托财产上享有各自不同的权利,即受托人法律上的财产权(legal estate)与受益人衡平法上的利益(equitable interest)。①

(二)受托人衡平法义务

受托人普通法所有权在英美信托法上具有核心地位,为约束受托人为受益人利益或信托目的行使权利,在赋予受益人衡平法所有权的同时仍要求受托人承担衡平法上的义务。法院根据其衡平法管辖权可以强制要求受托人按信托文件中的合法约定来处理该财产;如果书面上或口头上均无特别约定,或虽有约定但该约定是无效或不充分的,法院会强制要求受托人按衡平法的原则去处理该财产。②经由判例发展的英美信托法主要要求受托人履行忠实义务和谨慎义务这两项重要的衡平法义务。忠实义务是英美信托法处理受托人和受益人利益关系最为直接的规则,它意味着受托人应履行只能为受益人利益或信托目的而管理信托财产的义务,不能使自己处于可能导致受托人地位与自己利益相冲突的境况,即使出现了受托人也应确保其受托人地位。谨慎义务要求受托人在管理信托财产过程中,应当像一个普通谨慎的人处理自己的财产一样履行注意义务和技能,如因某个受托人自称拥有超过普通谨慎人更高的技能而被指定为受托人的,他负有履行更高技能的义务。③传统信托法中的谨慎义务主要适用于信托财产的管理,现代信托法将其发展为谨慎投资规则,成为判断受托人是

---

① F.H.Lawson,Bernard Rudden,The Law of Property,(Oxford:Clarendon Press,1982),p.102.

② 帕克和梅鲁斯:《现代信托法》,转引自《香港法律18讲》,商务印书馆分馆,1987,第85-86页。

③ George G.Bogert,Goerge T.Boger,Law of Trust,St.Paul,Minn.:West Publishing Co.1973,p.373.

否对信托财产损失承担责任的关键,履行了谨慎义务的受托人不承担责任,否则应当对受益人承担个人责任。

二、传统信托财产权"二元结构"学说评析

大陆法系国家和地区移植英美信托制度用于促进其经济发展的同时, 也在努力构建合理的信托财产法律关系,以确保信托制度的功能实现和价值追求。

(一)"二元结构"学说的合理性

在使信托法制不断融入大陆法系的过程中, 法学家和立法者逐渐发现英美信托法设计的主要目的在于上文所论述的分权与制衡。大陆法系历史上形成的"物权–债权说"、"物权债权并行说"、"附解除条件的所有权说"、"财产权机能区分说"、"法主体性说"等具代表性的信托财产权理论和学说,以及包括我国在内的大陆法系国家和地区制定的《信托法》中有关信托财产独立的强制性规定,[1]均是在英美信托法分权与制衡的目标指引下完成的。尤其是以"物权–债权说"和"物权债权并行说"为代表的信托财产权"二元结构"学说,它们将英美法上"纵向的权利分割模式"转变为大陆法上"横向的权利并存模式",用大陆法系"平行的物权和债权二元结构"取代英美法系"重叠的普通法和衡平法双重结构",以达到分权和制衡的效果。信托财产权"二元结构"学说以传统民法理论为框架,立法技术问题容易解决,被较多国家和地区的信托立法所接受[2],确立了"信托财产所有权归属于受托人,受益人享有一定权利对该所有权的行使进行限制"的立法模式。上述学说和立法既是大陆法系国家移植和发展信托法的选择,也是民法理论创新发展生命力的体现。

(二)"二元结构"学说的局限性

"物权–债权说"主张受托人对信托财产享有完全的物权,受益人受益权为一种债权。[3]依该学说,受托人不仅可以享有信托财产收益,而且可以按照自己的意志不受限制的任意支配信托财产,这与信托法"受托人除非具有受益人身份外不得享有信托收益,且只能为了信托目的支配信托财产"的基本原理并不一致。就受益人而言,若信托受益权为债权,受益人不仅无法直接取得信托收益,而且由于债权效力弱于物权而无法与受托人对抗。"物权债权并行说"主张受托人享有信托财产名义所有权和管理处分权,受益人享有债权性的信托利益请求权和一定的物权性权利。[4]该学说试图突破所有权的绝对性,用受益人享有的物权实现对

---

① 主要包括信托财产非继承性、破产财团的排除性、强制执行和抵销的禁止性等规则。

② 例如,属混合法系的斯里兰卡、苏格兰、路易斯安纳州;被称作"离岸信托天堂"的开曼群岛、格恩西岛、毛里求斯;属大陆法系的拉丁美洲诸国(包括阿根廷、智利、哥伦比亚、厄瓜多尔、秘鲁、委内瑞拉、墨西哥、巴拿马)、欧洲诸国(包括列支敦士登、卢森堡)以及亚洲诸国和地区(包括日本、韩国、我国台湾地区)。

③ 参见新井诚:《财产管理制度と民法·信托法》,有斐阁,1990,第50页。

④ 参见四宫和夫:《信托法》(新版),有斐阁,1989,第75–76页。

受托人名义所有权的制衡,但是这些物权性权利的基础是什么?同样为支配权的受益人物权与受托人名义所有权发生冲突时如何协调? 这些问题在"物权债权并行说"中并没有明确的答案。尽管传统"二元结构"学说将信托财产权分解为受托人物权和受益人债权并逐渐加强受益人权利效力以制衡受托人的这种做法,与英美信托法受益人权利的形成过程极为相似,[①]但囿于坚持"一物一权"原则,受益人始终无法获得收益权这一原始物权,其他包括追及权、撤销权、恢复原状请求权在内的救济性权利也成了无源之水。笔者认为,完善和发展"二元结构"学说的空间在于打破"一物一权"的物权瓶颈,在继承传统二元结构学说的基础上,调整信托当事人之间的债权关系,从而进一步理清信托财产权上存在的二元权利结构。

三、信托财产权"三重二元"结构构建与分析

信托法律关系是通过信托设立行为成立的,构建信托财产上的权利结构并分析权利属性应以信托设立行为的性质为基础。本文以信托财产权的行为基础为切入点,通过探讨信托财产上凝聚的物权因素和债权因素,揭示信托财产上存在的二元权利关系。与传统"二元结构"不同的是,本文认为信托财产权的二元结构具有三重性:一重在于,信托财产权二元性,即信托财产权包含了物权和债权;二重在于,信托财产物权二元性,即受托人与受益人在各自享有的权利范围内均可对信托财产行使物权;三重在于:信托财产债权二元性,即在信托财产上存在着第三人合同债权和以信托财产为限的债权关系。

(一)一重二元结构:信托财产权二元性

1.信托财产二元权利产生的行为基础

按照日本学者的观点,信托设立行为由"受托人承诺按照信托文件和法律规定,以自己的名义管理和处分信托财产"的债权行为和"委托人基于对受托人的信任,为了受益人利益或者某特定信托目的,将其财产权转移给受托人"的物权行为构成。[②]信托行为由此分解为原因行为和处分行为,信托行为的成立也必须以上述两个行为的成立为必备要件,缺一不可。[③]这种分解出自德国民法所采用的物权行为独立理论,在大陆法系国家有其适用的空间。以物权行为独立性为基础,将信托行为视为包含债权行为和物权行为在内的两个相互独立的行为理论正好与信托的特质吻合。受托人承诺管理信托财产的原因行为使信托财产上集合了若干债权因素;委托人向受托人转移财产的处分行为使信托财产上集合了若干物权因素。

---

① 从历史的进程中考察英美信托法上受益人权利,经历了受益权之否认、受益权之对人权、受益权之对人和对物双重权利的演变,最终确立了受益人衡平法上的信托财产所有权。

② 田中实、山田昭著、雨宫孝子增订:《信托法》,学阳书房 1998 年修订版,第 44 页。

③ 三渊忠彦:《信托法及信托业法》,日本评论社 1928,第 24 页。

2.物权因素

委托人转移财产给受托人的目的从规避封建法律转变为获得该项财产的保值、增值。转移之后的信托财产本质是一项目的财产,[①]和其他财产一样需要有主体对其进行各种形式的支配,这些支配形成了信托财产上的若干物权因素,包括对信托财产的占有、使用、收益、处分在内的原始性物权及追索、撤销、恢复原状、损害赔偿等救济性物权,这些权利名词的本旨在于赋予物权主体直接支配信托财产的权利,限制非物权人对信托财产的支配,并排除非物权人对信托财产的干预。

3.债权因素

信托关系成立的基础在于受托人向委托人做出了为受益人利益管理信托财产的承诺,在委托人、受托人和受益人之间成立了一个第三人利益合同,受益人作为第三人可以直接请求受托人履行信托合同约定的义务,受托人基于其投入的劳动也获得了相应的权利,在信托当事人之间还存在债权关系。各个国家和地区的《信托法》都专章规定了受托人应履行的诸多义务以约束受托人确保信托安全;同时规定了受托人应享有的多种债权以激励受托人提高信托效率。

(二)二重二元结构:信托财产物权二元性

信托财产上凝聚的物权因素在英美信托法上体现为信托财产双重所有权。大陆法系没有适合信托财产双重所有权生长的法律土壤,应对信托财产上集合的物权因素设计合理的配置模式。

1.信托财产去所有权化

大陆法系财产所有权表现为以人格为基础对物的完整、不可分割的权利,是脱离一般目的的抽象所有权,这种所有权结构和观念并不适合信托财产上物权配置的需要。信托财产脱离委托人之后即发生着管理主体与利益主体的分离,在信托财产上并不存在一个独立、完整的人格,抽象所有权在此失去了人格背景。况且所有权系因保护主体利益而享有的一切形式和内容的权利集合,凡对所有人有利且不与法律和公共利益相抵触,所有人即可就标的物为充分的使用、收益,以实现所有权的利益最大化。而受托人和受益人对信托财产享有的权利,绝不是一种抽象的根据其意志自由支配的权利:受托人不能享有信托财产的收益,即使信托合同和遗嘱没有限制,受托人在行使财产权时也要受到信托目的和受益人利益的约束;受益人仅享有信托财产收益不能实际占有信托财产也不能对其进行使用和处分。美国法学家托马斯·格雷基于此认为,法律上抽象的所有权往往不可思议地消失了。既然所有权观念或结构不适合信托财产的物权配置或者说法律上抽象的所有权在信托财产上已经消失,那么"去

---

① 笔者认为信托财产的本质为目的财产,详细论述参见符琪:《论信托财产的独立性》,《金融理论与实践》2011 年第 12 期。

所有权化"可能更适合信托财产上的物权分配。所谓去所有权化,即在信托财产上并不存在一个完整的所有权,而是根据信托原理在信托当事人之间分配集合在信托财产上的物权。就主体而言,信托财产从委托人转移至受托人后除非委托人具有受益人身份,即丧失了对该项财产的支配性权利,在信托财产上有受托人和受益人两个物权主体,受托人与受益人在各自享有的权利范围内行使其物权并可请求包括对方在内的其他主体勿侵害其权利,具有对世性。

2.信托财产物权二元性分析

(1)受托人物权。受托人是接受委托管理信托财产的人,只有直接支配信托财产,受托人才能以其知识和技能使信托财产保值、增值。受托人对信托财产的直接支配应包括对信托财产的占有、使用和处分等形式,这些支配转化为物权法上的物权,即为占有权、使用权和处分权,前述各项权利的行使方式、救济手段与物权法的规定具有一致性,只是由于不享有收益权,受托人行使物权的目的是为了实现受益人利益最大化,受托人不能违背信托目的或为了自己的利益行使这些权利。基于受托人对信托财产享有占有、使用、处分的权利,凡有关信托财产的法律行为或事实行为,包括权利取得行为、债务负担行为、诉讼行为、保存行为、利用行为等,受托人均得依信托本旨为之。①受托人对信托财产享有的占有权、使用权、处分权形式上与罗马法上的所有权极为相似,罗马法上的所有权概念因强调对物的实际主宰也不包括收益权,但实质上受托人享有的物权并不是罗马法所有权的回归。罗马社会处在简单商品经济条件下,人们交换物的目的只是为了生产和生活的消费而尚未用来追求经济利益,财产所有者和使用者不发生分离,即使物上产生了利益也无需在不同主体之间分配,罗马法在观念上认为收益权只是使用权派生的一项权能并不具有独立性。而在发达商品经济条件下,转移信托财产的本旨即在于使其获得保值、增值产生经济利益,经由中世纪注释法学派法学家在解释罗马法时发展出的独立的"收益权"权能,理应包含在现代信托财产上的物权之中,只不过在配置时不由受托人享有,除非其具有受益人身份。

(2)受益人物权。受益人是委托人设立信托时意图给予利益的人,为实现受益人对信托利益的支配有必要将其转化为物权法上的收益权。收益权是物权在经济上的体现,近代资本社会化运动的发展使得受益人享有的物权并不表现为对信托财产的占有、使用和处分,而表现为对信托财产的价值和剩余价值的支配。基于收益权取得的信托收益属于受益人的个人财产,可以直接转让、被继承和作为受益人个人的信用担保。在信托终止信托文件没有特别规定信托财产归属的情况下,受益人基于信托财产收益权享有获得信托本金的权利。传统"二元结构"学说将受益人权利界定为一种债权,除为维护"一物一权"原则外,受益人对信托财产的收益只能通过向受托人行使给付请求权才能实现或许是另外一个原因。本文认为,收益权作为一项独立的物权权能,请求利益占有人给付是行使该项物权的方式之一,不能因其

---

① 赖源河、王志诚:《现代信托法论(增订三版)》,中国政法大学出版社,2002,第137页。

具有请求性而否认其物权性质。同时,受益人享有的收益权也为其享有信托财产不法强制执行异议权、受托人破产财产取回权、受托人违反信托义务处分信托财产的撤销权、返还权、恢复原状权等派生性物权奠定了权利基础。

3.小结

去除传统所有权观念,将信托财产上的物权配置为受托人的占有权、使用权、处分权和受益人的收益权,使其在各自范围内行使权利并依此排除妨害、寻求救济,既可以弥补"物权–债权说"与信托原理不一致和受益人无法对抗受托人的弊端,亦可解决"物权债权并行说"中受益人享有的物权基础和协调受托人与受益人权利冲突的问题,适应了以物尽其用为原则的现代财产法发展的需要。尤其重要的是,去除信托财产所有权,任何人不对信托财产享有抽象、完整的所有权可以确保信托财产具有独立地位并由此产生隔离效力。我国2002年颁布《信托法》时,为维护"一物一权"的物权原则回避了信托财产的物权配置问题,造成了信托法制的混乱。《物权法》的颁布扫清了立法障碍,《物权法》第八条规定:其他相关法律对物权另有特别规定的,依照其规定。我国《信托法》完全可以根据《物权法》的精神对信托财产上特殊的二元物权结构作出专门规定。

(三)三重二元结构:信托财产债权二元性

1.信托财产债权的基本内容

信托财产债权是以受托人承诺为受益人利益或信托目的管理信托财产为基础产生的权利义务关系,在此关系中受托人处于中心地位。

(1)受托人义务。在不享有信托收益的情形下,受托人对信托财产进行管理源于其对委托人承诺而产生的负担,管理信托财产是受托人的基本义务,有关信托财产的权利取得行为、债务负担行为、诉讼行为、保存行为和利用行为等,既是受托人行使信托财产物权的行为也是受托人履行管理信托财产义务的行为,各国信托法又规定了分别管理义务、自己管理义务、书类设置等义务将信托管理义务具体化。在履行信托财产管理义务时受托人还应具有一定的注意才能实现信托目的,有关注意义务的规则成为受托人义务的重要内容。英美法系没有物权债权之分,受托人注意义务因承诺转化为包括谨慎义务和忠实义务在内的衡平法上的信义义务。大陆法系信托法往往采用债法上的善良管理人注意义务来约束受托人。善良管理人概念源自罗马法的"善良家父",其代表的是一个具有抽象性的精明、谨慎的人的概念,善良管理人注意义务以行为人对其行为所尽到的注意是否符合谨慎之人应尽的注意为标准,判断行为人是否具有过失以及是否承担责任。我国大陆和台湾地区以及日本、韩国的信托法均要求受托人应尽善良管理人或谨慎的注意义务。出于对该义务含义理解的不同,上述各国和地区信托法中善良管理人注意义务对英美受托人信义义务的替代范围并不相同。日本采用广义说,认为大陆法系善良管理人注意义务本身既含有"管理人应尽其行为避免与本人利益产生冲突的注意义务"之意,善良管理人注意义务即可替代英美信托法的谨慎义务和

忠实义务。我国大陆、台湾地区和韩国采狭义,认为善良管理人注意义务的规定并不足以规范管理人所有图利自己或他人的行为,需在善良管理人注意义务之外另行规定忠实义务。本文认为,无论广义还是狭义,作为特别法的《信托法》中有关受托人注意义务的规定只要与本国的法律体系相匹配,能够将英美信托法上的忠实义务和谨慎规则涵盖在内均为合理。

(2)受托人权利。受托人义务通常通过其投入的专业劳动和精力以及在管理信托财产过程中支付交易费用、财政税收、承担信托财产债务等形式来履行,赋予受托人各项权利协调受托人义务与权利间的平衡,可以激励有能力的人担任受托人并积极处理信托事务,受托人权利主要包括报酬请求权和支付补偿请求权。受托人的报酬请求权是信托制度发展的产物也是当代信托制度功能实现的需要。信托产生之初的目的在于借用受托人名头规避封建财产转移制度,受托人只是简单占有信托财产并没有付出劳动,不得收取报酬是早期信托法的一项原则。现代信托制度演变为专业理财工具,受托人需要投入复杂的智力劳动从事大量的投资行为才能实现信托目的,收取报酬成为现代信托法的基本原则,受托人的报酬请求权亦成为一项基本权利。受托人的支付补偿请求权源于受托人在管理信托事务过程中支付的各种有关信托财产的交易费用、税负和信托债务,这些支出本不应由受托人承担,实践中为了管理上的方便受托人往往以其固有财产对其予以先行支付。

2.信托财产债权二元性分析

受托人在信托财产债权关系中应承担的义务和应享有的权利之间具有一定的牵连性,但值得注意的是,受托人履行义务的相对人和受托人行使权利的相对人并不具有同一性,也就是说,在信托财产上存在着两个债权关系。

(1)受托人与受益人、委托人之间的第三人合同债权。信托合同作为一种第三人合同成立之后,受益人作为第三人直接取得了对债务人即受托人所享有的固有权利,若受托人的义务侵害行为给受益人造成了损害,受益人可以请求损害赔偿,前述各项请求权也可由委托人主张。如此,对于受托人承担的信托财产管理义务和应尽的注意义务,受益人基于第三人地位享有履行请求权并在受托人违反信托义务给其造成损害时享有损害赔偿请求权,该项权利委托人也可以主张。我国《合同法》并未规定第三人享有请求债务人履行债务的权利,《信托法》赋予了委托人和受益人对受托人享有的信托财产管理方法变更请求权、信托财产损害赔偿请求权等权利。但是《信托法》第四十九条第二款规定:受益人与委托人请求权内容不一致的,由人民法院作出裁定。本文认为,这种回避委托人与受益人权利冲突将问题交给法院解决的做法削弱了实体法的作用,不利于信托纠纷的处理,应依"如委托人主张法律救济将毁灭或者限制受益人的权利,在受益人已经获得债权且债权不受剥夺的情形下,委托人应当得到受益人同意"[①]的规则处理。

---

① 参见杜景林:《德国债法总则新论》,法律出版社,2011,第 326 页。

(2)受托人与信托财产之间以信托财产为限的债权。依照第三人合同基本原理,尽管受益人享有直接请求受托人履行义务的权利,但受托人权利只能向作为债权人的委托人请求,因此委托人有义务给付受托人报酬和补偿受托人先行支付的费用。然而,信托合同除符合第三人合同的一般属性之外,还具有通常第三人合同所不具有的特殊性,即信托合同的担保财产与一般第三人合同的担保财产不同,后者的担保财产是归属于合同当事人的固有财产,而信托合同的担保财产——信托财产不属于委托人、受托人和受益人任何一方,具有独立地位。信托财产独立性是英美信托法在信托财产上进行分权与制衡结构设计的另一个效果,也是大陆法系国家和地区《信托法》的重要内容,信托关系存续期间任何人不能以信托财产作为其债务的担保或由其继承人继承,信托财产独立性和较强的隔离效力确保了信托财产在其范围内可以独立承担自身的债务。受托人享有的报酬请求权和补偿费用请求权是受托人对信托财产管理投入的劳动、精力以及先行支付费用获得的对价,基于信托财产可以独立承担债务,将受托人请求权作为信托财产的债权更加符合信托机制的本旨,受托人由此获得了信托财产债权人的地位,委托人因信托财产对受托人债务的承担而被免除了履行义务。

由信托财产对受托人请求权承担给付义务,英美法系和大陆法系信托法的规定并无不同,只有当信托财产不足以给付受托人时,其权利如何得到满足存在着不同的规定。英美法系偏重于保护受益人利益,认为信托受益人乃第三人利益合同的受益人,原则上只享有权利而不应因他人设立信托承担义务,因此规定受托人只能从信托财产中获得报酬或补偿,即使信托财产不足,除非受益人同意受托人不能向受益人行使请求权。大陆法系的日本、韩国和我国台湾地区,为鼓励信托制度的发展偏重于保护受托人利益,一般认为受托人的报酬和补偿由信托财产承担,但信托财产不足时受托人有权要求受益人给予补偿或提供担保。我国《信托法》采委托人中心主义且我国信托多为自益信托,为维护委托人(受益人)利益做出了与英美法相同的规定。

本文认为,既然信托合同符合第三人合同属性,在规定受托人请求权对象时不宜既免除委托人作为合同当事人的义务又要求受益人承担补充责任从而造成对第三人合同较大的突破。况且,受托人作为财产管理的专业人士有义务避免发生造成信托财产不足以给付其请求权的情形,发生该情形产生的风险应由受托人自己承担。因此,除另有约定外仅以信托财产为限承担对受托人债务的规定较为可取。

四、结束语

大陆法系将财产权利分为物权与债权两类基础性权利,由权利主体根据不同的属性行使权利并按不同的归责原则和责任方式予以救济。随着财产利用形式的多样化,一项财产上物权与债权的交叉与融合也不断显现,信托财产权"三重二元结构"正是这种交叉与融合的体现。而且,这种尽管复杂但不失清晰的"三重二元结构"模式可以避免信托公司刚性兑付危

机并充分保障受益人权益。

在"三重二元结构"框架下,信托财产上集合着信托财产物权和信托财产债权二元权利结构:信托财产物权由受托人享有的占有权、使用权、处分权和受益人享有的收益权构成;信托财产债权由受托人对受益人应尽的管理及注意义务和受托人对信托财产享有的债权构成。从物权角度分析,信托计划到期信托公司不兑付或不完全兑付信托本金及收益的,应界定为信托公司对受益人信托财产收益权的损害,该损害归责于受托人的受益人可向其行使物权性请求权予以救济,该损害不可归责于受托人的由受益人承担,信托公司无需进行刚性兑付以做兜底处理。从债权角度分析,信托计划到期信托公司不兑付或不完全兑付信托本金及收益的,应界定为信托公司对信托合同的违反,以信托公司是否对受益人履行管理义务和注意义务为标准,判断其是否对信托财产的损失承担责任。

由此,信托计划到期信托公司不兑付或不完全兑付信托本金及收益的,若信托公司没有过错或履行了相关义务,信托公司无需进行刚性兑付也无需承担任何责任,由受益人承担损失;若信托公司存在过错或没有履行、不完全履行相关义务,受益人可依受托人过错行使物权性请求权或者依受托人义务违反行使债权性请求权,在这种权利竞合的情形下,究竟选择行使何种权利能获得最佳的救济,可以由集合资金信托项下的受益人大会审议通过,以充分保障受益人权益。

(原文发表于《上海财经大学学报(哲学社会科学版)》2013 年第 5 期)

合同法研究

略论合同撤销权的行使

张里安*　　胡振玲**

内容摘要：合同撤销权的行使存在意思表示方式、诉讼方式等不同的立法例。我国《合同法》规定必须以诉讼或仲裁方式行使合同撤销权是不科学的，应改以意思表示方式为宜。撤销权的行使主体应为在合同中有瑕疵意思表示或者受到不利益或损害的当事人，而不是双方当事人。关于撤销权的行使时间，《合同法》第55条的规定对于因被胁迫而订立合同的撤销权人而言并不合理；撤销权存在的最长期间，有必要作出具体规定；判决确定后能否行使撤销权之问题，立法上应予以明确。关于合同撤销权行使的效力，应采取"溯及"之立法技术。

关 键 词：合同撤销权　行使方式　行使主体　行使时间　效力

合同撤销权，是指合同的一方当事人以自己单方的意思表示，使已经发生法律效力的合同归于消灭的权利。[①]通说认为撤销权属于形成权之一种。我国1999年颁布的《合同法》第54条至第58条对合同撤销权的发生原因、合同撤销权的行使、效力等问题作出了明确规定。但无论是从法学理论的角度还是从审判实务的角度来看，《合同法》的现行规定还存在一些缺陷和值得探讨之处。鉴于此，本文拟对合同撤销权行使中的相关问题进行分析和检讨，以期完善我国的合同撤销权制度。

一、合同撤销权的行使方式

（一）合同撤销权的行使方式之立法例

关于合同撤销权的行使方式，主要有以下几种立法例：

1.以意思表示的方式行使。即撤销权人将撤销合同的意思告知相对人即可产生撤销的效果。此种撤销权的行使方式，主要以德国、日本为代表。[②]《德国民法典》第143条第1款明

---

* 武汉大学法学院教授、博士生导师，法学博士。

** 中南民族大学法学院副教授，法学博士。

① 合同撤销权不同于作为债的保全方式之一的债权人撤销权，后者不属于本论文讨论的范围。

② 德国、日本等国家和地区的民法典在"总则"的"法律行为"章节中对法律行为的撤销问题作了一般性的规定，此种撤销之规定自然也适用于合同行为的撤销。本文中关于德、日等国家和地区的法律行为的撤销之引述，主要是从合同的撤销之层面而言的。

确规定:"法律行为的撤销在向相对人表示后生效。"《日本民法典》第123条亦规定:"可撤销行为的相对人为确定者时,撤销或追认,以对相对人的意思表示进行。"

2.须以诉讼方式行使。即撤销权人须向法院提起撤销合同的诉讼,由法院作出相应的判决后才发生合同撤销的效果。采取此种方式的主要有法国等国家。《法国民法典》第1117条规定:"因错误、胁迫或欺诈而订立的契约并非当然无效;此种契约,依本编第五章第七节规定的情形与方式,仅产生请求宣告其无效或宣告其应予撤销之诉权。"

3.因撤销的原因不同而分别规定以意思表示的方式或诉讼的方式行使。我国台湾地区采取此种立法例。台湾"民法"第88、89、92条中关于以错误、误传、欺诈、胁迫等原因而撤销时,以意思表示行使撤销权即可;而第74条关于显失公平之行为(暴利行为)的撤销,则要求以诉讼的方式请求法院予以裁判。

值得注意的是,对于上述不同情形的撤销方式,我国台湾"民法"在"立法"上分别使用了"意思表示之撤销"和"法律行为之撤销"之用语。对于这种立法规定,台湾学者有不同的见解。

一种见解认为,"意思表示之撤销,是指意思表示有错误或瑕疵(诈欺或胁迫)之法定原因,由撤销权人行使撤销权,使已经生效之法律行为溯及归于无效之意思表示,包括民法第88条意思表示因错误、第89条因传达不实及第92条因被诈欺或被胁迫而为意思表示之撤销。"[1]

"法律行为之撤销,指法律行为具有狭义撤销原因(指意思表示之撤销)外之其他个别之法定撤销之原因,有撤销权人,得向法院诉请撤销,致生溯及消灭其法律行为之行为。故其于未获得法院胜诉确定判决前,其法律行为,均属有效。此点与意思表示之未撤销前仍属有效同。然法律行为之撤销,有待司法之裁判以为断。不如意思表示之撤销,于一为撤销之意思表示后即生溯及之效不同。"[2]

另一种见解认为,虽然台湾"民法"将撤销区分为法律行为之撤销和意思表示之撤销,但其只是用语的不一致而已。因为"应认具有瑕疵的意思表示已成为法律行为不具独立性的部分时,其撤销及于整个法律行为。"[3]而且对于台湾"民法"第116条所规定的"撤销,应以意思表示为之。",理论上也认为,"撤销,原则上以撤销权人之一方的意思表示为之。例外的情形,则应以诉的方法为之"[4]。

对于上述两种见解,笔者认同后一种见解,即撤销无须区分意思表示和法律行为,二者实质上都是法律行为的撤销,在法律无特别规定时,按照一般原则以意思表示撤销即可,法律有特别规定的,则以诉讼方式为之。故此,就合同的撤销而言,根据我国台湾"民法"之规定,基于错误、误传、欺诈、胁迫而订立的合同之撤销,实际上是作为一般情形,以意思表示方

---

① 参见武忆舟:《民法总则》,1985,第396页。

② 参见武忆舟:《民法总则》,1985,第397页。

③ 王泽鉴:《民法总则》,中国政法大学出版社,2001,第492页。

④ 参见黄茂荣:《民法总则》,植根法学丛书编辑室,1982,第1120页。

式即可撤销,而暴利行为则是作为特殊情形,须通过诉讼的方式行使撤销权。

(二)我国《合同法》规定的行使方式之检讨

《合同法》第 54 条规定:"下列合同,当事人一方有权请求人民法院或者仲裁机构变更或者撤销:(一)因重大误解订立的;(二)在订立合同时显失公平的。一方以欺诈、胁迫的手段或者乘人之危,使对方在违背真实意思的情况下订立的合同,受损害方有权请求人民法院或者仲裁机构变更或者撤销。"①

对于上述条文中关于合同撤销权的行使方式之理解问题,尽管有学者认为,"撤销权的行使,不一定必须通过诉讼的方式。如果撤销权人向对方作出撤销的意思表示,而对方未表示异议,则可以直接发生撤销合同的后果;如果对撤销问题,双方发生争议,则必须提起诉讼或仲裁,要求人民法院或仲裁机构予以裁决。"②但是,大多数学者认为,根据《合同法》第 54 条和《民法通则》第 59 条的规定,撤销权的行使必须采取撤销之诉或仲裁的方式为之,如果撤销权人不采取向法院提起诉讼或者向仲裁机构申请仲裁的方式为之,而直接向相对人以意思表示为之,应不发生撤销权行使的效力,如相对人表示同意则可发生协议解除的效力。③并认为之所以规定须以诉讼或仲裁方式行使撤销权,是因为,"在法律规定的导致合同可撤销的事由之中,大多数可撤销事由的具体内涵并不确定,是否导致合同可撤销容易在当事人之间引起争议,比如重大误解、显失公平,如果任由一方当事人自行进行认定,合同的约束力原则将不免受到损害。在这种情况下,需要通过民事诉讼或仲裁程序对合同撤销权的行使进行控制。"④论者的另一理由在于,"撤销权有可能被滥用,这时就有必要对撤销权的行使予以限制。比如在因欺诈而发生撤销权之场合,就可能存在撤销权被用于不公平地歧视对方当事人,尤其是在劳动法的领域。……如果直接允许撤销合同,往往不利于保护弱小的一方当事人,助长了歧视,有悖于公平。"⑤

笔者认为,从《民法通则》和《合同法》在立法上的一贯表述来看,似乎立法上强调的是合同撤销权须以诉讼或仲裁方式行使,而不能以意思表示的方式为之。而且,从《合同法》之立法时的背景情况看,立法机构的有关专家、学者并非不知道撤销权的行使存在上述两种不同方式,在此情形下,立法上仍然刻意地规定"当事人一方有权请求人民法院或者仲裁机构变

---

① 1986 年颁布的《民法通则》第 59 条第 1 款也规定:"下列民事行为,一方有权请求人民法院或者仲裁机关予以变更或者撤销:(一)行为人对行为内容有重大误解的;(二)显失公平的。"

② 王利明、房绍坤、王轶:《合同法》,中国人民大学出版社,2002,第 166 页。

③ 参见梁慧星:《民法总论》,法律出版社,2001,第 222 页;韩世远:《合同法总论》,法律出版社,2004,第 233 页;李永军:《合同法》,法律出版社,2005,第 447 页;陈小君主编:《合同法学》,高等教育出版社,2003,第 96 页;高昌礼主编:《〈中华人民共和国合同法〉通释》,湖南人民出版社,1999,第 103 页。

④ 陈小君主编:《合同法学》,高等教育出版社,2003,第 97 页。

⑤ 韩世远:《合同法总论》,法律出版社,2004,第 233 页。

更或者撤销",这足以说明《合同法》在撤销权行使方式之问题上,其立法的本意即是强调应以诉讼或仲裁方式行使撤销权。但是,我国《合同法》要求应以诉讼或仲裁方式行使合同撤销权,却并非是一种科学、合理的规定,有以下方面值得检讨:

1.将合同撤销权的行使限定为诉讼或仲裁方式会增加当事人的负担

与意思表示方式相比,通过诉讼或者仲裁的方式行使合同撤销权,无疑使当事人撤销合同的经济成本增加,且需付出更大的精力、耗费更长的时间。在通过单纯的意思表示就能够达到撤销合同的目的之情形下,却要求当事人必须采取起诉或申请仲裁的方式为之,这显然是不合理的。特别是在很多情况下,如果一方当事人提出撤销合同的主张,另一方当事人对此毫无异议,但却要求权利人须通过诉讼或者仲裁的方式来行使合同撤销权,其不合理性就更为凸显。因此,诉讼或仲裁方式之限定,会在很多情形下给双方当事人带来不必要的负担和支出,在合同标的额很小的情况下,很可能支出的诉讼费用大于行使合同撤销权的利益,这与立法上规定可撤销合同的立法本意是相违背的。

2. 认为撤销权人向相对人为撤销的意思表示时可发生协议解除合同的效力之观点,混淆了合同撤销与合同之协议解除这两项不同的法律制度

主张合同撤销权的行使必须采取诉讼或仲裁方式的观点认为,撤销权人如果直接向相对人以意思表示为之,不能发生撤销权行使的效力,但认为如果相对人表示同意,则发生协议解除合同的效力。此种观点显然混淆了合同撤销制度与合同之协议解除制度,因而是不可取的。其具体理由在于:(1)合同的协议解除,是指合同成立以后,在未履行或未完全履行之前,当事人双方通过协商解除合同,使合同效力消灭的行为。在协议解除之情形下,并不存在形成权的行使问题,而是无形成权的当事人进行合意的结果,[1]实际上是以一个新的协议代替原来的合同权利义务关系,即以一个新的合同代替了旧的合同。而合同撤销权乃形成权的一种,是一方通过自身的行为即可直接使法律关系发生变动的权利,形成权的行使及其法律效果的发生并不取决于相对方的同意与否。(2)合同的撤销具有溯及的效力,即具有溯及地使合同自始没有法律约束力之效力,此种效力是法定的,而协议解除的效力如何,则完全依赖于当事人双方的合意。故此,将撤销权人以意思表示方式向相对人行使撤销权的效果解释为双方协议解除合同,与撤销权的性质不符,是对这两种不同制度的误解。

3.将行使合同撤销权的方式限定为诉讼或仲裁方式,在除斥期间的计算上可能不利于当事人

按照《合同法》第55条的规定,合同撤销权的行使有除斥期间的限制,撤销权人应当在

---

[1] 合同的协议解除不同于约定解除,后者是指一方行使约定的解除权而使合同的效力消灭。在约定解除之情形下,存在着形成权(即解除权)的行使。参见余延满:《合同法原论》,武汉大学出版社,1999,第480、483页。

该期限内行使撤销权,否则该撤销权消灭。由于以意思表示的方式向相对方行使撤销权,在操作上更为便利,更为及时、迅速,因而在所剩下的期间较少乃至于极少之情形下,当事人极有可能来不及以提起诉讼或申请仲裁方式行使撤销权,但却极有可能在法定期间内通过意思表示方式完成撤销权的行使,故从此角度观之,《合同法》规定的撤销权行使方式显然不利于当事人合法权益的保护。

4.以可撤销事由的具体内涵具有一定的不确定性和撤销权有可能被滥用等为由,主张合同撤销权必须以诉讼或仲裁方式行使,其论证并不充分

如前所述,有观点认为大多数可撤销事由的具体内涵并不确定,容易在当事人之间引起争议,故需要通过诉讼或仲裁程序对合同撤销权的行使进行控制。我们认为,此种担心是不必要的。第一,虽然重大误解、显失公平、欺诈、胁迫等事由的内涵在理解上确实具有一定的不确定性,但就个案来说,这些事由的主张和认定必定有具体的事实予以支撑,因而其内涵并非是不确定的。第二,在采取意思表示方式之情形下,由于相对方有异议权,因而合同的效力也不是任由撤销权人单方认定,不会导致合同的约束力原则受到损害的问题。第三,其他以意思表示方式行使的合同法上的形成权,在内涵上同样存在着一定的不确定性的问题。例如,《合同法》第 94 条规定的"因不可抗力致使不能实现合同目的"之情形下的解除权的行使,即是以意思表示方式为之,而"不可抗力"在内涵上即具有不确定性。从与此情形的比较的角度观之,以可撤销事由的具体内涵具有一定的不确定性为由,主张合同撤销权必须以诉讼或仲裁方式行使,其论证也是不充分的。

至于以撤销权有可能被滥用、有可能不利于保护弱小的一方当事人为由,主张合同撤销权必须以诉讼或仲裁方式行使,其担心更是没有必要的。因为,相对方享有异议权,在相对方对合同的撤销有异议时,任何一方均可提起诉讼或申请仲裁,请求法院或仲裁机构解决他们之间的纠纷,并不会导致弱小的一方当事人的权益得不到充分保护的问题。

基于上述讨论,笔者认为合同撤销权的行使只需规定以意思表示方式行使即可,至于在相对方有异议而发生争议时,可提起诉讼或者根据仲裁协议申请仲裁乃是自然而然的道理。换句话说,在相对人对合同的撤销存在异议的情况下,撤销权人或相对人可以采取提起诉讼或申请仲裁的方式来确认合同的效力。这样可以避免因双方当事人见解不同而导致对合同效力的争议。

另者,对于合同的撤销,有无必要采取我国台湾的模式,即采取一般与特殊的方式分别予以规定?换言之,基于错误、欺诈、胁迫等原因时,规定以意思表示行使撤销权即可,而对于显失公平之行为(暴利行为)的撤销,则要求以诉讼或仲裁方式为之?笔者认为,在采取意义表示方式之模式下,由于对方当事人享有异议权,并不会导致对方当事人的权益受到损害,因而无须再就撤销权的行使方式作出特别规定,而规定一律通过意思表示的方式行使即可。

（三）撤销之意思表示的形式及是否需要附理由

1.撤销之意思表示的形式

以意思表示作为撤销权的行使方式时，该意思表示应当采取何种具体形式？关于这一点，有学者认为，以口头、书面、明示或者默示为之均可，[①]另有学者认为，撤销之意思表示，虽非必须使用"撤销"的字眼，但必须明白表示出，表意人不欲维持该得撤销法律行为的效力。[②]笔者认为，在我国，如果对合同的撤销采取意思表示的方式，为避免不必要的误解和纠纷，单纯的沉默应不发生撤销的效果，应以明确表示撤销之意思为限。

2.撤销是否需要附理由

撤销权人在主张撤销时，是否必须告知对方其所依据的撤销事由？对此，德国等国以及我国台湾地区的"民法"一般未作明文规定。德国实务上与学说上的见解亦不一致。[③]台湾地区有学者认为，"撤销表示其原因，在撤销权人轻而易举，而在撤销之相对人则不至陷入茫然之境地，甚为必要也。"[④]"法律虽未明定应告知撤销原因，为使相对人得检验撤销的有效性，并对其法律效力有所因应，原则上应告知具体的撤销原因，但相对人得依相关情事而知者，不在此限。"[⑤]从相对人的合法权益的平等保护的角度来说，我们认为，在撤销权人通过意思表示行使撤销权时，应告知对方撤销事由。

二、合同撤销权之行使主体

《合同法》第54条规定，重大误解和显失公平的合同，当事人一方有权请求法院或仲裁机构撤销；以欺诈、胁迫的手段或乘人之危订立的合同，受损害方有权请求法院或仲裁机构撤销。对该条法律规定，在理解上存在不同的见解。一种见解认为，对于重大误解和显失公平的合同，双方当事人均有撤销权，被欺诈、胁迫和乘人之危的合同，是受损害方单方享有撤销权。[⑥]另有见解认为，"享有撤销权的人，在因欺诈、胁迫而成立的合同中为受欺诈人、受胁迫人；在因重大误解而成立的合同中为误解人；在乘人之危的情形中为处于危难境地之人；在显失公平的场合为受到重大不利之人。"[⑦]

笔者认为，尽管合同法没有明确指出重大误解和显失公平合同的撤销权人是哪一方当

---

① 参见武忆舟：《民法总则》，1985，第400页。

② 参见黄茂荣：《民法总则》，植根法学丛书编辑室，1982，第1120页。

③ 参见黄茂荣：《民法总则》，植根法学丛书编辑室1982，第1121页；[德]迪特尔·梅迪库斯：《德国民法总论》，邵建东译，法律出版社，2001，第555页。

④ 胡长清：《中国民法总论》，中国政法大学出版社，1997，第333页。

⑤ 王泽鉴：《民法总则》，中国政法大学出版社，2001，第494页。

⑥ 参见余延满：《合同法原论》，武汉大学出版社，1999，第227页。

⑦ 陈小君主编：《合同法学》，高等教育出版社，2003，第96页。

事人,但按照可撤销合同所要保护的宗旨,以及外国立法和理论上的通说,应将"当事人一方"理解为在合同中有瑕疵意思表示或者受到不利益或损害的当事人,而不是双方当事人。所以,就合同撤销权人而言,《合同法》第54条不应作出容易引起歧义的规定,而应在指出合同可撤销原因后,分别规定或一并规定合同撤销权人为有瑕疵意思表示或者受到不利益或损害的当事人即可。而相对人则是无撤销权的人,不仅其自为欺诈或胁迫时,不得以之为理由,撤销受害人所为的意思表示,而且,在因第三人的欺诈、胁迫而使受害人为意思表示时,即使相对人为善意,相对人也不得撤销之。[①]

与此相关的另一个问题是,合同的代理人是否享有合同撤销权?或者说合同代理人是否能够成为撤销权人? 对此,台湾学者认为,"其意思表示由代理人为之者,以该意思表示直接对其发生效力者为撤销权人,亦即以本人,而非代理人为撤销权人,即使关于撤销事由之有无,在像错误、被欺诈或胁迫的情形,应就代理人而非就本人认定者亦然(台湾"民法"第105条)。"[②]笔者认为,此种认识是有道理的,因为,根据代理制度的原理,代理人是以被代理人名义为法律行为,其行为的后果也是由被代理人承担的,在行为时即使代理人有重大误解或受欺诈、胁迫,也应当认定为是被代理人有重大误解或受欺诈、胁迫,其撤销权人是被代理人,而非代理人。但在无权代理的情形下,"无权代理人因被欺诈或胁迫而为代理行为,经本人拒绝承认时,其行为之效果就代理人而发生,故其撤销权,应解为属于代理人。"[③]

代理人不是撤销权人,但撤销权的行使,可由代理人为之。由此产生的问题是,代理人行使撤销权,是否需另经授权? 对此,有学者认为,可撤销之法律行为的原代理人,仍需另经授权代理撤销该法律行为,才可以代理本人撤销之,即使该撤销权系因该代理人的意思表示有错误或其他瑕疵而发生者亦然。[④]笔者同意这种观点。在代理人代理订立合同时发生可撤销事由的,代理人并不当然地有权代为行使撤销权,其如果要代为主张合同的撤销,应再取得本人的明确授权。这是因为,撤销权与该可撤销之法律行为本来所欲发生的法律效果,同样都直接归属于本人,本人的意思是欲撤销该法律行为还是欲受该法律行为效力的约束,代理人在进一步取得本人的授权前并不知道本人的真实意思,所以,代理权的范围原则上应不及于撤销,意定代理人须再取得本人的授权,才能代理行使本人之撤销权。

三、合同撤销权之行使时间

合同撤销权的行使受到除斥期间的限制,即撤销权人应当在一定期间内行使其撤销权。

---

① 参见史尚宽:《民法总论》,中国政法大学出版社,2000,第427、586页。
② 参见黄茂荣:《民法总则》,植根法学丛书编辑室1982,第1119页。
③ 参见史尚宽:《民法总论》,中国政法大学出版社,2000,第586页。
④ 参见黄茂荣:《民法总则》,植根法学丛书编辑室1982,第1120页。

除斥期间经过,撤销权即归于消灭,可撤销的民事行为因而成为完全有效的民事行为。

对于合同撤销权的行使期间,《合同法》第 55 条规定,具有撤销权的当事人自知道或者应当知道撤销事由之日起 1 年内没有行使撤销权的,撤销权消灭。对该条所规定的撤销权之行使时间,有以下问题值得探讨:

(一)该期间适用于被胁迫之情形时之不合理性

《合同法》没有针对不同的撤销事由对行使撤销权的期间进行规定,而是统一地规定撤销权人应当"自知道或者应当知道撤销事由之日起 1 年内"行使撤销权。此种规定对于因被胁迫而订立合同的撤销权人而言,并不合理。因为,如果合同的一方当事人(受胁迫人)在得知胁迫事由后依然处在受胁迫的状态,那么其就无法及时行使撤销权,这样一来,上述期限之规定对撤销权人的保护显然不利。正是由于考虑到胁迫这种撤销事由的特殊性,德国民法典第 123 条第 2 款规定,"在被欺诈的情况下, 撤销期限自撤销权人发现欺诈之时起开始计算,在被胁迫的情况下,撤销期限自胁迫终止之日开始计算"。我国台湾"民法"第 93 条也规定,被欺诈或被胁迫之撤销,"应于发见欺诈或胁迫终止后,1 年内为之",即区分被欺诈和被胁迫合同,前者为知道撤销事由之日起 1 年内,后者为胁迫终止后 1 年内可以行使撤销权。可见,此种立法例考虑了受胁迫当事人不能及时行使撤销权的具体情况,从而采取与欺诈不同的计算期间的起点,更有利于对撤销权人的保护,所以,为了使合同撤销权人能够有充分的时间实际行使合同撤销权,笔者认为,我国合同法确有必要区分合同撤销的不同原因而对除斥期间的计算分别作出规定。

(二)是否有必要规定长期的撤销权行使期间

在合同订立之后,如果撤销权人一直不知道或不能得知撤销事由,则其就不可能行使合同撤销权,该合同的效力因之就一直处于待确定的状态,这既不利于当事人之间法律关系的稳定,也不利于交易秩序的维护。因此,对于合同撤销权的行使,有必要规定一个最长的期间限制。例如,台湾地区"民法"第 93 条就欺诈、胁迫情形下的撤销权之行使,在规定了 1 年的除斥期间后,又规定了一个"但是"条款,即"自意思表示后,经过十年,不得撤销"。日本民法典第 126 条则规定:"撤销权,自可追认时起 5 年间不行使时,因时效而消灭。自行为之时起,经过 20 年者,亦同。"

笔者认为,基于稳定当事人之间法律关系和维护交易秩序的要求,我国合同法亦应规定最长的撤销权行使期限,可规定自合同成立之日起 10 年的,撤销权消灭。这样一来,既可使撤销权人有一个相对较长的时间去获悉撤销的事由, 又不致使合同关系处于过长的不确定状态,影响交易安全和法律秩序的稳定。

(三)判决确定后能否行使撤销权

可撤销合同的撤销权人,在其撤销权行使期间尚未经过之前,因其行为所生的法律关系即受到确定判决的裁判,而撤销权人于诉讼上或诉讼外未行使撤销权,此时,该撤销权是否

因而消灭？或者说，在判决确定后，撤销权人能否行使撤销权？对此，大陆法系国家和地区的判例和学说有不同的观点。日本的判例中，既有否定此种情形下撤销权的行使，也有予以认可的。我国台湾地区则有判例承认此种情形下的撤销权之行使。[①]在理论上，一种观点认为，撤销权等形成权须有撤销等意思表示，始产生形成效力，故在言词辩论终结后，亦不妨为之。[②]另一种观点认为，在诉讼上行使撤销权属于抗辩，如未提出抗辩而遭败诉的判决，撤销权即因判决的确定而消灭，其后不得再予行使。[③]

我们认为，在被告享有撤销权的情形，既然其已经被诉而进入诉讼，原则上其应当在此诉讼阶段行使撤销权，否则，判决作出后，其不得再主张行使撤销权；但是，如果被告是在判决之后才得知撤销原因的，则应当允许其在判决后行使撤销权。在原告享有撤销权的情形，由于有撤销权的原告居于追诉的地位，就如何追诉有选择余地，故原则上原告可声明保留撤销权行使，而不必负必须行使的责任；但为维护双方的公平，被告可催告其行使，在经被告的催告后，原告在诉讼中仍不予行使的，判决作出后其不得再行使撤销权。

四、合同撤销权行使的效力

《合同法》第56条规定，被撤销的合同自始没有法律约束力，第58条又规定，合同被撤销后，因该合同取得的财产，应当予以返还；不能返还或者没有必要返还的，应当折价补偿。有过错的一方应当赔偿对方因此所受到的损失，双方都有过错的，应当各自承担相应的责任。

基于以上规定，合同撤销权的行使发生以下法律效力：

（一）撤销之溯及效力

大陆法系国家和地区的民法一般规定，法律行为经撤销者，视为自始无效。[④]在解释上一般认为，"由于系争法律行为，究曾发生效力，故经由撤销使系争法律行为自始地复归于无效，在处理上利用了溯及效力之立法技术，它具有拟制的性质。"[⑤]

我国合同法则将可撤销合同的效力与无效合同的效力等同对待，直接规定可撤销合同自始没有约束力，并没有使用"溯及"之立法技术，这与可撤销合同在实质上原本有效而经过

---

① 许士宦等：《基准时后撤销权行使与遮断效》，载民事诉讼法研究基金会：《民事诉讼法之研讨（六）》，台湾三民书局，1997，第336、352页。

② 参见史尚宽：《民法总论》，中国政法大学出版社，2000，第601页；杨与龄：《强制执行法论》，中国政法大学出版社，2002，第192页。

③ 参见陈荣宗：《民事程序法与诉讼标的理论》，台湾大学法学丛书编辑委员会编辑，1977，第302~304页。

④ 参见德国民法典第142条，日本民法典第121条，我国台湾地区民法典第114条。

⑤ 参见黄茂荣：《民法总则》，植根法学丛书编辑室，1982，第1123页。

撤销才归于无效的本质是相违背的,因此,笔者认为,可撤销合同在撤销后的效力是法律溯及的无效,而不是当然的无效,在立法上应与无效合同的效力相区别而采取"溯及"之立法技术。

(二)合同当事人之责任

合同撤销之后,虽然合同原本约定的法律效力被否定,使合同溯及地自始没有法律效力,但不等于没有任何法律后果。在当事人之间,由于可能已经发生了交换行为,可能使得一方当事人获得合同的利益,或者使一方受到损害,因而合同撤销之后,当事人之间会产生返还的责任或损害赔偿的责任问题。

一方面,合同撤销后,在当事人之间产生返还财产的效力。根据《合同法》第58条的规定,合同被撤销后,因该合同取得的财产,应当予以返还;不能返还或者没有必要返还的,应当折价补偿。关于合同撤销后的"返还财产"之性质问题,或者说"返还财产"的理论依据问题,一种观点认为,其属于债权性质的不当得利请求权。也就是说,在合同撤销之后,一方从对方获得的利益就失去了法律基础,构成了不当得利,根据不当得利制度之规定,获得利益的当事人应当返还其所得利益。[1]另一种观点认为,返还财产属于物权性质的物上请求权。因为财产的转移须有合法原因及合法方式,依据可撤销合同所取得的财产,因其缺乏合法的原因和方式,自然不能发生所有权转移,因此需要将其返还给原所有人。[2]这两种观点都能够对合同撤销后的"返还财产"问题作出解释和说明,但有学者认为,物上请求权比不当得利请求权对原所有人更为有利。[3]

另一方面,合同撤销后,当事人之间会产生赔偿损失的责任,即"有过错的一方应当赔偿对方因此所受到的损失,双方都有过错的,应当各自承担相应的责任"。有过错的一方所承担的赔偿损失的责任,在性质上可认为是一种缔约上的过失责任。

(三)合同撤销责任与侵权责任之竞合

合同撤销之责任能否与侵权责任发生竞合?台湾学者认为,在撤销的情形,撤销权人也可能对其相对人取得侵权行为法上的损害赔偿请求权,例如,撤销之原因,若为其相对人之欺诈,则台湾"民法"第114条所规定的要件,可能充分侵权行为之构成要件。从而使其相对人也可依侵权行为,对其请求损害赔偿而构成竞合。[4]

根据德国民法之规定,可撤销合同与侵权行为也存在竞合的情形。在这些请求权竞合的情形,学说与实务上可能引用请求权竞合或请求权规范竞合的理论处理之。其见解的差异在

---

① [德]迪特尔·梅迪库斯:《德国民法总论》,邵建东译,法律出版社,2001,第556页。

② 参见王家福主编:《中国民法学·民法债权》,法律出版社,1991,第334页。

③ 参见余延满:《合同法原论》,武汉大学出版社,1999,第233页。

④ 参见黄茂荣:《民法总则》,植根法学丛书编辑室,1982,第1124—1126页。

于前者认为有复数之互相独立的请求权,后者则认为在这种情形,只有一个请求权。①

我国也有学者认为,合同撤销权可以与侵权损害赔偿请求权并行存在,并不互相排斥。②那么,在我国合同法理论与司法实践中,是否应当承认合同撤销权与侵权损害赔偿请求权的竞合呢? 对于这一问题,笔者认为主要取决于以下两个方面的因素:

1.要看该行为是否同时符合合同撤销权与侵权行为的构成要件。一方采取欺诈、胁迫等手段,使对方在违背真实意思的情形下与其订立合同时,根据《合同法》第54条的规定,受损害方有权请求撤销该合同,因而其符合合同撤销权的要件是不存在疑问的。欺诈、胁迫的事实可否构成侵权行为呢? 对于侵权损害赔偿责任,《民法通则》第106条第2款规定:"公民、法人由于过错侵害国家的、集体的财产,侵害他人财产、人身的,应当承担民事责任。"一方实施欺诈、胁迫行为时,其显然是有过错的,欺诈、胁迫的行为侵害他人的财产或人身权益时,是符合法定的侵权行为之构成要件的。所以,在此情形下,存在着合同撤销权与侵权行为请求权的竞合。

2.就受害人的权利保护来说,有没有必要承认合同撤销权与侵权行为请求权的竞合并赋予受害人选择权呢? 笔者认为是有必要的。第一,合同撤销权与侵权损害赔偿请求权存在着时效上的区别,侵权损害请求权受法律规定的诉讼时效的规制,并不因撤销权经过除斥期间而受到影响,因而为更好地保护受害人的权利,有必要承认合同撤销权与侵权行为请求权的竞合。第二,在某些情况下,存在欺诈、胁迫的事实时,受害人并不想撤销合同,而仅想获得相应赔偿,并在获得赔偿后希望双方继续履行合同。于此情形,也有必要承认合同撤销权与侵权行为请求权的竞合并赋予受害人选择权。

(原文发表于《法学评论》2007年第3期)

---

① 参见黄茂荣:《民法总则》,植根法学丛书编辑室,1982,第1126页。
② 参见余延满:《合同法原论》,武汉大学出版社,1999,第24页。

论建设用地使用权出让合同的
法律属性与违约救济

朱　冰*

内容摘要：城镇化高速发展的当下中国,政府与个人合作模式下的混合协议越来越广泛,以建设用地使用权出让合同为代表的公私混合合同,其法律构造的复杂和中国本土化特性使得出让合同法律属性理论纷争,既无法直接援引域外法理论资源予以阐释,也导致后续合同违约救济在法律规定和司法审判上的冲突。依循大陆法系传统上的公法/私法二分原则建构的民事合同/行政合同的界分标准,并不能完全契合建设用地使用权出让合同这一特殊合同类型。在由民法上的契约与行政法上的契约共同支配的领域,出让合同更适合作为一种超越公私二分的混合契约来把握。

引言

建设用地使用权虽然深受两大法系不同建设用地法律制度的影响，吸收借鉴了境外法域建设用地经验和内容,但总体而言,该制度是在中国土地改革和房地产改革特定时代背景下，与中国长期城乡二元土地管理现状相适应发展而来，是中国特有的一种不动产物权制度。[①]

法律构造的复杂和中国本土化特性使得出让合同法律属性理论纷争,既无法直接援引域外法理论资源予以阐释,也导致后续合同违约救济在法律规定和司法审判上的冲突。

一、法律属性公私二元区分的困境

依循公法/私法二元论建构的民事协议/行政协议的界分标准，是大陆法系传统上的一种人为制度设计,并不能完全契合建设用地使用权出让合同这一特殊合同类型,对公法和私法二元区分的质疑以及该种二分法是否适用于出让合同本身成为了疑问。

---

* 同济大学法学院副院长、副教授、硕士研究生导师,法学博士。

[①] 关于建设用地使用权本土化特性,参见高圣平:《建设用地使用权期限制度研究》,《政治与法律》2012年第5期;参见屈茂辉:《用益物权制度研究》,中国方正出版社,2005,第295–346页。

第一，合同设立目的的混合性。出让合同行政协议论者主要基于两个理由①，(1)该合同目的是国家通过出让合同来规范和调控土地市场，落实最严格的节约用地制度，以实现管理、保护与合理利用土地资源的土地行政管理目标。(2)该合同主体一方——出让方身份特殊，是土地主管行政机关或部门。《土地管理法》《房地产管理法》《城镇国有土地使用权出让和转让暂行条例》规定土地使用权出让合同由市、县人民政府土地管理部门与土地使用者签订。在目前的国土资源管理体制下，出让方一定是行政主体。

对于第一个理由，出让合同设立的目的并不仅限于土地管理行政目标，还具有土地所有人在土地上为他人设立财产性权利的用益权益移转的目的。《物权法》创制了"建设用地使用权"概念，在物权法上对建设用地使用权进行了基本定性并对其设定、流转、房地关系等作了基本的、原则性的规范。依法设立的建设用地使用权具有有偿、可自由转让、存在期限等市场平行移转的私权特征，出让合同成为在自己土地上实现为他人设立财产性权利的用益权益移转的契据工具。无论是土地管理行政目标还是土地用益权益移转目的，两个目的在出让建设用地使用权设立到终止的整个存续期间，在同一地块的整个空间范畴内共生共存，既没有在时间上的先后之分，亦无法在空间上相互剥离。

第二，合同双方当事人身份的双重性。针对行政协议论者的第二个理由，建设用地使用权出让存在两重法律关系，出让合同当事人身份具有双重性：一重是作为土地管理机关的市、县人民政府土地管理部门(出让方)与被管理者(受让方)之间的土地管理法律关系；一重是作为土地所有者的市、县人民政府土地管理部门(出让方)与土地使用者(受让方)之间的土地用益移转法律关系。建设用地使用权出让使得同一块不动产上存在公法与私法两重法律关系，出让合同双方当事人在不同的法律关系层面具有公法、私法不同的身份权力(利)。只有对出让合同目的和当事人身份的某一单向理解才导向出让合同是行政合同或是民事合同的简单二分。

第三，合同标的——出让行为的双面性。公私二元区分来源于大陆法系知识继受，其典型代表德国联邦行政程序法第54条并未规定私法与公法的标准，学界通说以"契约标的"作为判断标准(Maurer,Bull,Krebs)。建设用地使用权出让法律关系是出让合同标的，出让行为具有行政合同/民事合同两个面向，对出让法律关系性质不同面向的强调成为出让合同是行政合同还是民事合同的分水岭。

民事协议论者将出让看成是"国有或者集体所有的土地上所设定的权利负担"②，根据

①参见林依标、潘辉、石晨谊：《国有建设用地使用权出让合同法律性质探析》，《法学杂志》2011年第3期。石晨谊：《行政合同与民事合同的区分标准——以建设用地使用权出让合同为例》，《金融管理干部学院学报》2011年第1期。

②高圣平：《建设用地使用权期限制度研究》，《政治与法律》2012年第5期。

《物权法》第 137 条规定"设立建设用地使用权,可以采取出让和划拨等方式",此时出让被视为土地上某种财产产权(不是全面产权移转)的契据转让行为:将自己土地上从事建筑的权利以民事契据一次性移转给他人。出让是基于意思自治的双方合意得以形成的权利让受双方协议。出让合同应遵循土地所有权和物权变动的逻辑来规范双方的权利义务,[1]从用益物权设立意义上说,出让合同属于民事合同。

行政协议论者将出让看成是"国家对有限自然资源开发利用的行政许可行为",[2]依据《行政许可法》第 12 条的规定"下列事项可以设立行政许可……(二)有限自然资源开发利用、公共资源配置以及直接关系公共利益的特定行业的市场准入等,需要赋予特定权利的事项"。此时出让是"在个案中为被管理者规定法律权利的主管政府当局的意思表示",[3]虽然出让仍然需要受让方申请的发动。[4]出让合同符合《最高人民法院关于适用〈中华人民共和国行政诉讼法〉若干问题的解释》第 11 条关于行政协议定义,出让合同亦可归属于由行政法调整的行政合同。

民事合同与行政合同的理论阐释都只揭示出建设用地使用权出让合同某一个方面的制度逻辑,前者为土地所有人与建设用地使用人之间土地用益权益的流转给出了一种精细的私法推演过程,后者为土地管理人与被管理人之间命令与服从的单向形成性法律后果提供了一种有说服力的公法理论解释,但又都忽略了出让合同公法、私法双重属性共生共荣不可分离的混合特质。

即使是行政协议论者也不否认行政契约具有行政性和契约性双重属性,认为行政性表明其旨在执行行政公务,实现行政职能;其契约性又使得他不同于一般意义上的以强制性和单方性为特点的高权行政行为,是借助契约手段实现行政目的。[5]有学者承认行政契约兼具公法属性和私法属性、行政性和契约性,是契约中的特殊形态。[6]而民事协议论者则在比较了出让合同公私两种法律属性之后,指出我国行政合同立法和行政法理论本身存在缺陷,如果将出让单纯看成土地管理行政机关的单方行使行政管辖,容易导致行政权力滥用,而增加物权变动制度逻辑和民事救济途径则能更好克服这些公法责任机制的局限。[7]承认公私两种责任机制在出让合同违约救济上的互补性。

---

① 蔡立东等:《闲置国有建设用地使用权收回制度的司法实证研究》,《法商研究》2014 年第 3 期。

② 林依标、潘辉、石晨谊:《国有建设用地使用权出让合同法律性质探析》,《法学杂志》2011 年第 3 期。

③ [德]埃贝哈德·施密特-阿斯曼等:《德国行政法读本》,于安等译,高等教育出版社,2006,第 179 页。

④ [日]盐野宏等:《行政法总论》,杨建顺译,北京大学出版社,2008,第 72 页。

⑤ 参见邢鸿飞:《论政府特许经营协议的契约性》,《南京社会科学》2005 年第 9 期;邢鸿飞:《政府特许经营协议的行政性》,《中国法学》2004 年第 6 期。

⑥ 施建辉:《行政契约缔结论》,法律出版社,2011,第 11-13 页。

⑦ 蔡立东等:《闲置国有建设用地使用权收回制度的司法实证研究》,《法商研究》2014 年第 3 期。

依循大陆法系传统上的公法/私法二分原则建构的民事合同/行政合同的界分标准,并不能完全契合建设用地使用权出让合同这一特殊合同类型。在由民法上的契约与行政法上的契约共同支配领域,出让合同更适合作为一种超越公私二分的混合契约来把握。

二、混合法律属性与违约救济的路径选择

建设用地使用权出让合同法律属性问题的重要性在于,法律属性定性直接影响合同纠纷解决的路径选择和法律责任的承担方式。

(一)法律属性与违约救济的法律适用

出让合同的两重法律关系、两种法律属性的混合特质,使得在实定法上规范该合同的法律规定兼具公法与私法两种法律渊源。

第一,出让合同受行政法的规范和制约。主要依据为《行政许可法》第12条,《房地产管理法》第7条,《城镇国有土地使用权出让和转让暂行条例》第10条、《最高人民法院关于土地实际使用人对行政机关土地出让行为不服是否可以作为原告提起诉讼问题的答复》《最高人民法院关于土地管理部门出让国有土地使用权之前的拍卖行为以及与之相关的拍卖公告等行为性质的答复》《最高人民法院行政审判庭关于拍卖、出让国有建设用地使用权的土地行政主管部门与竞得人签署成交确认书行为的性质问题的答复》、2014年11月新修订的《行政诉讼法》第12条、2015年5月生效的《最高人民法院关于适用〈中华人民共和国行政诉讼法若干问题的解释〉》第11条;2015年12月8日浙江省高级人民法院发布《关于房屋征迁纠纷等案件受理问题的通知》中规定"……国有土地使用权出让合同属于行政协议,由此发生的纠纷作为行政案件受理。"

第二,出让合同受财产、合同等私法的规范和制约。主要依据为我国《物权法》第40条规定"所有权人有权在自己的不动产或者动产上设立用益物权和担保物权。"第136条规定:"建设用地使用权可以在土地的地表、地上、地下分别设立。新设立的建设用地使用权,不得损害已设立的用益物权。"《物权法》第137条规定"设立建设用地使用权,可以采取出让和划拨等方式"。《城镇国有土地使用权出让和转让暂行条例》第11条"土地使用权出让合同应当按照平等、自愿、有偿的原则,由市、县人民政府土地管理部门与土地使用者签订"。最高人民法院司法解释《最高人民法院关于印发修改后的〈民事案件案由规定〉的通知(2011)》规定,因建设用地使用权出让合同纠纷引起的诉讼,人民法院按民事案件受理。

第三,出让合同法律适用上的混合。出让合同当事人在确定建设用地使用权具体内容时,其意思自治受到法律严格限制。这些限制不仅只限于物权法或者民法等私法范畴,很多时候来自行政法律法规规章。这些公法和私法的限制性规定相互交融、固定化和模式化,法院在审理出让合同纠纷适用实体法律规定时,不可避免地同时兼顾有关公法和私法两种法律渊源。2015年5月实施的《最高人民法院关于适用〈中华人民共和国行政诉讼法若干问题

的解释〉》第 14 条规定人民法院在审理行政协议是否合法,在"适用行政法律规范的同时,可以适用不违反行政法和行政诉讼法强制性规定的民事法律规范"。《最高人民法院关于适用〈中华人民共和国物权法〉若干问题的解释(一)》第 1 条规定"因不动产物权的归属,以及作为不动产物权登记基础的买卖、赠与、抵押等产生争议,当事人提起民事诉讼的,应当依法受理。当事人已经在行政诉讼中申请一并解决上述民事争议,且人民法院一并审理的除外。"不动产物权的归属争议以及债权争议既可以在民事诉讼中依法受理,也可以在行政诉讼中一并解决。两种审判途径法院皆需考虑合同有关公法和私法两种法律渊源。

出让合同公法与私法两种法律渊源的并存,使得出让合同纠纷在实体法律适用上的混合规定被立法者承认。然而这种法律适用上的混合规定与诉讼程序上的单一分轨救济制度无法相互匹配。

(二)单一违约救济的局限性

1.如果将出让看成是行政行为,出让合同定性为行政协议,其在履行过程中发生争议或者发生纠纷属于行政纠纷,"其(争诉)[1]程序只有基于当事人的提起才能开始",由于行政职权的特殊性,行政机关无权主动请求司法救济提起"官告民"的行政复议或者行政诉讼。[2]此外,对于公法性法律保护,无法直接适用民事上的请求权作为提起行政复议或者行政诉讼的请求权基础。《城镇国有土地使用权出让和转让暂行条例》第 14 条规定"土地使用者应当在签订土地使用权出让合同后六十日内,支付全部土地使用权出让金。逾期未全部支付的,出让方有权解除合同,并可请求违约赔偿。"此处出让方的合同解除和违约赔偿救济欠缺提起行政复议或者行政诉讼的特定独立的行政请求权基础。仲裁机关也无权受理该行政合同案件。[3]再次,在实际建设用地使用权出让合同纠纷中,同样性质的合同违约,法院在司法审查时对出让合同法律属性的理解各异。"梁昌运与霍邱县人民政府国土资源局建设用地使用权出让合同纠纷案"中[4],因合同出让人霍邱县人民政府国土资源局未依约交付土地,法院遵循《合同法》,依据民事救济方式给了出让方民事责任追究,司法判决中违约、约定解除、定金罚则以及违约赔偿都是在认定或履行民事责任承担方式。而在"独山县美居置业有限责任公司与独山县国土资源局国有建设用地使用权出让合同纠纷案"[5],同样因被告独山县国土资

---

① 在日本行政法学中,通常将行政过程中的救济程序和裁判过程中的救济程序结合起来,作为行政争诉法来论证,参见[日]盐野宏:《行政救济法》,杨顺建译,北京大学出版社,2008,第 2 页。

② 刘旭华:《再议国有土地使用权出让合同法律关系性质》,《中国土地》2016 年第 7 期。

③ 案例来源于最高人民法院发布十起依法平等保护非公有制经济典型案例,北大法宝,【法宝引证码】CLI.C.8317372。

④ 贵州省都匀市人民法院行政判决书 (2015) 都行初字第 45 号,北大法宝,【法宝引证码】CLI.C.26044406

⑤ [德]汉斯·J.沃尔夫等:《行政法》,高家伟译,商务出版社,2002,第 319 页以下。

源局未依约交付土地提起的违约之诉,法院在认定该案诉讼标的时却认为"因国有土地使用权出让合同是……典型的行政协议,属于行政诉讼的受案范围。对被告辩称本案属于民事法律关系而非行政合同的意见,本院不予采纳。"

2.如果将出让看成是物权行为,出让合同定性为民事合同。当出让合同受让人不按出让合同规定缴纳土地出让金或不按开发利用条件进行开发时,出让方除了享有与受让方平等的民事救济方式(违约、约定解除、定金罚则以及违约赔偿等)外,在法律定位上并没有高出受让方超然的法律地位,土地行政主体的优越性不起作用,更无从以单方意思表示的决定、命令等对合同相对方处以单向的、强制性的处罚。然而根据《城镇国有土地使用权出让和转让暂行条例》第 17 条规定"未按合同规定的期限和条件开发、利用土地的,市、县人民政府土地管理部门应当予以纠正,并根据情节可以给予警告、罚款直至无偿收回土地使用权的处罚"。此处的警告、罚款直至无偿收回土地使用权等行政处罚,是行政机关专享的、对不遵守行政法义务的行政相对人进行的处罚,目的主要是督促关系人合法履行没有履行的行政法义务。[1]其与出让民事合同救济制度的理论逻辑既不衔接又不相容。

在司法实践中"钟某诉某国土资源部门国有建设用地使用权出让合同纠纷案",该案受让人钟某一再违约,按合同约定计算受让人违约金已达 83 万元。但对钟某是否应按合同全额支付违约金存在两种不同意见:第一种意见认为,根据《行政强制法》第 45 条规定,收取钟某的违约金不能超过合同总价款 81 万元,超出的 2 万元应予免除。第二种意见认为,《国有建设用地使用权出让合同》性质是横向关系平等主体之间的合同,应适用《合同法》第 114 条规定,国土资源部门应按合同足额向钟某收取违约金。该案中受让人的违约事实确定,只在提起违约责任的请求权基础上存在分歧,是依据合同法的债权违约赔偿请求权,还是依行政决定的行政强制给付权。如果固守民事/行政对立二分的标准,行政处罚权力与民事救济请求权存在逻辑冲突,该案行政处罚与民事救济两种违约责任追究路径的矛盾难以化解。

出让合同"非公即私"的属性争议,带来适用行政诉讼还是适用民事诉讼救济渠道的分歧。既然出让合同深受公法与私法的共同支配,出让合同之上并存民事和行政两种法律关系,行政纠纷/民事纠纷的简单二分受制于固定的分类标准,满足理论区分的特征性抽象归纳难免有边界析出,当合同当事人需要救济的诉讼请求跨越民事与行政的不同领域时,出让合同单一救济机制显得过于僵化。允许民事/行政选择救济则可以灵活地契合这一复杂情况。

(三)选择救济的现实基础

1.出让合同的内容构成上同时包含法定义务和约定义务。其中法定义务主要依据土地

---

① 参见刘爱霞等:《追缴土地违约金能否超过合同总价款》,《中国国土资源报》2015 年 2 月 14 日第 7 版。

管理法、城乡规划法以及房地产管理法等有关土地用途管制和建筑规划条件的规定,由公法性行政限制内容构成;约定义务则遵循合同法、物权法中意思自治和物权合意设定权利的私法性协议内容构成。法定义务与约定义务在建设用地使用权出让合同条款数量和比例上大致相当。①这说明出让合同内容反映出公法、私法共同调整的混合法律性质,在建设用地上以出让合同方式形成的出让人与受让人间的法律关系,是完全的行政法律关系或者纯粹的民事法律关系,都与事实不符。

2.合同纠纷产生的请求权基础既可能来自于土地管理法、房地产管理法以及各类行政法规规章中的强制性命令、决定和禁止、许可等公法性要求,也可能来自于物权法、合同法以及各类民事法律法规中双方或单方民事行为意思表示,不同的诉由指向不同的请求权基础,出让合同的请求权范畴突破公法、私法二分的狭隘制度限制,出让机关和受让人的诉讼请求也会跨越民事与行政救济的不同领域,提供选择的可能性才能满足合同救济的实际需要。

3.作为合同条款解释的最重要的依据之一——出让合同目的也具有双重性。②同时兼具土地使用管理和土地用益权益移转的双重目标,法院在根据不同的诉由针对合同条款进行目的论为基础的司法阐释时,公法和私法的目的解释都可能对出让合同条款的具体含义以及双方当事人的权利义务产生形成性法律后果,虽然这些司法阐释局限于"个案"范围,但在出让合同具体案件纠纷审理前不宜以行政或民事合同的分类确定任何一种单一救济路径。

三、出让合同选择性救济机制的实现

出让合同内容、性质以及实体法适用上都兼具公法与私法的双重法律属性,出让机关和受让人的诉讼请求也会跨越民事与行政救济的不同领域,应允许出让合同当事人依据个案争议焦点确定的具体诉由在民事与行政间选择适用救济方式。

1.争议的焦点涉及出让合同的约定内容适合于民事救济,作为平等合同当事人双方,无论是出让机关还是受让方都可以依据合同提起民事上确认、违约或赔偿之诉。此种情况尤其

---

① 《国有土地使用权出让合同》示范文本合同正文,构成出让合同实质内容的条款主要集中在第二、三、四章。第二章 7 个条款(16%)中出受双方在宗地交付时间、土地条件、出让年限、定金以及出让金支付方式上存在协商空间,遵循意思自治的合同法原则,更多偏向于约定内容。第三章 10 个条款(22%)中主要规定受让人对出让宗地各项建设利用限制性法定要求,多属于行政法规定的强制性内容。第四章 5 个条款(11%)中,既包含出让宗地土地使用权转让、出租和抵押的财产性赋予权利内容,也包含赋予该财产性内容时需遵守的限制性规定,性质介于契约自治与公法强制之间。此外,出让合同第七章"违约责任"4 个条款中,分别规定了受让双方违约民事责任与违约行政责任,反映出双方在同一合同中同时承担民事义务和行政义务不可分。依据第九章"法律适用及争议解决"第 39 条,出让合同纠纷可以选择适用"诉讼和仲裁",只有不区分民事/行政合同性质二分,允许选择性救济,仲裁方式才有被选择适用的可能。

② 2008 年《国有土地使用权出让合同》示范文本第 2 条合同目的条款,反映出设立土地使用权和设置土地管辖权双重目的性。

适合于受让方违约时,如不按出让合同缴纳出让金,不按开发条件进行开发等,此时行政机关可以选择民事违约赔偿的救济方式。

德国法上的"双阶理论"①以及我国司法实践中的事实运用能很好地阐释出让合同的民事救济与基础性出让许可或出让审批相互区分的逻辑关系。依据"双阶理论"区分有关建设用地使用权各类行政许可与签订出让合同两个阶段,两个阶段的行为性质和行为后果不同,各类出让许可是出让方作为土地行政主体的单方性行政行为,出让合同则是出让方基于"平等的合作伙伴身份"的契约协议行为。对于前者合同受让人只能影响处理的内容,出让方享有优越的法律地位;对于后者合同受让人与合同出让人共同确定法律关系的内容,出让方的优越法律地位变成了平等的合作伙伴身份。"青岛市崂山区国土局与青岛南太公司土地使用权出让合同纠纷上诉案"②,法院主要依据《合同法》的民事行为附条件理论认定争诉焦点问题。将山东省人民政府以鲁政土字(2003)52 号批文体现的出让审批行政行为,与青岛市崂山区国土资源局与青岛南太置业有限公司签订的《国有土地使用权出让合同》这一民事契约,做了区分,最终认定"山东省青岛市人民政府报送的请示中是否包括合同约定的'出让方案',不影响该(民事)合同的效力"。

2.争议的焦点涉及出让合同的法定内容,尤其是依据各类行政命令、许可、决定、免除等行政行为(例如建设规划许可、土地规划许可)则更适合行政救济,允许受让方选择行政复议或者行政诉讼方式提出确认、变更或撤销之诉。

此时"行政行为违法性继承"理论和法院的司法实践提供了将出让合同与各类行政行为连接的法律救济工具。违法性继承理论很好地阐释了出让合同的违约救济与基础性出让许可或出让审批(行政行为)相互关联的逻辑关系。先行的出让许可对后行的出让合同在内容上具有拘束力,但这种拘束力并非一概而论,"在个案审查前提下,法院引入程序法视角,重点关注先行行为是否存在寻求救济的空间和可能,对后续行为进行实质性审查的法益和限度,以及行政效率和阶段性利益保障等"③。这种违法性继承司法适用的前提是允许当事人根据纠纷争点确定诉由选择适用救济途径。将出让合同违约救济与基础性出让许可或者出让审批区别对待,既考虑两者内容上存在拘束力,又考虑双方当事人合同违约救济中选择权。

---

① 各类混合法律属性协议也曾困扰大陆法系国家,"双阶理论"的提出解决了行政行为与混合契约分阶段存在的难题,参见前注?,汉斯·J.沃尔夫等书,第 147 页以下。

② 最高人民法院(2004)民一终字第 106 号判决书,北大法宝【法宝引证码】CLI.C.250469。

③ "行政行为违法性继承"理论是德日等大陆法系国家,针对现代行政中普遍存在的多阶段行政程序和复数行政活动构成的复合行政中,各个阶段之间、复数活动之间效力相互影响关系,提出的一种主要用于指导法院行政司法审判的"裁判规范"理论。参考成协中:《行政行为违法性继承的中国图景》,《中国法学》2016 年第 3 期;朱芒:《行政行为违法性继承的表现及其范围》《中国法学》2010 年第 3 期;王贵松:《论行政行为的违法性继承》,《中国法学》2015 年第 3 期。

在"时间房地产建设集团有限公司与玉环县国土资源局土地使用权出让合同纠纷上诉案"①,挂牌交易的国有土地使用权出让从挂牌之时到二审庭审结束时一直未获浙江省人民政府批准,作为先行的出让审批对后行的出让合同内容上具有拘束力,前者的违法性影响后者的法律效力,欠缺出让审批的该宗地出让合同不具备合同成立条件。该案中浙江省国土资源厅以"未经依法批准,擅自挂牌出让国有土地使用权"为由,责令国土局停止挂牌。法院认定"双方当事人之间没有形成合同关系"。后行出让合同对先行出让审批的行政行为违法性继承,并不影响出让双方违约救济选择。事实上行政行为违法性继承个案中恰恰需要借助选择性救济机制纠正这种出让双方失衡的法律关系。在本案中,法院承认国土局对造成时间公司期待缔结出让合同的目的不能实现存在过错,应承担相应的缔约过失责任,允许时间公司对于"在缔约阶段所发生的信赖利益的损失,通过独立的赔偿请求予以保护"。

3.选择性救济的竞合问题。选择性救济意味着行政救济和民事救济相互补充的调剂适用,但也产生了两种救济方式重叠(竞合)问题。尤其是在出让合同违约责任追究时,出受双方身处两重法律关系,具有两重身份。同一个违约事实(行为)可能在两重法律关系中都具有可归责性和责任追究导出路径。选择性救济机制虽然赋予违约相对方选择不同责任追究导出路径的机会和可能,但也伴生出行政责任和民事责任在归责的原因(可指责性)和归责的结果(救济方式)存在差异的问题。

在"某国土资源部门诉钟某国有建设用地使用权出让合同纠纷案"中,行政违约责任遵循惩罚救济原则,以对违约方达成行政管理目的为限而不考虑违约相对方实际损失。根据《行政强制法》第45条规定,收取钟某的违约金不能超过合同总价款81万元。民事违约责任遵循填补救济原则,以违约方给相对方造成的实际损失(可证明性)为限。根据《合同法》第114条规定,国土资源部门应按合同足额向钟某收取违约金83万元。出让合同救济方式竞合时当事人选择的责任追究导出路径不同,责任承担形式上的最终结果也可能存在差异。但选择性机制的目的是尽可能对出让合同违约给予救济,只要不重叠适用法律应该允许这种差异存在。即出让合同违约责任追究的路径由当事人选择确定,适用的程序法和责任形式则由当事人选择的适格裁判主体——民事或者行政法院或者仲裁庭依法确定。该案如果原告某国土资源部门依据《合同法》提起民事违约赔偿之诉,法院应该遵循民事赔偿填补原则足够收取民事违约金。如果原告某国土资源部门依据《行政强制法》对行政相对人钟某单方行使行政处罚权,收取钟某的违约金不能超过合同总价款81万元。

余论

建设用地使用权出让合同法律属性并非机械的非"公"即"私"二元对立区分,在"法律属

---

① 最高人民法院(2003)民一终字第82号民事判决,【法宝引证码】CLI.C.183661。

性—违约救济—法律责任"的对应关系上也不遵循绝对的民事诉讼与行政诉讼单一分轨制。出让合同内容、性质以及实体法适用上都兼具公法与私法的双重法律属性，出让机关和受让人的诉讼请求也会跨越民事与行政救济的不同领域，在不改变既有的部门法分类标准和法庭设置结构前提下，应允许出让合同当事人依据个案争议焦点确定的具体诉由在民事与行政间选择适用救济方式。以建设用地使用权出让合同为代表的公私混合合同，其在法律适用以及救济机制建设上的双重性都揭示出城乡建设领域一种新的法制管理趋势：城镇化高速发展的当下中国，政府与个人合作模式下的混合协议越来越广泛，城乡建设管理领域需创设一部财产法与行政法结合、实体法与程序法合一的部门法，因该法之规定而生之法律纠纷，宜设立专门法庭管辖，该专门法庭实行普通民事管辖法官与行政法官混合制，其管辖权范围，不仅包括对行政行为之撤销，还包括对损害赔偿之确定等。①

---

① 这一城乡建设管理混合立法和混合司法机制已经在德国通过《建筑法典》和建筑专门法庭得以实现，相关制度内容参见[德]鲍尔·斯蒂尔纳：《德国物权法》，张双根译，法律出版社，2004，第 564 以下；殷成志、杨东峰：《德国城市规划法定图则的历史溯源与发展形成》，《城市问题》2007 年第 4 期。

民法典编纂背景下我国《合同法》分则之完善

——以民事合同与商事合同的区分为视角

张　良*

内容摘要:在民商合一立法体例下,我国《合同法》分则及相关法律在立法理念和制度设计上没有妥当区分民事合同与商事合同,造成了所谓的"商化不足"和"商化过度"的弊端,导致司法实践中问题迭出。在民法典编纂背景下,应从三个方面进行完善:从立法论出发,尽量对有名合同进行民商分立式规定;立足于解释论,妥善认定强制性规范与任意性规范;推广商事裁判思维,赋予法官一定的自由裁量权,在民事案件和商事案件中适用不同的裁判规则。

关 键 词:民商合一　民事合同　商事合同　商事裁判思维

引 言

我国民法典的编纂工作已在加紧进行,学术界应在梁慧星教授、王利明教授等学者建议稿的基础上,总结经验和共识,反思问题和不足。在民法典的制定中,作为交易规则的合同法占据非常重要的地位。我国《合同法》经实践证明是一部先进、科学和实用的法律。当然,囿于时代的局限性, 随着新的交易类型和交易模式的不断涌现,《合同法》的问题也逐渐显露出来。其中一个明显的不足是没有对民事合同与商事合同进行适当的区分, 以至于出现了被学术界广为诟病的"商化不足"和"商化过度"的弊端。崔建远教授指出,"对于民法与商法之间的差异,《合同法》注意不够。"他以《合同法》第 410 条因为没有区分民事委托与商事委托而导致司法实践中的问题为例,认为应在民法典编纂中予以解决。①谢鸿飞教授亦指出:"就众多的合同类型而言,《合同法》第 410 条对民商关系的处理只是冰山一角,更多的民商关系问题,尚待深入发掘。"②刘保玉教授认为,"在民法典中如何处理二者的关系,如何在内容和规范上加以区别对待,这是非常值得关注的问题,否则将会导致不同主体、不同性质的合同

---

* 河南财经政法大学教授,法学博士。

① 参见崔建远:《编纂民法典必须摆正几对关系》,《清华法学》2014 年第 6 期。

② 谢鸿飞:《合同法学的新发展》,中国社会科学出版社,2014,第 627 页。

关系中处理规则的偏差。"①鉴于我国学术界尚未对《合同法》上述问题做出全面的梳理与分析,也没有提出系统的完善建议,笔者特撰此文,希望对上述问题的解决有所裨益。

一、区分民事合同与商事合同的理论基础

(一)民事合同与商事合同概念的厘定

基于主体特征和行为特点的不同,可把合同区分为商事合同与民事合同。"所谓的商事合同,系指双方皆为老练的经济人的合同,即学说上所谓的双方商事合同。"②换言之,"商事合同,即发生在生产经营领域内,服务于生产经营目的的交易行为。商事合同的各方当事人同属商事主体。"③商事合同属于商行为,其最主要的特征是营利性和营业性。而民事合同就有所不同。"所谓民事合同,即发生在生活消费领域内,服务于生活消费目的的交易行为以及发生在雇佣劳动领域内,以提供劳务为内容的交易行为。"可见,民事合同是商事主体以外一般人之间的合同,其中包括消费者合同和劳动合同。就商事合同而言,商主体具有相关领域的专业知识,具有事前评估风险并能以适当的机制分散或者规避风险的能力,合同的内容也比民事合同更为复杂。而在消费者合同中,消费者处于结构性的弱势地位,需要法律的特别保护。正如学者所言,"所谓商事合同与民事合同之区辨,前者概念主要即系所谓 B2B(business-to-business)合同,后者则为所谓 B2C(business to customer)合同,此区分标准落在当事人是否具有'议约缔约能力'(如法律专业与信息对称程度),而不仅仅是'从事某种商业活动'。"④

(二)民事合同与商事合同区别立法之考察

1.区别立法之法理分析

民法与商法的交集主要体现在合同领域。有些合同纯属商事,有些则是民商共用。"即便是后者,用之于民,用之于商,也不尽相同。如买卖契约,对于民事主体,更多的是满足日常生活的手段,而对于商业主体,则更多的是其业务的构成部分;同样是买卖契约,在买卖的标的物和买卖价金的对流中,商业主体间往往在支付环节构造出更为复杂的结构——。"结论就是,"事实证明,商法和民法的规范交集的有限性,不仅表现出民法和商法在内容上的'和而不同',而且也决定了商法民法化是不能够毫无节制的。"⑤就商法的精神和内容而言,商法比民法更强调意思自治,更侧重于外观主义和信赖保护,更重视交易安全和效率,对商人施加

① 刘保玉、周玉辉:《论我国民法典编纂的"四个面向"》,《法学杂志》2015 年第 10 期。

② 王文宇:《合同解释三部曲——比较法观点》,《中国法律评论》2016 年第 1 期。

③ 王轶:《民法原理与民法学方法》,法律出版社,2009,第 253-254 页。

④ 王文宇:《梳理商法与民法关系——兼论民法典与商法》,载王保树主编《中国商法年刊 2015 年》,法律出版社,2015 年,第 81-82 页。

⑤ 张谷:《商法,这只寄居蟹——兼论商法的独立性及其特点》,载高鸿均主编《清华法治论衡》第 6 辑。

的注意义务也比一般人更高。商法与民法"这种自治精神的不同,不仅是程度上的差别,而且是根本性的、生死攸关的差别。离开了规范创制上的自治,便宣告了商法的死刑。"①

民法虽然也以意思自治为核心理念,但无论是财产法上民事主体的类型、物权种类的创设,还是身份法上的伦理性特征,都对意思自治施加了诸多限制。尤其是在现代社会处于重要地位的消费者合同领域,法律基于保护消费者的特殊目的设置了很多强制性规范。

2.民商分立与民商合一之殊途同归

从法制史上看,欧洲各国对罗马法的继受虽然使罗马法获得了重生,但在其获得民法典之现代形式之前,商法的法典化却已经先行一步。由于法国和德国皆选择以法典化作为商法民族化的工具,最终导致了其民法典与商法典并立的私法二元格局。而"此后的发展,不妨看作是罗马法的现代形式与商人法的现代形式之间,在回应科技、工业和城市社会挑战方面展开的一场竞争。"②一方面,民法从商法中汲取营养,民法呈现出商法化的现象:商法之自由精神催生了民法的基本原则,商行为极大地丰富了法律行为制度,代理制度主要适用于商事领域,民事代理反而沦为配角。③另一方面,商法也呈现出民法化的现象:商法调整的范围从流通领域扩大到一切以营利为目的的经营领域;随着现代社会"无人不商"现象的出现,商主体、商行为等制度逐渐与民事制度融为一体。这个过程,可以说是民法和商法因应社会的变迁和需要,结合自身特点彼此妥协、调整、适应、配合的过程。④

法、德民商分立之模式被很多国家所效仿。在此体例下,商法被认为是特别私法,优先于一般民法规则而适用。比如在德国,《民法典》和《商法典》都规定了买卖合同,但《商法典》第373条至第382条规定的买卖合同明确规定是"商业买卖",不同于民法典中有关买卖合同的规定。

《瑞士民法典》《意大利民法典》《荷兰民法典》是民商合一的典型立法例。瑞士是采取民商合一的典型国家,其原因是多方面的:一是基于其早期私法典的立法实践和私法一元化的观念传统,另一方面是出于其联邦立法权限的宪法制约,"瑞士人皆是商人"的平等观念,尤其受到了当时欧洲兴起的"单一法典"新观念的影响。⑤尽管这些法典各有其特殊背景,但它们均考虑到民事合同与商事合同的差别,从而做出相应的安排。

---

① 张谷:《商法,这只寄居蟹——兼论商法的独立性及其特点》,载高鸿均主编《清华法治论衡》第6辑。

② 张谷:《商法,这只寄居蟹——兼论商法的独立性及其特点》,载高鸿均主编《清华法治论衡》第6辑。

③ 参见施天涛:"民法典能够实现民商合一吗",《中国法律评论》2015年第4期,第25页。

④ 参见张谷:《商法,这只寄居蟹——兼论商法的独立性及其特点》,载高鸿均主编《清华法治论衡》第6辑。

⑤ 参见殷安军:《瑞士法上民商合一立法模式的形成:兼评"单一法典"理念》,《中外法学》2014年第6期。

二、我国《合同法》及相关法律的不足

我国民商事立法采民商合一之体例,具体表现在:在主体制度方面,不区分民事主体和商主体;在法律行为方面上,不区分民事行为和商行为。对此,有学者指出:"不加甄别地将民事行为与商行为混为一处,其缺陷是显而易见的。一方面将严格的高标准义务强加于普通的民事主体,有失公平;同时,致使本应承担谨慎责任的商主体,却人为地适用了比较温和的民事规则,必然导致商主体疏于对商业风险的评估与防范,从而给商事交易的迅捷、安全和稳定带来重大伤害。"[①]针对我国《合同法》领域存在的此类问题,施天涛教授亦指出:"合同法已经商法化,但应注意改进的是,民事合同几乎被忽略,商事合同也未尽人意。如果以商事合同作为合同法的基本定位,则应完全遵循商事规律和商事习惯,民事合同兼而顾之。"[②]下文对《合同法》及相关法律存在的问题展开分析和探讨。

(一)商化不足

1.对商事借款利率限制过度

我国《合同法》仅在很小程度上区分民事借款与商事借款:当事人如对利息无约定,自然人之间的借贷合同为无利息,而金融机构作为出借人的借贷合同则为有利息。《最高人民法院关于审理民间借贷案件适用法律若干问题的规定》第 26 条对利率问题进行了详细的规定。根据该"规定",民间借贷是指自然人、法人、其他组织之间及其相互之间进行资金融通的行为,金融机构及其分支机构因发放贷款等相关金融业务引发的纠纷不适用该规定。笔者认为,上述司法解释对民事借款合同与商事借款合同的区分不够到位,因为法人之间、其他组织之间及其相互之间的借款也属于商事合同。从比较法的角度来看,因商事借款合同所生之债,可以约定高于银行同类贷款一定比例的利息,法律对商业借款很少干预。例如,《西班牙商法典》就明确规定,商业借贷的利息约定不受任何限制。有学者指出了限制企业之间相互融资的弊端:"尤其在金融贷款利率自由化之后,企业之间的资金流通权利应当得到许可。因此,可进一步降低企业融资成本,没有必要将一切资金融通强行安排在银行内进行。现行'强制银行金融'的方式,不仅增加了企业融资成本,还造成了民间地下融资泛滥,银行内资金非法转移高利放贷等现象的发生。"[③]

2.没有赋予商事承租人优先续租权

根据《合同法》第 235 条,租赁期间届满,承租人应当返还租赁物。但笔者认为,该条存在如下不足:第一,没有区分民事租赁与商事租赁;第二,没有赋予商事不动产承租人优先续租

---

① 樊涛:《中国商法渊源的识别与适用》,法律出版社,2015,第 265 页。

② 施天涛:"民法典能够实现民商合一吗",《中国法律评论》2015 年第 4 期,第 28 页。

③ 蒋大兴:《论民法典(民法总则)对商行为之调整》,《比较法研究》2015 年第 4 期。

权。笔者认为,应赋予此类承租人优先续租权。因为对于商人来说,"基于经营地点所建立起的商誉、客户群等是商主体重要的无形资产,房屋租赁合同续约是否存在障碍,对于商业性房屋承租人而言尤为重要。"①如果每当商用房屋租赁合同到期就离开其经营的店铺,承租人就将失去一部分顾客。从比较法上看,韩国《商铺建筑租赁保护法》明确规定了商事承租人的"优先续租权"。

就居住性的民事租赁合同而言,出租人可以拒绝续签房屋出租合同,并且可以不给承租人任何补偿。因为对于民事承租人来说,租金的高低是最重要的,房屋所在的位置固然重要,但一般不会起主导作用。②

3.忽视商事代理的营业性利益

根据《合同法》第410条,委托人或者受托人可以随时解除委托合同。因解除合同给对方造成损失的,除不可归责于该当事人的事由以外,应当赔偿损失。据此,委托人可以随时解除委托合同。民事委托一般为无偿,受托人通常不需要为完成受托事项而额外准备条件。所以,各国民法大多规定了委托人的任意解除权。而商事委托如果允许委托人任意解除合同,受托人就可能遭受重大经济损失。为保护受托人的营业利益,各国商法均严格限制委托人的解除权。另外,根据第410条第2句,因解除合同给对方造成损失的,应当赔偿损失。但此处"赔偿损失"的范围如何?我国司法实践一般将赔偿损失的范围限定为"直接损失"。法院的做法受到了学者的批评。③从比较法的角度看,"各国商事立法通常还会保护代理人的求偿权,以实现其商事营业之目的,促使委托人理性委托,维护商事代理人之交易预期,这在代理商之情形,更是如此。"④《欧洲法通则:服务合同》第1115条第2款规定,赔偿范围应使服务提供者"几乎处于如果合同被正确履行时其应当所处之状况。该损害赔偿包括服务提供者所遭受之损失以及其被剥夺之利益"。上述规定可以作为我国《合同法》完善的参考。

4.保证合同的形式过于僵化

《担保法》第13条规定:"保证人与债权人应当以书面形式订立保证合同。"据此,保证合同只能是书面形式,以口头形式订立保证合同的,保证合同不成立。《担保法》做此规定的主要理由是便于发生纠纷时当事人举证和司法机关进行责任认定。但笔者认为,要求保证合同必须采取书面形式应当仅限于非商人的自然人担任保证人时,因为这些法律的门外汉往往不知道保证背后的风险。而对于商人而言,若强制采取书面形式反而会降低交易效率。从比较法上看,《德国民法典》第766条要求保证合同必须采取书面形式。但依据《德国商法典》第

---

① 樊涛:《中国商法渊源的识别与适用》,法律出版社,2015,第49页。

② 参见[法]伊夫·居荣:《法国商法》(第1卷),罗结珍译,法律出版社,2004,第4—5页。

③ 参见崔建远、龙俊:《委托合同的任意解除权及其限制——'上海盘起诉盘起工业案'判决的评释》,《法学研究》2008年第6期。

④ 蒋大兴:《论民法典(民法总则)对商行为之调整》,《比较法研究》2015年第4期。

350 条的规定,商人从事商行为可以不适用《民法典》第 766 条的规定,以口头形式达成的保证合同也具有法律效力。可见,《担保法》第 13 条因商化不足而显得过于僵化。①

(二)商化过度

1.买受人的瑕疵通知义务过于严苛

各国合同法关于买受人的瑕疵通知义务不尽一致。在采用民商分立主义的国家,仅对商人间的买卖适用通知义务;采用民商合一主义的立法则不问是商人间的买卖还是非商人间的买卖,同样适用通知义务。我国《合同法》第 158 条与后者相同,只有买受人适时地履行了通知义务,出卖人才负瑕疵担保责任,除非出卖人知道或应当知道该标的物不符合规定。②可见,该条并没有对适用主体做出区别性规定。笔者认为,将此义务加给商事主体尚可,但加给民事主体尤其是消费者则明显过于严苛,因为消费者限于所掌握的知识、技能等各种因素,很可能在约定的时间内无法发现货物的瑕疵,尤其是隐蔽瑕疵。

2.保证的方式过于严苛

《担保法》第 19 条规定:当事人对保证方式没有约定或者约定不明确的,按照连带责任保证承担保证责任。该条受到广泛批评。然而,其谬误之处并非在于没有将一般保证作为保证方式的基本形态,而在于没有区分民事主体与商事主体、民事行为与商事行为从而确立不同的保证基本形态。从比较法来看,法、德等国均将连带责任保证作为商事保证的基本保证方式,而将一般保证作为民事保证的基本保证方式③。商人无需过多保护,而民事保证合同多系无偿,保证人通常不能充分认识保证的法律后果,故应将一般保证作为保证的基本类型。④

3.保证合同成立条件过于宽泛

《担保法解释》第 22 条规定:"主合同中虽然没有保证条款,保证人在主合同上以保证人的身份签字或者盖章的,保证合同成立。"对商人而言,当其在一份合同书中的保证人签章栏目上签字或者签章,认定其具有承担保证责任的意思表示没有问题。但对一个普通人作为保证人就有欠公允,因为如前所述,他很可能并不理解担任保证人的法律后果,上述规定对于民事保证合同存在成立条件过于宽泛的弊端。⑤

4.委托合同赋予受托人任意解除权欠妥

如上所述,《合同法》第 410 条赋予委托人和受托人双方以任意解除权。然而,为了有效保护委托人尤其是消费者的利益,避免受托人随时解除合同给客户造成不必要的损失,在消

---

① 参见程啸:《保证合同研究》,法律出版社,2006,第 78 页。

② 参见崔建远:《合同法学》,法律出版社,2015,第 329 页。

③ 参见《法国民法典》第 2021 条第 1 句、《德国民法典》第 771 条至第 773 条、《德国商法典》第 349 条、《日本商法典》第 511 条第 2 款。

④ 参见程啸:《保证合同研究》,法律出版社,2006,第 46—47 页。

⑤ 程啸:《保证合同研究》,法律出版社,2006,第 85—86 页

费者合同中应当限制受托人的任意解除权,以体现整个民法注重保护弱者的精神。[①]

5.居间合同约定报酬制适用范围过宽

《合同法》第 426 条规定了居间人的报酬请求权。依其规定,委托人应根据约定支付报酬,只是在无约定时,才由双方协议补充或根据居间人的劳务合理确定,可见本条采用约定报酬制。约定报酬制体现了合同自由,但缺点是容易导致显失公平、触犯公认的伦理价值的后果。为克服此弊端,大陆法系各国规定了"约定报酬酌减制度",即约定报酬高于居间人所提供的劳务价值以致显失公平时,法院可应委托人的请求酌情减少报酬数额。另外,婚姻居间的居间人不得请求支付报酬,如有此约定,则约定无效。从比较法上看,德国、瑞士、我国台湾地区民法均有明文规定,原因在于"婚姻结合重在双方当事人自由意思,恐居间人因贪图报酬而勉强说合,则婚姻难以美满"[②];"以此为职,推其弊害,实有败坏风俗之虞,故此种约定报酬之婚姻居间,不使有效能,所以维持公益也。"[③]

三、化解《合同法》"商化过度"与"商化不足"的思路

(一)尽量对合同进行民商分立式的规定

在民商合一模式下,未来民法典应根据不同的主体属性而给予宽严有别的立法。根据上文分析,应从以下方面对相关法律进行完善。

1.克服"商化不足"

(1)进一步放松商事借款利率限制

企业之间为生产需要签订借款合同,借款人获取的回报通常会远远高于生活消费借款,且手续与向金融机构借款相比简便很多,加之商人对商业风险的判断力及承受力都比较强,所以我国法律应进一步放松企业之间借款的利率,畅通企业之间为生产经营融资的渠道,尽量减少法律的干预。

(2)赋予商事租赁合同承租人优先续租权

房屋的位置对商业承租人至关重要,不宜任意变动。租赁合同到期后,或者房屋毁损以及被拆除重建后,应当赋予商用房屋的承租人同等条件下的优先续租权,如果出租人侵害了此项权利,承租人有权要求给予赔偿,以弥补其由于迁移商业资产而带来的顾客量方面的损失。

(3)限制委托人的任意解除权

在受托人为商人的情况下,应当对委托人的任意解除权进行限制,而且在委托人任意解

---

① 参见王金根:《〈欧洲法通则:服务合同〉及其对我国服务合同立法的借鉴意义》,载梁慧星主编《民商法论丛》第 47 卷,法律出版社,2009,第 495 页。

② 史尚宽:《债法各论》,中国政法大学出版社,2000,第 476–477 页

③ 林纪东、郑玉波等编纂:《新编六法全书》,台湾地区五南图书出版公司 1986,第 153 页。

除合同时,应区分情况,在符合一定要件的前提下,判决委托人赔偿受托人履行利益的损失。

(4)明确商事保证合同不限于书面

《担保法》第13条对一般保证人能起到保护作用,但对于商人则多此一举,"一方面商人需要法律特别保护的程度较低,因为人们预期他们对交易熟练并有丰富的经验;另一方面,对私法自治的限制也和商事交易对最大程度地减少形式束缚和其他限制的要求相抵触"①。《担保法》第13条可以修正如下:"保证人与债权人应当以书面形式订立保证合同,但企业或者从事经营活动的自然人担任保证人的除外。"

2.矫正"过度商化"

(1)将消费者的瑕疵通知义务限制在外观瑕疵

《合同法》第158条对消费者关于苛刻。基于上文分析,消费者对货物瑕疵的通知义务应当仅限于外观瑕疵,不应包括隐蔽瑕疵。

(2)连带责任保证之推定应限定于商事合同

《担保法》第19条的缺陷已如前述。未来民法典应当借鉴法、德的立法例,将连带责任保证作为商事保证的基本保证方式,而将一般保证作为民事保证的基本保证方式,使商事合同与民事合同回归各自的本质。

(3)限定保证合同成立之推定

《担保法解释》第22条与《担保法》第19条采取的均是推定性的立法技术。在没有区分商事保证民事保证的情况下,导致保证合同的成立条件非常宽松,其结果是过于偏重对债权人保护而对保证人极为不利。未来的民法典应将其限定于商事合同。

(4)适当限制受托人的任意解除权

《合同法》第410条赋予受托人任意解除权之规定明显欠妥。为妥善保护委托人尤其是消费者的利益,应限制消费者合同中受托人的任意解除权,强化对社会弱者利益的保护。

(5)增加居间合同"约定报酬酌减制度"

未来民法典应从以下两个方面对居间合同予以完善:一、增加"约定报酬酌减制度";二、规定婚姻居间的居间人不得请求支付报酬,有此约定者无效。

(二)强化法律解释,妥善认定强制性规范与任意性规范

在民商合一体例下,在立法上将民事合同与商事合同完全区分开来是不可能的。在民事合同尤其是消费者合同中,为强化消费者保护,在规范性质不明的情况下,宜将规范解释为强制性规范或者半强制性规范;而在商事合同中,"解释上应避免任意规定强制化而加诸不当限制于商事合同中,允宜回归商事合同之目的与商业考量,必要时亦可参酌商事习惯与法理。"②

① [德]C.W.卡纳里斯:《德国商法》,杨继译,法律出版社,2006,第6页。

② 王文宇:《从商法特色论民法典编纂——兼论台湾地区民商合一法制》,《清华法学》2015年第6期。

现以《合同法》第 150-155 条关于出卖人违反瑕疵担保责任的违约责任为例进行分析。对商事买卖合同而言,由于违约责任仅涉及交易中的风险分配,故当事人可以通过特别约定排除瑕疵担保责任,相应的法律规定应解释为任意性规范。但在消费者合同中,违约责任就不仅涉及风险分配,更关乎消费者保护,就不能允许当事人做出不同于法律规定的约定,有关规定就应当解释为强制性规范。[①]

(三)推广商事裁判思维,赋予法官自由裁量权

上文已述,民商合一的立法体例不能以牺牲二者的差异为代价,商事纠纷的解决,必须关注商法自身的目的和本质,避免将民法规范直接适用于商事纠纷。商法应当有自己的效力规则与解释方法,而不应当只囿于民法基础概念的解释。[②]

近年来,最高人民法院强调"民事审判"与"商事审判"之间的区别,要求二者在审判理念和规则适用上有所区别。这就要求人民法院树立商法思维,按照商事特别法优先于民事基本法的法律适用规则,优先适用"消法"、证券法等特别法的规定,并补充适用民法的规定。

(原文发表于《法学杂志》2016 年第 9 期)

---

① 参见王轶:《民法原理与民法学方法》,法律出版社,2009,第 260 页。

② 参见叶林:"序言",载樊涛:《中国商法渊源的识别与适用》,法律出版社,2015,第 2 页。

《旅游法》履行辅助人制度评析

汪旭鹏 *

内容摘要：《旅游法》首次在我国法律体系中规定履行辅助人概念，并引入大陆法系的债务人为履行辅助人负责的规则。但我国学界对此积极支持者并不多。文章认为，《旅游法》引入履行辅助人的概念及其法律适用规则，具有统一旅游给付第三人称谓、落实旅游服务给付请求权、初始构建我国履行辅助人制度等重要意义。同传统履行辅助人概念相比，《旅游法》规定的履行辅助人的概念内涵和外延都受到了不应有的限缩。《旅游法》第 111 条关于履行辅助人的概念及第 71 条关于旅游经营者为履行辅助人负责的法律适用规则，都有待进一步修改和完善。

关 键 词：旅游经营者 旅游者 履行辅助人 履行辅助人责任

引言

履行辅助人制度是大陆法系国家、地区普遍规定的一项制度。最高人民法院 2010 年《关于审理旅游纠纷案件适用法律若干问题的规定》（以下简称为《规定》）也规定了类似的制度，只不过其将履行辅助人称之为旅游辅助服务者。2013 年 10 月 1 日生效实施的《旅游法》则首次采用履行辅助人这一称谓。从旅游辅助服务者到履行辅助人，《旅游法》对《规定》的这一修改究竟在立法上和旅游实践中有何意义？仅仅是称谓上的细微变化，还是标志着我国法律体系对传统履行辅助人制度的全面借鉴和吸收，不无疑问。对于履行辅助人被首次引入《旅游法》，有学者对于这一立法举措似乎评价并不高。甚至有人认为，在我国《合同法》采无过错责任原则的背景下，将旅游服务提供者界定为履行辅助人并无实益。[①]有鉴于此，本文在比较《旅游法》中规定的履行辅助人与传统履行辅助人的概念与范围的基础上，对我国《旅游法》首次引入履行辅助人制度的积极意义做一探讨，并在分析《旅游法》履行辅助人制度不足的基础上就其未来的完善提出若干建议。

---

* 九江学院政法学院副教授，法学博士。

① 张力毅：《比较与定位：中国法上旅游辅助服务者概念与责任体系解构》，《旅游学刊》2012 年第 12 期。周晓晨：《论旅游服务提供者在包价旅游合同中的法律地位及责任》，《旅游学刊》2013 年第 7 期。

一、旅游履行辅助人的概念与范围

债务人履行债务,可以自己亲自履行,也可以委由他人履行。自近代资本主义以来,随着社会分工越来越细密及其公司组织规模的扩大化,债务人委托他人履行债务在现代民商事交易中司空见惯。代替或者协助债务人履行债务的人,在传统大陆法系中被称之为履行辅助人。按照传统大陆法系理论,履行辅助人包括法定代理人、使用人。"所谓使用人指本于债务人之意思,为债务履行所使用之人。其与债务人有无契约关系?有关系时,是否有偿?其辅助系一时的或抑继续的?均非所问。因而债务人之家属、客人、甚至于债权人派来催债之人,倘债务人托其顺便将给付物带回(限于赴偿债务)时,亦不失为债务人之履行辅助人。"①由此可见,履行辅助人的概念非常宽泛,其资格几乎不受任何限制。因此,笔者认为,履行辅助人是指依照债务人的意思事实上辅助债务人履行债务的人。

考虑到旅游经营者通过履行辅助人履行债务是包价旅游合同的典型特征,为此,我国《旅游法》对履行辅助人制度作了明确规定。②对旅游履行辅助人的含义,《旅游法》第111条规定,履行辅助人是指与旅行社存在合同关系,协助其履行包价旅游合同义务,实际提供相关服务的法人或者自然人。③与传统的履行辅助人概念相比较,《旅游法》规定的履行辅助人概念的内涵有了较大的限缩,履行辅助人需要与旅游经营者存在合同关系,在外延上只能是法人、自然人,而不能是除此以外的其他民事主体。

就履行辅助人的范围而言,对于独立给付提供人能否成为履行辅助人在学理上存在较大的争议。所谓独立给付提供人,指不受债务人指挥、监督的某些垄断业,如航空公司、大众捷运公司及游乐区等。④围绕债务人对使用人是否具有干预可能性,学理上形成两种截然相反的观点,即"干预可能性必要说"和"干预可能性不要说"。"干预可能性必要说"认为辅助人与债务人之间虽不以有支配、从属关系为必要,但债务人应当对辅助人有干预可能性。如台湾学者郑玉波即认为"依其情事,债务人对于履行辅助人之行动,无法干涉者,则不在此限,例如债务人将特定之物交铁路局或邮政局运递,如因铁路或邮政方面之过失致丧失者,债务人即不能依本条之规定负责。"⑤"干预可能性必要说"在20世纪初的德国、传统日本和当今中国台湾都是主流学说。"干预可能性不要说"则是后来的学说。⑥该说否定债务人对辅助人

---

① 郑玉波:《民法债编总论》,中国政法大学出版社,2004,第261-262页、第359页。

② 杨富斌、苏号朋:《中华人民共和国旅游法释义》,中国法制出版社,2013,第235-238页、第242页。

③《规定》将履行辅助人称之为旅游辅助服务者,其第1条规定:"旅游辅助服务者"是指与旅游经营者存在合同关系,协助旅游经营者履行旅游合同义务,实际提供交通、游览、住宿、餐饮、娱乐等旅游服务的人。

④ 曹庭毓:《旅游契约之研究》,台湾政治大学2004年硕士论文,第64页。

⑤ 郑玉波:《民法债编总论》,中国政法大学出版社,2004,第261-262页、第359页。

⑥ 韩世远:《合同法总论》,法律出版社,2011,第598-599页。

的干涉可能性。例如台湾学者王泽鉴认为"惟鉴于债务人利用铁路或邮政,扩大其交易活动,对于是否使用此等企业仍有选择余地,而且依其情事可以经由保险或其他方式保障其请求权,故在利益衡量上,使债务人就铁路或邮政之故意或过失负其责任,亦有相当之理由。"①比较法上来看,德国、法国、英美诸国不再要求干预可能性作为债务履行辅助人责任的构成要件,②现代经济社会以市场经济和大量生产为前提,高度劳动分工非常普遍,使得干预可能性必要说无法接受也无法维持。③

从《旅游法》第 111 条和《规定》第 1 条无法推断独立给付提供人在我国是否可以作为履行辅助人。学理上,在我国存在一种将大众交通运输经营者排除出履行辅助人范畴的倾向。④但是由于我国《合同法》采取无过错责任原则及其《合同法》第 121 条规定的合同相对性原理,⑤可以认为《合同法》对于债务人为第三人负责并不以债务人对第三人具有干预可能性为前提。因此,我国《合同法》采取的似乎应是"干预可能性不要说"。就履行辅助人来说,"《旅游法》也并未将'干涉可能性'作为履行辅助人的条件,因此具有垄断地位、旅行社无法选择、无从干涉的铁路、民航、景区等,也属于履行辅助人的范畴。"⑥笔者对此观点亦持赞同立场。虽然《旅游法》第 111 条没有明确这一点,但是《旅游法》第 71 条显然是采纳了上述观点,没有将大众交通工具的运营者排除出履行辅助人的范畴。该条立法取向应该说是符合履行辅助人学说世界发展的潮流,也顺应了社会实际生活的需要。

二、我国《旅游法》引入履行辅助人制度的意义

《旅游法》第 68 条、第 71 条将旅游给付第三人称之为履行辅助人,并专门在第 111 条对履行辅助人的含义进行了界定。这一立法规定表明我国法律体系首次明确采纳了大陆法系"履行辅助人"的表述。采用履行辅助人的传统概念指称旅游给付第三人,是我国旅游立法的创新还是对传统的回归?实值得研究。我国学界对《旅游法》采用履行辅助人这一称谓似乎持积极声音的不多。有学者认为,履行辅助人是属于债法层面的概念,本应当规定在债法总则当中,我国却将其规定在《旅游法》这一特别法中,其妥当性令人质疑。⑦更有学者认为,履行

---

① 王泽鉴:《为债务履行辅助人而负责》,《民法判例与学说研究》(第 6 册),中国政法大学出版社,2005,第 82 页。

② 学说上的"为债务履行辅助人负责"简称为债务履行辅助人责任。

③ 韩世远:《合同法总论》,法律出版社,2011,第 598-599 页。

④ 奚晓明:《最高人民法院审理旅游纠纷案件司法解释理解与适用》,人民法院出版社,2010,第 226 页。

⑤ 《合同法》第 121 条:"当事人一方因第三人的原因造成违约的,应当向对方承担违约责任。当事人一方和第三人之间的纠纷,依照法律规定或者按照约定解决。"

⑥ 杨富斌、苏号朋:《中华人民共和国旅游法释义》,中国法制出版社,2013,第 235-238 页、第 242 页。

⑦ 周江洪:《从"旅游辅助服务者"到"履行辅助人"》,《旅游学刊》2013 年第 9 期。

辅助人制度产生于传统民法对债务不履行采过错责任原则的背景下，履行辅助人的故意或过失视同债务人自己的故意或过失，因此，履行辅助人制度在过错责任原则的体制下有适用的价值。然而，在我国《合同法》采用无过错责任原则的背景下，将旅游服务提供者界定为履行辅助人并无实益。①

当今社会，利用他人的经验、知识、专业等帮助自己从事各种社会经济活动非常普遍，利用履行辅助人履行债务不光在旅游业，在其他各行各业当中均十分常见。立法例上，我国首次引入履行辅助人概念，却将其规定在作为特别法的《旅游法》中，确实值得商榷。依笔者之见，履行辅助人原本应当在债法总则或者民法典当中规定，而我国却在《旅游法》中作出规定实乃无奈之举。因为《合同法》当初制定时没有就此作出明文规定。尽管如此，《旅游法》首次引入履行辅助人的概念及其适用规则仍然具有重要的意义。

(一)旅游给付第三人称谓的统一

《规定》将提供具体旅游服务的第三人称之为旅游辅助服务者。有人对最高人民法院所规定的旅游辅助服务者的涵义及其外延均表示不同的观点，而将提供旅游服务的第三人称为旅游服务提供者。②由此可见，人们对于旅游给付第三人的称谓不尽一致，甚至有些混乱。笔者以为，用以表征第三人角色、地位的概念应当既能使人明确旅游经营者和第三人之间的内部关系，又能明确旅游者和旅游经营者、给付第三人之间的外部关系。无论纠纷发生前后，当事人都能迅速地厘清三方之间的法律关系，从而明确各自的权利、义务和责任。③显然，"旅游服务提供者"的称谓并没有将旅游经营者同实际提供旅游服务的第三人区分开来，第三人所处的协助旅游经营者履行合同义务的角色、地位没有得以彰显，对旅游者而言二者都是旅游服务提供者，即该称谓未能反映出旅游经营者同第三人之间的内部关系，旅游者同旅游经营者如出现纠纷时反倒给旅游经营者搪塞、推脱责任提供了很好的借口。最高人民法院《规定》中所称的"旅游辅助服务者"概念虽然能反映出三方当事人之间的内外部关系和第三人所处的协助者的地位、角色，但是，该概念毕竟是我国司法实践中自创的概念，为我国所独有，在大陆法系其他国家立法例中并不能找到相同概念。如果在我国法律体系中继续沿用该概念势必会影响我国沿袭大陆法系的概念、原理、制度等的传统，也不利于我国借鉴、吸收别国先进的概念、原理、制度及其法律交流。

因此，上述两个概念都不是表征旅游给付第三人的最佳称谓。《旅游法》引入传统大陆法系上的履行辅助人的概念则能较好地克服上述两个概念的弊端。该概念既能让人一目了然

---

① 张力毅：《比较与定位：中国法上旅游辅助服务者概念与责任体系解构》，《旅游学刊》2012年第12期。周晓晨：《论旅游服务提供者在包价旅游合同中的法律地位及责任》，《旅游学刊》2013年第7期。

② 周晓晨：《论旅游服务提供者在包价旅游合同中的法律地位及责任》，《旅游学刊》2013年第7期。

③ 第三人介入旅游给付后，旅游法律关系演变为三方当事人之间的两个合同关系，即旅游经营者与旅游者之间的旅游合同关系，旅游经营者与第三人之间的旅游辅助服务合同关系。

地理解旅游经营者同其辅助人之间的内部分工关系,又能同大陆法系国家的概念、制度等保持一致,便于法律制度、文化的交流。更重要的是,该概念的引入避免了旅游给付第三人称谓上的混乱局面。

(二)旅游者旅游给付请求权的落实

实践中,旅游者通常在合同订立时或出发前即已经交付旅游价金。因此,旅游过程中旅游者不再负有任何合同义务,而只要作为债权主体享受旅游服务。债权在学理上通常认为具有 4 项权能,即给付请求权、给付受领权、债权保护请求权和处分权能,其在债的效力上体现为请求力、保持力、强制执行力等。只有这些效力均齐备的债权才是完全债权,欠缺任何一项效力则使债权沦为不完全债权。在债权的 4 项权能中,其中给付请求权为债权的第一权能,包括债权人直接向债务人请求和通过诉讼的方式请求。①

已如前述,包价旅游合同的旅游经营者通过签订旅游辅助服务合同将具体给付义务交由交通、住宿、餐饮、导游、娱乐等专业经营的第三人实际提供。第三人介入旅游给付使得原本简单的旅游合同关系突然变得复杂起来。此时,旅游者应当向谁请求给付旅游服务?旅游者能否直接请求第三人给付旅游服务?这些问题的回答将取决于旅游经营者与第三人签订的旅游辅助服务合同的性质的判定。我国《合同法》第 64 条规定了向第三人履行合同,②但该条并没有赋予第三人对债务人享有直接请求权和诉权,《合同法》第 64 条规定的向第三人履行合同不同于中国台湾地区民法第 269 条规定的利他合同。③利他合同的特点在于"使第三人取得直接请求之权利",④《合同法》第 64 条规定的不是真正的利他合同,而是德国民法理论中的"经由被指令人而为给付","经由被指令人而为给付"虽具有向第三人给付契约的外形(约定由债务人向第三人给付),但不具备其实质(使第三人对于债务人取得直接请求给付的权利)。⑤例如,情人节当天,甲向花店老板乙购买玫瑰花,约定由乙直接交付其女友丙。假设乙不向丙交付玫瑰花,甲的女友丙也不能直接向乙请求给付,更不能要求其损害赔偿。

因此,依据《合同法》第 64 条旅游者并不能对旅游给付第三人行使直接请求权。又因旅游者和第三人之间通常并不存在直接的合同关系,旅游者也不能依据合同向其请求给付,而只能依据旅游合同向旅游经营者请求。而向旅游经营者请求时却面临着现实的障碍,因为此

① 魏振瀛:《民法》,北京大学出版社、高等教育出版社,2010,第 340 页。

② 《合同法》第 64 条规定:"当事人约定由债务人向第三人履行债务的,债务人未向第三人履行债务或者履行债务不符合约定,应当向债权人承担违约责任。"

③ 台湾地区民法典第 269 条第 1 款:以契约订定向第三人为给付者,要约人得请求债务人向第三人为给付,其第三人对于债务人,亦有直接请求给付之权。

④ 郑玉波:《民法债编总论》,中国政法大学出版社,2004,第 261-262 页、第 359 页。

⑤ 尹田:《论涉他契约》,《法学研究》2001 年第 1 期。王利明:《论第三人利益合同》,《民商法研究》(第 6 辑),法律出版社,2004,第 423 页。

时旅游者很可能已经身处异国他乡。如此,旅游者的旅游给付请求权必将落空。但是,如果将给付第三人认定为旅游经营者的履行辅助人,则可以使旅游者的给付请求权落到实处。旅游者向履行辅助人请求也即是向旅游经营者请求,履行辅助人不得拒绝。履行辅助人的行为即是旅游经营者的行为,因履行辅助人的行为导致旅游经营者违约的,旅游经营者应当向旅游者承担责任。旅游者对履行辅助人此项直接请求给付的权利以旅游者作出受益的意思表示而告确定,表示受益的意思表示无论明示或默示均无不可。故旅游者为限制行为能力人时亦得以单独行为为之。①中国台湾地区民法第 269 条第 2 款规定:"第三人对于前项契约,未表示享受其利益之意思前,当事人得变更其契约或撤销之。"新修订的 2014 年版《旅游合同示范文本》要求旅行社应当提供带团号的旅游行程单,行程单应当对地接社、交通、住宿、用餐等服务安排及其标准等作出明确的说明。因此,可以认为依照示范合同文本签订合同的旅游者已经作出明确的受益的意思表示,取得对履行辅助人直接请求给付的权利。

有学者认为在我国《合同法》适用严格责任的情况下,导致债务人违约的其他人是否属于履行辅助人并不重要,重要的在于导致债务人违约的其他人是否属于《合同法》第 121 条所规定的第三人。②笔者认为,此种观点值得商榷。从违约责任归责的角度出发,导致债务人违约的其他人是否属于履行辅助人也许并不重要,因为违约责任的承担者只能是旅游经营者。如果从旅游者享有的债权的权能的角度出发,则违约责任的追究只能说旅游者请求国家机关给予保护的债权保护请求权的落实,而按照前文分析,旅游者的旅游给付请求权必将落空。欠缺给付请求权的债权则会被沦为不完全债权。完全债权和不完全债权在受法律保护的强弱上,带给债权人的利益多寡上,是不同的。③权利人绝不应当因为有了责任追究机制便可以躺在权利上高枕无忧,一个珍惜权利的人理应是在纠纷发生前积极主张和行使权利的人。

就保障旅游者给付请求权而言,中国台湾地区"民法"第 269 条,德国民法典第 328 条、第 335 条均规定了真正的利他合同,赋予第三人直接请求给付的权利。1970 年在比利时首都布鲁塞尔签订的《旅行契约国际公约》(以下简称《公约》)第 15 条第 4 款也明确规定:"旅行者就其所受到的损失之全部或补充性赔偿对责任第三人拥有直接诉权。"④值得注意的是,虽然现行《合同法》第 64 条、第 65 条、第 121 条都没有很好地保障债权人的给付请求权,但《合同法》的试拟稿第 68 条及其《合同法》草案的第 65 条均仿照中国台湾地区"民法"第 269 条赋予了债权人对第三人的直接请求给付的权利。⑤现行《合同法》显然是将其删除,这不能不说是一大遗憾。

---

① 孙森焱:《民法债编总论》,法律出版社,2006,第 703 页。
② 周晓晨:《论旅游服务提供者在包价旅游合同中的法律地位及责任》,《旅游学刊》2013 年第 7 期。
③ 魏振瀛:《民法》,北京大学出版社、高等教育出版社,2010,第 340 页。
④ 杨富斌、王天星:《西方国家旅游法律法规汇编》,社会科学文献出版社,2005,第 376-377 页。
⑤ 王胜明等:《中华人民共和国合同法及其重要草稿介绍》,法律出版社,2000,第 28 页、第 180 页。

（三）我国履行辅助人制度初始构建的标志

《旅游法》关于履行辅助人的规定标志着我国履行辅助人制度的初始构建。考虑到通过履行辅助人履行合同义务是包价旅游合同的典型特征,为此,《旅游法》对履行辅助人制度做出了明确规定。其立法目的非常明显,即当旅游合同违约或加害给付时方便旅游者在旅行社和履行辅助人之间索赔。[①]这一立法动向意味着立法机关已经意识到明确履行辅助人身份及其债务履行辅助人责任的重要性。尤其在我国《合同法》规定的第三人利益合同没有明确赋予第三人直接请求权的情况下,构建履行辅助人制度对于落实旅游者的给付请求权及其旅游者权益保护意义重大。

与《德国民法典》、中国台湾"民法"等相比,我国法律体系既没有明确规定债务人为履行辅助人负责的规则,也没有通过规定利他合同赋予第三人的直接请求权。《旅游法》首次规定履行辅助人制度后,可以预见,为保护其他行业的弱势群体也有可能在其他特别法中规定履行辅助人制度。然而,履行辅助人制度不应分散规定在各个特别法当中,对于履行辅助人概念的内涵、外延、范围、适用规则、立法体例等仍然需要进一步研究。

三、我国《旅游法》履行辅助人制度的不足

（一）履行辅助人概念受到了不必要的限缩

就概念的内涵而言,《旅游法》第111条规定的履行辅助人与《规定》第1条规定的旅游辅助服务者都要求实际提供旅游服务的第三人与旅游经营者须"存在合同关系"。"存在合同关系"是否应是第三人成为履行辅助人的必备条件呢?通常而言,旅游经营者会通过与第三人签订旅游辅助服务合同委托第三人履行或协助履行包价旅游合同的义务。正因如此,有人指出"存在合同关系"是履行辅助人存在的典型形式的描述。[②]换言之,履行辅助人还可以其他非典型形式存在。如前文所述,传统履行辅助人概念的内涵与外延都非常宽泛,可谓几乎不受任何限制,只要是依照债务人的意思事实上辅助债务人履行债务的人都可以成为履行辅助人。《旅游法》强调履行辅助人与旅游经营者之间须"存在合同关系"不必要地限制了履行辅助人的内涵与外延,使得实践中许多实实在在不容否认的履行辅助人被排除在外,给旅游纠纷的处理带来了不必要的障碍。实践中,对于合同关系存在与否的判断往往并不容易操作,例如,合同关系是否存在、合同的效力如何、合同订立之后是否有可撤销、变更、无效事由等。合同关系存在与否本是旅游经营者与履行辅助人二者之间的内部关系,与旅游者无涉,然而,拘泥于"存在合同关系"恰好给不诚信的旅游经营者以不存在合同关系为由拒认第三人是其履行辅助人从而为其搪塞、推诿责任找到了更好的借口。就概念的外延而言,《旅游

---

① 全国人大法律委员会关于《中华人民共和国旅游法(草案)》审议结果的报告,2013年4月23日。
② 杨富斌、苏号朋:《中华人民共和国旅游法释义》,中国法制出版社,2013,第235–238页、第242页。

法》第 111 条规定的履行辅助人的范围是"实际提供相关服务的法人或者自然人。"《规定》第 1 条规定的旅游辅助服务者的范围是"实际提供交通、游览、住宿、餐饮、娱乐等旅游服务的人。"不难看出二者所规定的范围都小于传统履行辅助人的范围,然而,从《规定》的旅游辅助服务者到《旅游法》的履行辅助人,其范围又进一步地受到了限缩,前者可以是"人",而后者只能是"法人或自然人"。

(二)地接社没必要从履行辅助人中独立

《旅游法》第 71 条规定由于地接社、履行辅助人的原因导致违约或造成旅游者人身、财产损失的,组团社应当对他们的行为承担责任。[①]《旅游法》将二者并列规定,可见《旅游法》并不认为地接社是履行辅助人之一。依笔者之见,《旅游法》完全没有必要将地接社从履行辅助人中独立。依照《旅游法》关于履行辅助人的定义,站在组团社的立场来看,地接社实际上即是组团社的履行辅助人。《旅游法》第 111 条第 5 款规定,地接社是指接受组团社委托,在目的地接待旅游者的旅行社。按照这一定义,其完全符合履行辅助人的定义,所谓接受组团社的委托即表明与旅游经营者之间存在委托合同关系。将地接社从履行辅助人中独立且与其并列规定意味着否认地接社是组团社的履行辅助人的法律地位,将使旅游者的旅游服务给付请求权难以落实,重新回到组团社、地接社相互扯皮,推诿责任的老路。如在叶飞凤等诉浙江上铁旅游有限公司衢州分公司等旅游合同纠纷案中,[②]被告衢州分公司答辩称:虽然旅游合同是其与原告签订的,但是旅客是由其委托给华运公司实际履行的,华运公司在整个旅游过程中起主导作用,最终责任理应由华运公司承担。华运公司答辩称:原告是在组团社上铁衢州分公司处报的团,上铁公司委托华运公司,之后华运公司又委托青海当地的旅行社,华运公司只是一个中介,辅助经营者,在本案中没有过错。在交通事故发生后,华运公司已经承担了原告在青海大量的医疗费,不存在赔偿责任。

(三)《旅游法》第 71 条第 2 款但书规定实为一无益条款

旅游活动中,任何人侵害旅游者的权益根据自己责任原则都应依法承担赔偿责任,公共交通经营者侵害旅游者的权益并无特殊之处,只是该但书为其作出特别规定而已。如果立法本意仅在于让公共交通经营者单独承担责任,则该但书显然是一个无益条款。但从第 2 款最后一句来看,立法者似又有规定旅游经营者有协助旅游者索赔义务的意图。但如果只是为规

---

① 《旅游法》第 71 条:由于地接社、履行辅助人的原因导致违约的,由组团社承担责任;组团社承担责任后可以向地接社、履行辅助人追偿。由于地接社、履行辅助人的原因造成旅游者人身损害、财产损失的,旅游者可以要求地接社、履行辅助人承担赔偿责任,也可以要求组团社承担赔偿责任;组团社承担责任后可以向地接社、履行辅助人追偿。但是,由于公共交通经营者的原因造成旅游者人身损害、财产损失的,由公共交通经营者依法承担赔偿责任,旅行社应当协助旅游者向公共交通经营者索赔。

② 叶飞凤等诉浙江上铁旅游有限公司衢州分公司等旅游合同纠纷案,(2015)衢柯民初字第 52 号。本案例引自北大法宝案例数据库,查询日期:2014 年 8 月 15 日。

定旅游经营者的协助义务则不应该在此处规定。

(四)责任承担主体本末倒置

根据上文可知,公共交通经营者是经旅游经营者选任的协助其履行义务的辅助人,二者之间的主次关系非常清晰。旅游经营者一方无论是因违约还是加害给付给旅游者造成损失的,都是主要责任人。正因如此,由于地接社、履行辅助人的原因造成旅游者人身损害、财产损失的,旅游者既可以要求地接社、履行辅助人承担赔偿责任,也可以要求组团社承担赔偿责任,否则,按照侵权行为自己责任原理,旅游者只能要求地接社、履行辅助人承担责任,而不能要求组团社承担责任。然而,该条但书却规定,当公共交通经营者作为履行辅助人加害给付造成旅游者损失时,公共交通经营者为唯一的责任人,旅游经营者却成了只须协助旅游者索赔的协助者。最初时的责任人变成了最终的协助者,而最初的协助者却变成了最终的责任人。这种责任主体本末倒置的规定使得旅游者处于非常不利的境地,尤其在异地游、出境游的情形下,让不熟悉当地语言、法律规定的旅游者向实力强大的当地公共交通经营者索赔显然是勉为其难。即便是换成旅游经营者直接向当地公共交通经营者索赔其也不占有任何优势。在北京中国国际旅行社有限公司与闫作臣等旅游合同纠纷案中即可见一斑,上诉人北京中国国际旅行社有限公司辩称:因为卡塔尔航空公司拒绝出具晚点证明,如果向被上诉人支付机票后,无法通过保险程序理赔。[1]上诉人只是请求出具晚点证明,还不是要求索赔。

(五)但书规定易造成理解上的混乱

该条但书规定的立法本意应是公共交通经营者作为履行辅助人时排除债务人为其负责规则的适用。但是,对该规定人们的理解却不尽一致,大致有 3 种解读:(1)排除公共交通经营者作为履行辅助人。理由是鉴于公共交通经营者的垄断性地位,旅游经营者无法对其选任、监督和指示。前述"干涉可能性必要说"论者持此观点。一旦排除其履行辅助人的地位,自然公共交通经营者就是独立的责任主体。(2)排除"债务人为履行辅助人负责"规则的适用。此种解读并不质疑公共交通经营者的履行辅助人身份,但主张公共交通经营者不同于一般的履行辅助人,"债务人为履行辅助人负责"规则不适用于他们。[2](3)排除旅游经营者享受法定赔偿限额利益兼排除"债务人为履行辅助人负责"规则。此种观点认为,公共交通经营者的损害赔偿责任大多有法定赔偿责任限额,旅游经营者按照一般损害赔偿规则赔偿旅游者之后向公共交通经营者追偿时,往往会遭遇到其法定赔偿限额的抗辩而面临追偿不得的困境,这对于旅游经营者是非常不公平的。为此,应当排除旅游经营者为公共交通经营者负责规则的适用。[3]

---

① 北京中国国际旅行社有限公司与闫作臣等旅游合同纠纷案,(2014)三中民终字第 00691 号,该案引自北大法宝案例数据库,查询日期:2014 年 8 月 15 日。

② 李飞、邵琪伟:《中华人民共和国旅游法解读》,中国旅游出版社,2013,第 214 页。

③ 杨富斌、苏号朋:《中华人民共和国旅游法释义》,中国法制出版社,2013,第 235–238 页、第 242 页。

四、我国《旅游法》履行辅助人制度的完善

(一)关于履行辅助人的概念

我国应当采纳大陆法系广义履行辅助人的理论或学说。履行辅助人即指依债务人的意思事实上辅助债务人履行债务的人。在种类上,履行辅助人包括代理人和使用人,代理人仅指法定代理人,因为意定代理人可以纳入使用人的范畴。旅游履行辅助人即指依照旅游经营者的意思事实上履行或协助履行包价旅游合同义务的人。因此,在内涵上应当删除《旅游法》第111条规定的"与旅行社存在合同关系"的限定性用语。在范围上,他可以是实际提供交通、住宿、餐饮、购物、娱乐等服务的经营者,也可以是接受组团社委托在旅游目的地接待旅游者的地接社,而不应将其限定在"法人或自然人"。

(二)债务履行辅助人责任应允许当事人约定排除

为贯彻私法自治原则,应允许当事人通过特别约定就债务履行辅助人责任预先排除,即此项法律规范从性质上而言应属任意性规定,而不是强制性规定。旅游经营者可以通过预判风险、评估自身实力等与旅游者事先约定在某种特定情况发生下不承担债务履行辅助人责任。例如,在黄金周等旅游旺季,酒店、旅馆常常爆满一房难求,景区景点人满为患,寸步难行等。对于由此给旅游者造成的不快、甚至损失等应允许旅游经营者事先约定排除该规则的适用。中国台湾地区民法典第224条但书规定:"但当事人另有订定者,不在此限。"1911年瑞士债法第101条亦规定,"此项责任得预先约定、限制或废弃之。"民律草案第360条的立法理由书也认为:"准许有反对之特约,以保护债务人之利益。"不过,对于此项约定应注意两点:一是对于履行辅助人的故意、重大过失行为,旅游经营者不得通过事先约定排除其责任;二是旅游经营者只能通过与个别旅游者约定排除该规则的适用,不得通过在格式合同中事先排除适用,否则对于此项免责条款旅游者可以违反公序良俗或诚信原则主张该条款无效。①

(三)《旅游法》第71条的完善

第71条 但书为了达到排除适用旅游经营者为公共交通经营者加害给付负责规则的目的,或者通过排除公共交通经营者履行辅助人身份,或者基于旅游经营者不享有法定赔偿限额利益。笔者认为,该条对于诸多的独立给付提供人单单排除公共交通经营者,不具有足够的说服力。公共交通经营者具有垄断性,但旅游活动中与旅游相关的垄断行业不只有公共交通经营者。况且对于何谓垄断也颇具争议。对该条但书的完善,笔者建议可以借鉴《公约》及其欧共体《关于一揽子旅游的指令》的相关规定。《公约》第14条、第15条规定,无论是旅游经营者本人亲自提供还是委由第三人提供相关服务给旅游者造成的任何损害,均应按照有

---

① 王泽鉴:《为债务履行辅助人而负责》,《民法判例与学说研究》(第6册),中国政法大学出版社,2005,第82页。

关调整该项服务的规定承担责任。此项规定又可以称为公约的分离原则。如果调整该项服务的相关规定有赔偿限额时则依照该规定,如果没有规定赔偿限额时,旅游经营者还可以按照第 13 条第 2 款的规定享受赔偿限额利益。该款规定,在不损及决定谁有权提起诉讼以及他们各自之权利的情况下,对每位旅游者的人身损害赔偿不超过 5 万法郎、财产损害不超过 2000 法郎、其他损害不超过 5000 法郎,各缔约国对通过其领土内的营业机构缔结的契约还可以规定更高的限额。[①]《关于一揽子旅游的指令》第 5 条第 2 款第 5 项规定:"关于不履行或不正确履行一揽子旅游服务合同而产生的损害赔偿责任,成员国可以允许赔偿额受到有关此类服务的国际公约所规定的责任限额限制。"[②]德国民法典第 651h 条第 2 款也有相类似规定,"待由给付承担人提供的旅行给付,适用国际条约或以国际条约为依据的法律规定,且依照这些规定,损害赔偿请求权仅在一定要件或限制下才发生或可加以主张,或在一定的要件下被排除的,旅行举办人也可以对旅客援用之。"[③]《公约》的立法意图非常明显,即"公约之所以规定适用有关给付之规定,其主要之用意在于不使旅行包办人之责任大于此等给付提供人。"[④]《公约》按照分离原则适用各有关服务的相关规定虽遭到部分人的批判,但却以此保障旅游经营者的责任不至于大于具体给付提供人。

综上,笔者建议,《旅游法》第 71 条可作如下修改:第一,删除地接社,将地接社纳入履行辅助人范围,不与其并列规定。第二,将第 71 条但书修改为:履行辅助人在提供交通、住宿、餐饮、购物、娱乐等服务时,对旅游者造成的任何损害按照调整该项服务的相关规定承担责任。旅游经营者应按照同样的规定,对在提供这些服务时给旅游者造成的任何损失承担责任,但当事人另有约定者除外。第三,为降低旅游经营者的经营风险,就履行辅助人的行为给旅游者造成的非人身损害赔偿责任,允许旅游经营者与旅游者通过合同约定其赔偿责任限额。该责任限额可借鉴德国民法典第 651h 条的规定限制在旅费的 3 倍以内。第四,旅游经营者赔偿旅游者之后,可以对给旅游者造成损失的履行辅助人进行追偿,旅游经营者有权代位行使旅游者对履行辅助人享有的一切权利或诉权。旅游者将其所占有的文件及其资料提供给旅游经营者,并协助旅游经营者向履行辅助人追偿。

余 论

无论从内涵还是外延上限制履行辅助人都不符合履行辅助人最传统、最本质的含义,应该从最宽泛的意义上理解它的内涵与外延。德国民法典第 278 条确立的为债务履行辅助人

① 杨富斌、王天星:《西方国家旅游法律法规汇编》,社会科学文献出版社,2005,第 376-377 页。
② 吴越、李兆玉:《欧盟债法条例与指令全集》,李立宏译,法律出版社,2004,第 147 页。
③ 陈卫佐:《德国民法典》,法律出版社,2006,第 254 页。
④ 许惠祐:《旅行契约之研究》,台湾政治大学 1988 年博士论文,第 4-47 页。

148

负责的规则堪称欧陆法制史上的创举,其影响至为深远。我国《旅游法》确立的该规则显然也是受到了它的影响。与传统相比,我国《旅游法》规定的履行辅助人又有了进一步的"扬弃",在内涵上履行辅助人要求与债务人有合同关系,在外延上又试图排除具有垄断地位的公共交通经营者。我国《旅游法》上规定的履行辅助人对传统履行辅助人的所谓的"扬弃"不仅与传统不相吻合,更与社会现实需要不符。旅游经营者同旅游者相比永远处于强势地位,旅游者更值得法律的关注。旅游经营者不能借口其对独立给付提供人不能选任、监督、指挥,就能对其履行辅助行为不负责任,否则便认为对其不公,进而认为会影响旅游业的健康发展。旅游经营者可以通过调整经营思路、强化保险、对独立给付提供人追偿等机制维护自身的合法权益。履行辅助人在我国《旅游法》这一特别法中首次明确规定实为无奈之举,这表明履行辅助人制度不仅具有其独特的法律价值且是现实的需要。假他人之手履行债务不仅在旅游行业,在其他各行各业中也均普遍存在,未来履行辅助人的立法不可能分布在各个单行的特别法中。我国应当借鉴大陆法系的经验,在民法典或债法总则中尽快规定履行辅助人制度。

(原文发表于《旅游学刊》2015 年第 9 期)

《合同法》格式条款效力规范之重构[*]

黎　珞^{**}

内容摘要：我国《合同法》制定的格式条款效力规范存在相互矛盾、难以适用的问题，"公平原则"已不再适宜作为评判标准。应进一步细化认定格式条款效力的概括性规范，以格式条款约定的情形是否已经被有关法律规范所规定作为逻辑展开的线索，对于既有法律规定已经创设的情形，应考察格式条款是否对其排除与变更适用或格式条款的内容是否更有利于条款相对方之利益；对于法律规定未涵盖的情形，应依据相对方订立合同之主要目的来对其效力加以判断；对于既没有违反法律规定又符合相对方订立合同之主要目的的格式条款还应考查其是否有违诚实信用原则。

关　键　词：格式条款　效力规范　立法模式　概括性规范

自《中华人民共和国合同法》(以下简称《合同法》)颁布以来，作为调整格式条款效力的第 39 条和第 40 条受到学界的诸多批判，为了缓解两法条中存在的问题，《最高人民法院关于适用〈中华人民共和国合同法〉若干问题的解释(二)》(以下简称《合同法解释二》)第 9 条和第 10 条针对格式条款的效力认定又做了进一步的细化。然而，这非但没有解决《合同法》存在的既有矛盾，而且又进一步引发了《合同法》与司法解释以及司法解释条文之间的冲突，给法律适用带来了更多的困难。因此，为了彻底摆脱立法与司法陷入的困境，首先应将解释论作为工具廓清法律条文的真意，在对现有规范进行合理解释之后，若仍然不能达致预设的效果，则需要从立法论的角度对格式条款的效力规范进行一次重构。

一、格式条款效力规范之司法审视

1.相关案例的搜索与分类

通过对搜集到的典型案例进行对比分析，笔者发现这些案例可以依据法官判定格式条款效力的路径被分为三大类：

第一，在探讨格式条款内容之后，适用《合同法》第 39 条认定格式条款的效力。如果该格式条款未遵循公平原则并且提供方没有尽提示说明义务，即没有满足《合同法》第 39 条对格

---

* 本文曾经张老师耐心的辅导并修改。在此，对张老师一直以来的关心与帮助表示衷心的感谢。

** 武汉大学法学院 2014 级民商法专业博士研究生。

式条款的要求,将被认定为无效条款。比如,在"上海上德货物储运有限公司诉上海艳兴物流有限公司公路货物运输合同纠纷案"中,法官认为"应严格依照《中华人民共和国合同法》第三十九条第一款规定,而本案'收货凭证'中注意事项的第4项不但内容不公平,而且没有将赔偿限制条款标注在比较醒目、突出的位置,同时也未能举证证明其采用格式条款订立合同的同时已采取合理的方式提请对方注意免除或者限制其责任的条款,因此,应当认定本案不能适用'收货凭证'中的赔偿限制条款"。①

第二,在考查格式条款内容之后,适用《合同法》第40条认定格式条款的效力。法官会首先判断格式条款的内容是否为免除提供方之责任、加重对方之责任或排除对方之权利,然后考察该条款是否与现行法律规定相抵触或违背公平原则。如满足以上情况,直接适用《合同法》第40条认定格式条款无效。前者如"张培明与张勇运输合同纠纷上诉案"中,法官首先依据《合同法》第311条之规定并结合案件事实认定"张勇认可其在承运该批货物时仅查看了电视机包装纸箱,并未对电视机是否毁损进行检验。张勇亦不能证明其承运行为存在上述法律规定的免责情形。故,张勇应对案涉电视机的毁损承担赔偿责任";②然后再利用《合同法》第40条之规定进行判定,"案涉托运单中张勇关于'包装有破损,损坏自负,保丢不保损'的约定属于上述法律规定的免除其责任的情形,应属无效"。③后者如"孙宝静诉上海一定得美容有限公司服务合同纠纷案",法官认为"提供格式条款的一定得公司并未遵循公平的原则来确定其与孙宝静之间的权利和义务,服务协议及声明书中关于孙宝静放弃服务不退回任何费用的约定明显加重了孙宝静的责任,排除了孙宝静的权利,这些约定条款应属无效"。④反之,如果不违反公平原则,即便格式条款限制了对方的权利也是合法有效的。

第三,出现了部分案例将《合同法解释二》第9条和第10条作为裁判依据的情况。将第9条作为裁判依据的案件中,法官承认了相对方对免责条款的撤销权,如在"中国大地财产保险股份有限公司重庆分公司与重庆嘉峰实业(集团)有限公司财产损害赔偿纠纷上诉案"中,法官认为"被上诉人嘉峰公司与案外人泛美公司系案涉货物运输托运单的双方当事人,嘉峰公司为提供格式条款的一方,合同相对方是泛美公司。根据前述法律及司法解释的规定,如果嘉峰公司未采取合理的方式提请泛美公司对该托运单中第2条及第3条责任条款的注意并对该条款予以说明,则依法享有撤销权的主体是泛美公司而非本案上诉人大地保险公司"。⑤虽然该案由于相对方已经明确知道免责条款之内容而无权行使撤销权,但足以说

---

① 上海市嘉定区人民法院(2013)嘉民二(商)初字第542号民事判决书。

② 安徽省宿州市中级人民法院(2014)宿中民二终字第450号民事判决书。

③ 安徽省宿州市中级人民法院(2014)宿中民二终字第450号民事判决书。

④ "孙宝静诉上海一定得美容有限公司服务合同纠纷案",《最高人民法院公报》,2014年第11期。

⑤ 重庆市第五中级人民法院(2011)渝五中法民终字第367号民事判决书。

明法院承认相对人对于未尽提示说明义务之免责条款可以行使撤销权，而不是直接认定其无效。另外，利用第10条作为裁判依据的案件一般是将格式条款分为两个部分进行效力判定：提供方是否履行了合理的提示说明义务以及该条款是否免除了提供方的责任、加重了对方的责任或排除了对方的权利。如果该条款内容为免除己方责任、加重对方责任或排除对方权利并且提供方未尽合理的提示说明义务，那么法官便直接依据第10条认定该条款无效。比如在"孔×等诉杨××等机动车交通事故责任纠纷案"中，法官在对事实认定后认为"《最高人民法院关于适用〈中华人民共和国合同法〉若干问题的解释（二）》第十条规定……对保险合同中免除保险人责任的条款，保险人在订立合同时应当在投保单、保险单或者其他保险凭证上作出足以引起投保人注意的提示，并对该条款的内容以书面或者口头形式向投保人作出明确说明；未作提示或者明确说明的，该条款不产生效力。"在本案中法官直接认定了未作合理提示说明的免责条款是无效的，而没有对免责条款本身是否遵循公平原则加以考量。但还有一部分案例中法官从免责条款是否被合理地提示说明与条款本身是否遵循公平原则两个方面作出判断之后才对条款效力作出认定，如在"中国人民财产保险股份有限公司运城市分公司东峰山营销服务部与李振华等交通事故赔偿纠纷案"中，法官认为"《机动车第三者责任保险条款》责任免除部分中虽约定保险车辆发生事故致第三者停驶的损失保险人不负责赔偿，但该条款从形式上为格式条款，从性质上为免责条款，保险公司在与被保险人订立合同时未作出足以引起投保人注意的提示，亦未对该条款的内容向投保人作出明确说明，且该条款违背公平合理、权利义务相一致原则，该条款为无效条款"。①

2.司法裁判中存在的问题

通过以上对既有裁判的分类梳理，笔者认为司法裁判中对于格式条款效力的认定存在以下两个方面的问题：

第一，对于相同的案情适用不同的裁判依据。针对免责条款之效力问题，有的法官使用《合同法》第39条认定免责条款的效力，有的直接使用第40条认定其无效，还有少部分运用《合同法解释二》第9条、10条作为裁判依据。显然，法官们对判断格式条款效力的两个条文及其相应的解释应如何运用没有形成统一的思路，他们各自的作用以及具体适用于怎样的情形法官们也没有形成明确一致的意见。

第二，对于相同的案情存在裁判结果不同的局面。在一部分案例中对于提供方未尽提示说明之义务的格式条款法院会直接认定其无效，如在"邵凤英诉卢月红、马伟货物运输合同纠纷案"中，法官认为"发货单上虽然注明了选择保价赔偿和最高额赔偿的内容，但该条款为格式条款，对免除和限制提供方责任的条款，被告未能提供向原告提示或说明的证据，该辩

---

① 河南省三门峡市中级人民法院(2012)三民终字第109号民事判决书。

解本院不予采信"。①前述"孔×等诉杨××等机动车交通事故责任纠纷案"亦是如此,法官仅仅因为提供方不能证明对免责条款尽提示说明义务便否定其效力,忽视了免责条款所做的规定直接关涉到保险人的赔偿额度及事后代位权的行使,符合公平原则与《保险法》的有关规定,不应仅因为未被合理地提示说明而被认定为无效。然而同样是对于提供方未尽提示说明之义务的格式条款,另一部分案件却适用了《合同法解释二》第9条,认为未被提示说明的格式条款可以由当事人行使撤销权,并不是当然无效。如"常州嘉南置业有限公司诉吴明华等商品房预售合同纠纷案"②等案件即是如此。

二、格式条款效力规范之立法考察

1.现行《合同法》中格式条款效力之评判标准

对比《合同法》第39条与40条会发现,第39条给"免除其责任"③格式条款的提供方施加了"采取合理的方式提请对方注意"并"对该条款予以说明"的义务。虽然此处并未对提供方履行提示说明义务时免责条款的效力做出规定,但立法显然在此承认了免责条款有效的可能,否则要求提供方履行"采取合理的方式提请对方注意"并"对该条款予以说明"的义务便毫无意义了。反观第40条,直接规定了"免除其责任"的格式条款无效而不论是否履行了提示说明义务,这显然与39条的规定相冲突。

为了调和《合同法》第39条与40条所存在的矛盾,《合同法解释二》第10条进一步明确了认定格式条款无效的要件,即"提供格式条款的一方当事人违反合同法第三十九条第一款的规定,并具有合同法第四十条规定的情形之一的"才能认定该格式条款无效。《合同法》第40条一共规定了三种情形:具有第52条、第53条之情形以及免除提供方责任、加重对方责任、排除对方主要权利之情形;对于具有前面两项情形的格式条款可以直接认定为无效,无需同时满足格式条款提供方"违反合同法第三十九条第一款的规定"之要件。因此,这里需着重分析的是"违反合同法第三十九条第一款的规定"并具有《合同法》第四十条"免除其责任、加重对方责任、排除对方主要权利"而被认定为无效之情形。其实第39条第一款主要包括两个要素:未遵循公平原则确立权利义务与提供方未对免除其责任之格式条款履行提请注意、说明义务。依《合同法解释二》第10条之意,只要该格式条款违反公平原则确立双方当事人的权利义务或提供方未对免除其责任条款尽提请注意、说明义务,并属于第40条中免除其

---

① 安阳市文峰区人民法院(2013)文民三初字第443号民事判决书。
② 常州市天宁区人民法院(2012)天民初字第121号民事判决书。
③ 笔者认为,免除其责任与限制其责任的界限并不明显:免除责任可以是免除提供方的某项责任,从整体来理解就是限制提供方的责任。因此,免除其责任应与限制其责任可作同一理解。

责任、加重对方责任和排除对方主要权利三类之一,该格式条款即为无效。具体来说,一方面对于《合同法》第 39 条公平原则之理解应适用于所有的格式条款,某格式条款若违背公平原则并且本身内容属于"免除其责任、加重对方责任和排除对方主要权利",该格式条款是为无效。另一方面,根据《合同法》第 39 条之规定,提请注意及说明义务仅仅只是针对"免除其责任"的条款,其实免除或限制己方责任对于双务合同的对立双方来说必定加重了相对方之责任,排除对方主要权利也是免除、限制自己责任的表现,①因而"加重对方责任、排除对方主要权利"之格式条款同样需要提供方履行提请对方注意与说明之义务。因此,按《合同法解释二》第 10 条之意,若某格式条款内容属于免除其责任、加重对方责任和排除对方主要权利三项之一,即便遵循公平原则,只要提供方未对其提请对方注意与说明,该条款依然无效。②

此外,根据《合同法解释二》第 9 条之规定,提供方对于"免除其责任"之格式条款未尽提请注意和说明义务的,"对方当事人申请撤销该格式条款的,人民法院应当支持"。依据体系解释一致性原则,"撤销"之法律用语在《合同法》第 54 条可撤销合同的规定中也有适用,如果当事人未撤销该合同,应认为合同是成立并生效的,那么该格式条款在被撤销之前也是有效的。而且,此处尊重相对人的意思自由,将违反提请注意说明义务之格式条款的效力交由相对人决定,因此,未尽提请注意和说明义务的免责条款在被撤销前应当被理解为有效成立,否则就不存在相对人自由决定撤销的意义。然而根据上文对于《合同法解释二》第 10 条之规定的理解,提供方对于"免除其责任"之格式条款未尽提请注意和说明义务的,该格式条款直接认定为无效,这便产生了明显的冲突:究竟该格式条款在被撤销之前是有效成立还是无效呢? 这也就是导致如第一节所述在相同案情之下却出现了不同裁判结果的原因。《合同法解释二》第 9 条特别规定提供方对于免责条款需履行提请注意与说明之义务,是试图将违反此义务之格式条款的效力交由相对方自由决定,若直接认定其无效则太过严格,比如在人身保险合同中,明确规定某种疾病不在承保范围之内,并不能因为保险人违反提示、说明义务而径行认定无效,只在被保险人因此申请法院撤销该条款时,法院予以支持;③而《合同法解释二》第 10 条主要针对违反《合同法》第 39 条第一款公平原则而导致格式条款无效的情况。尽管有一部分学者将提供方的提请注意与说明义务视为格式条款"纳入"规则,④将这里

---

① 周清林:《论格式免责条款的效力层次——兼谈《合同法》及其司法解释之间的矛盾及其协调》,《现代法学》2011 年第 4 期。

② 从《合同法解释二》第 10 条来看,显然最高法未将提请注意与说明义务当作格式条款订入合同的规则而是作为效力判断规则适用。

③ 沈德咏、奚晓明主编:《最高人民法院关于合同法司法解释(二)理解与适用》,人民法院出版社,2009,第 87 页。

④ 张良:《论不公平格式条款的形式性规制》,《河南大学学报(社会科学版)》2013 年第 3 期。

的"撤销"之法律意义理解为"未订入合同"。即使以后立法可以做此修改,但按目前立法之意旨不能这样理解。总之,如果"免除其责任、加重对方责任、排除对方主要权利"之条款提供方违反提请注意与说明义务,该条款的效力应依据《合同法解释二》第9条处理。只有当这些条款违背"公平原则确定当事人之间的权利和义务",免除了提供方法定的、在通常情况下应该承担的义务,迫使相对方承担通常不应承担的义务、排除其依合同性质或法律规定应享有权利时①才直接依据《合同法解释二》第10条认定无效;②此时第9条和第10条在适用中的矛盾便不复存在。

综上,除去具有《合同法》第52条和53条而导致格式条款无效的情况,立法中格式条款效力规范的内容即是设置了三类格式条款无效与三类格式条款可撤销之情形:

(1)免除其责任+违反公平原则→无效

(2)加重对方责任+违反公平原则→无效

(3)排除对方主要权利+违反公平原则→无效

(4)免除其责任+违反提请对方注意与说明义务→可撤销

(5)加重对方责任+违反提请对方注意与说明义务→可撤销

(6)排除对方主要权利+违反提请对方注意与说明义务→可撤销

2.格式条款公平原则之分析

谈到"公平原则"很容易联想到《合同法》第54条关于"显失公平"的判断标准,因为其都是对公平的认定,在此可以作为理解"公平原则"内涵的方法。我国学界对于是否"显失公平"的判断是存有争议的,有学者认为公平的判断只需要单一的客观要件,即"凡合同内容双方给付显失均衡,致一方遭受重大损害的,均可构成显失公平的法律行为";③还有学者持双重要件说,认为除了客观上的给付不平衡之外,"显失公平"的构成还需要主观上有利用对方不利情势之故意。笔者认为不论以单一要件还是双重要件来理解"公平原则"均不能很好地实现认定格式条款效力的目标,因为传统的主客观要件存在适用上的困难。

格式条款中单纯的客观标准难以把握。一方面,在判断合同法律行为是否"公平"时,我们必须将合同自由亦纳入考量的范围,因为合同公平首先是建立在合同自由的基础之上。如

---

① 施扬、朱瑞:《格式条款提供方的合理提示义务与格式条款效力的认定》,《人民司法》2010年第18期。

② 免责条款在违反公平原则时无效的结论似乎与《合同法》54条显失公平的合同可变更可撤销的规定相冲突,其实不然。《合同法》54条之规定是针对一般合同订立的规则;而免责的格式条款为一类特殊条款,一般双方当事人的经济地位相当悬殊,合同自由受到极大限制;因此,法律特别规定违背公平原则的免责条款无效是基于保护弱势消费者的考量。

③ 梁慧星:《民法总论》,法律出版社,2011,第202页。

果能保证双方当事人意思自治，"只要每一方合同当事人根据他们自己的判断，认为另一方提供的给付与自己所提供的给付具有相等的价值，即可认定给付与对待给付之间具有等价关系"。[①]此时即便客观上不等价，那也是正常的交易风险，法律不应介入其中。这么说来单一的客观判断标准并不确定。另一方面，即使以对待给付均衡作为唯一认定"公平"的标准，那么何为均衡？《合同法解释二》第 29 条对"过分高于造成的损失"作出规定，[②]通过具体的数字作为公平合理的判断标准。但这种明确的客观数据在评价格式条款是否公平时并不能适用，因为格式条款主要是对双方权利义务的公平配置，不如价款、数量可以量化，所以，以客观的给付均衡为内容的"公平原则"不能作为判断格式条款效力的条件。即使否定"显失公平"构成要件上的主观性，也绝对不能抹去"具体的显失公平案件中存在着主观因素"[③]这一事实，这就更说明了对公平的认定需要结合主观因素。其次，利用主观要素来判断格式条款的公平性同样难以适用。因为对于消费者格式合同，格式条款的拟定双方本来就处于不平等的经济地位，一方相对于另一方绝对享有缔约优势。即便格式条款的提供方已经向相对方履行提请注意与说明之义务，也很难认定提供方是否利用对方不利之情势。比如，提供方之垄断地位导致相对方无法选择交易主体，这是否能被认定为垄断企业利用了对方不利之情势？如果能够认定，这种不利情势却是客观存在而不是提供方在具体的交易中故意加以利用的，这对提供方必然不公平；而如果不加以认定，那作为条款提供方的垄断企业确实处于垄断地位。因此，公平的主观要素在格式条款的效力认定中难以举证。

给付均衡与公平不可忽视的另一层意思是"如何公平地分配与合同相关的负担和风险的问题"。那么该如何判断"免除其责任、加重对方责任、排除对方主要权利"之格式条款是否公平地分配了与合同相关的负担和风险呢？我国《合同法》第 142 条规定了风险承担方式，即交付之前由出卖人承担、交付之后由买受人承担。基于此规定，反观《合同法》第 62 条[④]对于合同履行地点不明确时的规定可知，除给付货币、交付不动产以外，一般在履行义务一方所在地交付标的、移转风险。法律在此通过任意性规范分配交易双方当事人之风险、平衡双方

---

① [德]卡尔·拉伦茨：《德国民法通论》（上册），王晓晔、邵建东、程建英、徐国建、谢怀栻译，法律出版社，2013，第 61 页。

② 《合同法解释二》第 29 条第一款："当事人主张约定的违约金过高请求予以适当减少的，人民法院应当以实际损失为基础，兼顾合同的履行情况、当事人的过错程度以及预期利益等综合因素，根据公平原则和诚实信用原则予以衡量，并作出裁决。"该条第二款继续规定："当事人约定的违约金超过造成损失的百分之三十的，一般可以认定为合同法第一百一十四条第二款规定的'过分高于造成的损失'"。由此可以看出，第二款中的"百分之三十"反映了最高院对于第一款"根据公平原则予以衡量"的具体认定。

③ 崔建远：《合同法总论》（上卷），中国人民大学出版社，2011，第 355 页。

④ 《合同法》第 62 条第一款第(三)项：履行地点不明确，给付货币的，在接受货币一方所在地履行；交付不动产的，在不动产所在地履行；其他标的，在履行义务一方所在地履行。

之权利,这是立法者综合考量当事人双方之利益所作出的价值判断。那么如果双方当事人约定不采"往取主义",而是在受领标的一方所在地履行义务、移转风险就是不公平的吗?第一,这样约定显然是双方当事人意思自治之结果;第二,理性的出卖人作此约定,履行额外地交付标的、移转风险之义务,他一定在交易的其他方面获得了相应的补偿,比如约定买受人承担从出卖人所在地到买受人指定交付地之间的运费与货损风险,那么即使双方约定与《合同法》第62条不一致的履行地点也是遵循了公平原则确立双方当事人之权利与义务。正如某学者所说:"任意法之立法意旨不是在使当事人得恣意将立法者制定之法律效力废弃,而是容许当事人以其他规范来代替原来法律规定",①只要整体上公平地分配了双方的权利义务就应该被允许。这么看来,"免除其责任、加重对方责任、排除对方主要权利"之格式条款是否遵循了公平原则只能依据个案加以判断,不能简单地认定他们无效。

总之,笔者认为通过公平原则认定格式条款的效力还不足以帮助司法裁判作出明确的判断,②操作起来也十分不便,需要完全依靠法官正确行使自由裁量权。因此,《合同法》对格式条款效力的认定方式亟需转变。

三、《合同法》格式条款效力规范体系之重构

在我国格式条款效力规范体系中,除《合同法》及其司法解释之外,在一些单行立法中也有规定,比如《保险法》《海商法》《劳动合同法》《消费者权益保护法》《邮政法》《民用航空法》和《铁路法》等,这些单行立法针对本行业内的特殊情形设置了相应的条款,与《合同法》相互配合、共同调整特定领域格式条款之效力。因此,我国《合同法》应在保持现有立法模式的基础上,制定更为细化、逻辑清晰的概括性规范以代替过于抽象的公平原则来判断格式条款的效力。由于法律已经为当事人设定了基本的行为准则,在此笔者以格式条款约定的情形是否已经被有关法律规范所规定作为逻辑展开的线索进行分析。

第一,违背法律规定之格式条款的效力规则。民法规范由强制性规范与任意性规范构成,区分标准即为该规范是否可以由当事人的约定加以排除适用。对于强制性规范,当事人必须无条件的遵守,一旦约定与之相冲突自动不发生效力;因此,我们仅需要考虑替代任意性规范的格式条款之效力。当事人在进行民事行为时,多数情况下会对双方之间的权利义务

---

① 郑玉波主编:《民法债编论文选辑》(上),五南图书出版公司,1984,第298页。
② 笔者注意到在将公平原则作为判断格式条款效力因素的立法例中,几乎都与之配备了更为具体的规范以帮助其适用。比如,虽然我国台湾地区"民法"第247条之1规定"为左列各款之约定,按其情形显失公平者,该部分约定无效",但除此之外台湾地区就定型化契约还专门颁布了"消费者保护法",针对格式条款效力之认定制定了系统的规范:该法第12条就诚实信用原则、显失公平的认定设有更详细的标准,可以帮助法官正确地判断与适用。

自由地约定，但也会出现对一些情形缺乏考虑或是因为太过麻烦而没有在合同中予以规定的情况，因为当事人期待法律已经对民事活动中可能出现的一般细节有公正的规定。任意性规范可以被当事人之间的约定任意排除，但这也不是绝对的，立法者给排除任意性规范的法律行为设置了很多障碍，格式条款的效力规范即是如此。

法律之所以在格式条款排除任意性规范时给予限制，是由于格式条款的自身性质所致。因为只有当事人之间达成的约定是出于完全意思自治才能排除任意法的适用，而这种意思自由在使用预先拟定的格式条款订立合同时是不存在的；因此，任意法对于适用格式条款的合同来说已经不是单纯的任意法，而特别具有了强制性。另外，通过探究任意法本质属性，他们是由立法者根据社会一般交往规则抽象而来，是对社会基本的公正进行考量之后的结果，有助于为当事人节省交易成本、防止法官恣意行使自由裁量权。[1]任意法不能在格式条款中被当事人随意排除，特别是任意法赋予格式条款相对人的基本权利、施加给条款使用人的法律责任不能被排除。在此应该认识到，任意法已经异化为一种具体规则来代替诚实信用、公平等抽象的民法基本原则对格式条款之效力进行调整，"对一般交易条件仅仅应当以法律（特别是民法典）为标准进行考察，而不应当考察其是否符合进一步的公正理念"，[2]这也正好弥补了以公平原则作为判断标准的不足。此外，既然是对任意法排除的限制，那么绝不是禁止当事人在格式条款中对任意法的规定加以排除或变更。既有的私法体系不应该被例外地打破，即便是在格式条款效力的判定上，排除或变更任意性规范的格式条款应该允许合同相对方自由地撤销而不是一律无效，这正好与可撤销合同这种效力形式相吻合；而且，由于任意法建立在民事法律关系中最为基本的公平正义标准之上，代替任意法的约定至少应该与其一样对契约的公平正义加以维护。因此，任意法在法律关系中构造的基本权利、义务与责任体系不应被格式条款所排除，比如相对人有关的形成权、请求权以及条款使用人承担的违约责任等；除非格式条款中设定的权利、义务或法律责任较任意法的规定对条款相对人来说更为有利。

因此，排除或变更任意性规范的格式条款可由相对方撤销，但较任意性规范更有利于条款相对方之正当权益的格式条款除外。[3]

第二，法律规定调整范围之外的格式条款的效力规则。民事行为建立在当事人意思自治的基础之上，所以必须承认法律不能为可能发生的所有法律事实设立相应的调整规范，这就意味着当事人之间订立的格式条款不会被全部纳入任意法规制的范围，因而存在很大一部

---

① 朱庆育：《民法总论》，北京大学出版社，2013，第 51 页。
② [德]迪特尔·梅迪库斯：《德国民法总论》，邵建东译，法律出版社，2013，第 322 页。
③ 此处的法律规定当然既包括任意性规范，也包括强制性规范。

分格式条款无法通过寻找任意法依据来判定其效力或者即便满足法律规定但在具体合同之情形中仍然可能无效。那么此时又该如何对其进行调整呢?此时为了维护条款相对人之利益应围绕具体订立合同之目的加以判断, 即如果法律没有对某一合同条款设置相应的调整规范,那么在审查其格式条款之效力时,就应该诉诸该合同订立时所包含之目的。①如果该格式条款并不违背合同设立当时相对人所欲达致之主要目的则该条款之效力应该得到承认。比如,在"谢莉莉与上虞市卧龙天香华庭置业有限公司商品房销售合同纠纷上诉案"中,被上诉人(原审被告)上虞市卧龙天香华庭置业有限公司在其与上诉人(原审原告)谢莉莉签订的买卖合同中约定"面积误差比绝对值超过3%时,给予买受人一定的考虑期间,允许买受人在合理期间内提出退房要求";②其目的是督促买受人及时受领房屋,并没有害及买受人订立买卖房屋合同之目的,所以该格式条款是有效成立的。由此可见,超出法律规定调整范围之外的格式条款违背相对方订立合同之主要目的的无效。

第三,效力规范体系之周延。仅以格式条款是否排除或变更法律规范为逻辑主线加以展开的判断思路在逻辑上还是不够周延,因为最后会有一部分格式条款既没有与任意性规范相冲突,又不损及合同相对人订立合同之主要目的。这时还需要对其条款本身内容是否具有正当性做出考察,因此在格式条款效力之规范体系中还需要一个兜底性条款。由于本文所持观点为我国合同法应对格式条款之效力规范采概括性的立法模式, 这与台湾地区的立法模式较为相近,笔者认为可资参考。

我国台湾地区"消费者保护法"③第11条第1款规定企业经营者应本平等互惠之原则订立定型化契约之条款, 该法第12条第1款又规定定型化契约中之条款违反诚实信用原则、显失公平者无效,并将平等互惠原则作为一种推定显失公平的情形规定在12条第1款第1项之中,但这给诚实信用原则与平等互惠原则之关系带来了疑问。为了进一步明晰法律规范之意旨,我国台湾地区"消费者保护法施行细则"④第14条对"消费者保护法"第12条做了进一步的解释,规定应契约之性质、缔约目的、全部条款内容、交易习惯及其他情事来判断条款是否有违诚实信用原则以及显失公平,且该细则第14条提出了四种情事进一步细化"消费者保护法"12条第2款第1项中的平等互惠原则。综合看来,我国台湾地区有关规定一共提出了六种认定显失公平的情形,但由于法条之间的关系不甚清晰,给法律适用造成了困惑。笔者认为,若以平等互惠原则作为效力认定的判断标准略显单薄,实则应该以诚实信用原则

① [德]卡尔·拉伦茨:《德国民法通论》(下册),工晓晔等译,法律出版社,2013,第795页。

② 浙江绍兴市中级人民法院(2014)浙绍民终字第625号民事判决书。

③ http://www.chinalawedu.com/falvfagui/fg23155/173487.shtml。

④ http://china.findlaw.cn/xfwq/xiaofeiweiquanfalv/qybh/3303_2.html。

作为审查标准,而"消费者保护法实施细则"第 14 条的四种情形可以作为判断诚实信用原则的具体规则,①使之进一步具体化。由此,为了完整地规定我国《合同法》中的格式条款效力规范应增加兜底条文:违反诚实信用原则损害条款相对方当事人之利益的无效,应从当事人之间的给付与对待给付是否显不相当、条款相对方所负担之风险、承担之赔偿责任以及其他不利于相对方利益之情形加以判断。

(本文经修改后发表于《江汉论坛》2016 年第 5 期)

---

① 王泽鉴:《债法原理》,北京大学出版社,2009,第 75 页。

侵权法研究

保险代位权的实效分析

——侵权责任的价值与功能在保险机制下的落空

余　纯＊

内容摘要：以保险代位权为着眼点，从保险金是否损益相抵入手，分析保险代位权在两大法系的性质以及这一性质对当事人选择的影响，从这一影响中，可以看出保险赔偿机制对侵权损害赔偿机制的影响与实际取代，而这正是由于侵权责任制度自身无法克服的缺陷所致.

关 键 词：保险代位权　损益相抵　侵权责任　正义　效率

当商业保险的被保险人或者社会保险的参加者遭受他人的侵权行为而致损时，理论上存在两种选择，一种是向保险人求偿，一种是向加害人求偿。如果两个请求权都不能单独满足受害人的损害填补要求或者受害人的损害无法以经济价值衡量时，受害人可以同时行使两种请求权。而当任一种请求权都能满足受害人的损害填补要求时，而受害人又行使了两个请求权时，即涉及到对其获益是否抵扣与保险人的代位权问题。

一、损益相抵原则与平行来源规则(the collateral source rule)

当损害事故发生后，赔偿权利人受有损害，但也有可能基于发生损害的同一原因而受有利益，对于这种利益，是否应从赔偿权利人获得的赔偿额度中扣除，存在两种完全相反的主张，一种为大陆法系的主张扣除的损益相抵原则，另一种为美国法上的否定扣除的平行来源规则。

(一)损益相抵与保险

损益相抵的原则，在罗马法上即已存在。在现代大陆法系各国，该原则或者表现为立法的明文规定，如 1992 年的《荷兰民法典》第 100 条所规定的"同一事件给受害人既造成损害又带来利益的，在确定应救济的损害时必须在合理范围内计算受害人所获得的利益"；或者表现为判例和学说予以确认的一般性原则，如德国与法国都是通过判例或者学说承认损益相抵原则的存在。

＊法学博士，现就职于中国人民保险集团股份有限公司。

损益相抵的理论基础,有两种传统学说,一为利益差额说,一为禁止利得说。前一学说认为应当根据受害人在损害发生前后的财产状况的差额,来确认受害人最终应该获得的赔偿额度。而后一学说则是根据禁止利得的思想,认为受害人在获得损害赔偿之后的财产状况不应该比无损害事故发生时更加优越。[1]这两种学说的出发点不同,但都是从损害填补的角度来计算损害赔偿,即有损害才有法律救济的需要。损益相抵原则的缺点在于,这种扣减受害人所得利益的计算赔偿额度的原则无益于对侵权行为的威慑和预防损害的侵权责任制度的目的,这从德国早期的损益相抵标准可以得之。德国判例关于损益相抵的标准经历了三个时期,即损益同源、相当因果关系和法规意旨。前两个时期的标准,无论是损益同源还是相当因果关系仅仅是从法律技术的角度来计算应当予以抵扣的获益,而不论该获益所造成的加害人减责或免责的后果是否与使受害人获益的第三人的期待目的或者法律规定的意旨相吻合,但适用这两个标准的最终结果是在客观上使加害人免责,而有损于侵权责任的有效威慑目的,因此现代德国判例最终采纳了法律意旨作为损益相抵的标准,即损益相抵必须对受害人是可苛求的,并且必须符合损害赔偿请求权的目的,而这种标准的最终目的是使加害人不得通过损益相抵原则不公平地得以免责,[2]总之,损益相抵原则的适用不能使侵权责任的损害预防与威慑功能落空。因此利得禁止说被欧洲学者认为是虚无的,没有独立的论据价值,其原因在于,侵权行为法应当集中于保护受害人的利益,而非加害人利益。

至于利益差额说,需要区分财产损失与非财产损失来评价,对于财产损失,由于损失在量上具有可计算性,的确可以计算出损害事故前后的财产状况之差额;但对于非财产损害,能够计算的只能是相关的医疗等费用,对于身体损伤和精神损害,却无法以金钱来衡量,利益差额说如果适用于人身损害,也仅限于对相关费用的抵扣,此时是否存在利益差额不无疑问,因此传统上对于财产侵权获得的财产利益比人身侵权获得的财产利益更容易被损益相抵。即便如此,以利益差额说作为损益相抵的理论基础,也不再是简单地从法律技术上分析受害人的获益和损失,而是着眼于公平、法律政策、诚实信用原则或者减少责任额的计算是否合理甚至是被告的过错程度等因素,综合考量是否适用损益相抵。[3]因此损益相抵原则,实际上已成为个案的考察。

在现代社会,最典型的作为受害人其他来源的获益为受害人投保的各类保险,对于受害人所获保险金是否予以抵扣,大陆法系各国的态度却几乎完全一致,即保险金不能作为受害人所得利益而予以扣减。其原因却有不同学说:有观点认为受害人取得的保险金,是以一定的保险费支付而取得的,因此并非利得;有观点认为第一人保险的客观目的在于受害人利

① 曾世雄:《损害赔偿法原理》,中国政法大学出版社,2001,第237-238页。

② 迪特尔·梅迪库斯:《德国债法总论》,杜景林、卢谌译,法律出版社,2004,第455页。

③ 克雷斯蒂安·冯·巴尔:《欧洲比较侵权行为法》(下卷),焦美华译,法律出版社,2004,第518页。

益,而不是为加害人利益存在;还有观点认为,对此应分人身保险与损失保险来说明,对于人身保险,在事故发生前,即已发生被保险人的债权,只不过是该债权的期限不定,因此保险金的取得,不能称为基于损害事故发生而产生的利益。而损失保险不能适用损益相抵的原因在于损失保险以填补受害人损失为目的,此时加害人的赔偿义务与保险人的保险给付义务,构成损害赔偿义务的竞合,当一方义务的履行而使损害得到填补后,另一方的义务即归于消灭。但这并非损益相抵理论,而是为保险人代位权的行使提供依据。①因为虽然受害人取得的两种请求权具有相同的目的,但却有不同的内容,因此加害人不得主张损益相抵。②除了上述理论分析外,从实务看,保险金不能适用于损益相抵的原因有二,一为损益相抵无论如何不能使侵权责任的威慑功能落空,在使受害人双重获益和加害人免责的选择中,侵权损害赔偿必然选择前者,更何况,由于诉讼成本和赔偿范围的限制,受害人实际上得不到完全赔偿,受害人的双重获益反而能弥补侵权责任制度在填补受害人损害上的先天缺陷;另一方面,虽然保险人的保险义务与加害人的赔偿义务具有相同的目的,但实质上,在侵权责任的双边结构中,损失保险的保险人与受害人具有共同的利益,一旦加害人因为受害人保险的存在而免责或减责,实际上会影响到保险人的代位权的行使,只有承认受害人的双重获益,保险人才能以不当得利为名,请求受害人返还已给付的保险金,从而使加害人成为一切损害赔偿的最终承担者,否则,损益相抵的结果只可能让保险人承担加害人的部分或全部责任,而使这种由受害者支付保险费并为其利益存在的保险反而成为加害人减轻责任的理由,这在法院、受害人和保险人看来,都是不能接受的。

而在世界范围看,完全肯定保险金适用损益相抵原则的是斯堪的纳维亚法系国家③。在这些国家,对损害的救济上,其法律政策似乎是想让保险发挥比侵权责任制度更大的作用。这种思想最早源自丹麦著名教授 Ussing 的设想,Ussing 教授设想在人寿保险和定额保险中取消保险公司对侵权人的诉权;在损失保险中,保险公司对侵权人的追诉受到限制或者相应的扣减,除非加害人存在故意或重大过失。④其后斯堪的纳维亚各国相关法律部分采纳了 Ussing 教授的主张。⑤如瑞典保险法第 20 章第 7 条明确规定,加害人的赔偿数额在一般保险支付的数额内相应扣减。丹麦损害赔偿法第 19 条也明文规定,在已经被物损保险或者停工保险所覆盖的责任范围内无损害赔偿责任,但因故意或重大过失而导致损害时除外。但人寿

---

① 史尚宽:《债法总论》,中国政法大学出版社,2000,第 314–315 页。

② 曾世雄:《损害赔偿法原理》,中国政法大学出版社,2001,第 252 页。

③ 英国的社会保险金也部分适用抵扣原则。John G. Fleming, Collateral Benefits, in 11 International Encyclopedia of Comparative Law—Torts ch.11, p.22 (A. Tunc ed. 1983).

④ Henry Ussing, Scandinavian Law of Torts, 1 Am. J. Com. L. 366, 367 (1952).

⑤ Anders Vinding Kruse, The Scandinavian Law of Torts: Theory and Practice in the Twentieth Century. 18 Am. J. Com. L. 77 (1970).

保险、健康保险和意外事故保险的存在并不会减轻责任人的赔偿,损益相抵原则主要适用于非人身保险领域。

(二)平行来源规则

美国法传统上坚持损益不相抵,这一原则又被称为平行来源规则。大多数学者认为该规则源自1854年的 The Propeller Monticello v. Mollison 案。该案中,同时装载有货物的一艘轮船与一艘帆船在湖上发生碰撞,导致帆船沉没,但该船舶已投保,保险公司接受帆船上货物的货主的委付而支付全部赔偿。在其后由帆船船主提起的诉讼中,轮船的船主主张对方获得的保险赔付应当在其承担的赔偿责任中予以抵扣。但法院驳回了这一主张,认为保险合同的存在是船主对第三方的保证,与侵害者无关,保险人并不是共同侵害人,因此从保险人那里获得的赔偿不应该减轻他人的责任。①

平行来源规则的理论根据,主要有两种意见,一为惩罚说,一为交易获益说。根据惩罚说,尽管该规则可能使受害人双重获益,但基于对加害人的惩处之考虑,不能因此而减轻加害人的责任,因此该规则被某些法院视为对加害人的一种惩罚。②但该说的缺陷在于惩罚性的责任在普通法上应仅限于欺骗、蓄意侵权等领域,而并不适用于大部分过失侵权案件。因此,某些法院转而主张横财理论(windfall theory),根据这一理论,在有平行来源获益时,法律选择的结果不是使受害人得到横财,就是使加害人获得横财,而使受害人因此而获益明显要公平得多。③这一理论为美国许多法院所支持。④交易获益说则早自1874年就由Pigott法官在 Bradburn v. Great Western Railway Co.一案中予以阐明,该理论认为原告获得的额外赔偿是基于其事前的契约行为(保险合同)而获益,属于根据一般交易规则而获得的,而不是基于侵权行为的发生而获益,自然不能予以抵扣加害人的赔偿。除了上述两大理论外,还有学者提出了其他的理论依据,如美国侵权法权威学者多布斯(Dobbs)教授认为其他来源规则的真实目的是为了提供原告在诉讼上的财力支持,因为大量的诉讼费用和事故费用很可能会减少受害人获得的实际赔偿。⑤该理论也为加利福尼亚州最高法院在 Helfend 一案的判决中予以认可,即平行来源获益部分用于支付受害人的律师费用,实际上不会使其双重获益。⑥

在《侵权法第二次重述》中,该规则被阐述为:被告获得的偿还来自于或者受益于其他的来源,即为平行来源受益,这些受益没有减轻被告赔偿的效果。受到伤害的原告的净损失可

---

① The Propeller Monticello,58 U.S.(17.How.) at 153–156.

② Hubbard Broadcasting,Inc. v. Loescher,291 N.W.2d 216,222 (Minn,1980).

③ Werner v. Lane,393 A. 2d 1329,1335–36.

④ Joel K. Jacobsen,The Collateral Source Rule and the Role of the Jury,70 Or. L. Rev. 529(1991).

⑤ D. Dobbs,Handbook on the Law of Remedies –Damages,Equity and Restitution,West Pub. Co. 1973,p.584.

⑥ Helfend,2 Cal. 3d at 12,84 Cal. Rprt. at 180,465 P. 2d at 68.

以相应的扣减,从这个程度上看,被告被要求承担全部赔偿数额可能会使受损的原告获得双倍的赔偿,但是站在法律的立场看来,对于直接针对受害人的获益不能转化为加害人的横财,如果原告是因为自己的原因而获得这些利益,(如获得自己的保险补偿),那么法律将允许其保留这些获益;如果这些利益是源自第三方的赠与或者是法律的直接规定,那么他也不应该被剥夺这些利益。法律并不区分这些利益的性质,只要它们不是源自被告或者被告的代理人。最终的结论是,加害人应当对其造成的一切损害承担赔偿责任,而不仅仅限于受损方的净损失。[①]从美国侵权法重述的观点看,其对其他来源规则的理论糅合了横财说与交易获益说,其理论的核心是要加强对受害人的赔偿,而另一方面看,则是要保持侵权责任的威慑效力。

但自美国的责任保险危机以来,平行来源规则被认为是加重了责任人的责任,实际上是使保险公司承担更大的责任,因此这场危机促使美国各州进行了侵权法改革,平行来源规则即成为侵权法改革的主要内容之一。截至 2003 年 12 月 31 日,共有 23 个州改革了其他来源规则,而有两个州(乔治亚与堪萨斯)因为这种改革被判违宪而搁置。这 23 个州的改革分为三类,一类是完全废除平行来源规则,允许法院予以扣减;另一类是限制该规则的适用范围,即将该规则的适用范围限制在人寿保险、政府补偿、劳工赔偿等获益来源;第三类则是设定损益相抵的限额,如伊利诺斯州规定扣除必须在 25000 美元以下,且不得扣除赔偿额度的 50%。此外还有些州,如夏威夷州是通过赋予保险人或者第三人以代位权来阻止受害人获得双重赔偿,亚利桑那州的改革并不是直接废除该规则,而是授权陪审团在衡平的基础上,考虑受害人的其他来源获益,再决定加害人承担的赔偿额度。[②]总体而言,美国仍有半数以上的州没有改革其他来源规则,其中包括加利福尼亚与得克萨斯这样的重要州,损益不相抵的原则在美国法上仍然延续其旺盛的生命力。

(三)保险金不相抵的结果

因此,除了在斯堪的纳维亚地区,和侵权法改革后的美国部分州,保险金适用损益相抵的最终结果是使责任人部分获全部免责,即第一人保险的存在抵消了侵权责任。而在其他国家和地区,无论是欧洲的损益相抵原则,还是美国的平行来源规则,保险金在大多数国家都是不能予以抵扣责任人的赔偿额度的。这种不予抵扣的做法将导致两种结果,一是受害人获得保险金给付和侵权损害赔偿,这在其他来源获益为人寿保险金时最为常见;另一个是保险人在给付保险金后取得保险代位权,可以向造成保险事故发生的责任人追偿。在财产损害场合,受害人如果能获得全部或大部分的赔偿,保险金是否损益相抵的问题在实务上发生的几率较小。但在人身伤害场合,相关保险给付往往只涉及医疗费用,人身伤害和精神损害,保险

---

① Restatement of Torts,Second§920 comment a.

② American Tort Reform Association,Tort Reform Record,2003,p.13–16.

并不承担或不完全承担损害填补,因此受害人有在获得保险赔偿后,继续向加害人追偿的需要。此时,法律是让受害人行使两种请求权而得到双重补偿,还是赋予保险人代位权,各国法律并不完全一致。

二、保险代位权

(一)保险代位权的适用范围

在财产保险合同中适用保险代位权,在人寿保险合同中排除保险代位权是各国通例,例外是斯堪的纳维亚国家保险法。在北欧,对于主要的人身保险,如人寿保险、健康保险和意外伤害保险,保险人都没有保险代位权,如上所述,受害人在获得保险金后,可以继续向加害人追偿。在损失保险领域,只要加害人不是出于故意或重大过失造成损害事故,法院可以在保险赔偿的范围内免除加害人的责任,从而使保险人没有行使保险代位权的基础。[①]但在其他国家和地区,保险代位权是普遍存在的。

从主要发达国家的立法与实践看,他们对于保险代位权适用的范围趋同。在大陆法系,从保险立法看,大多将保险分为损害保险与人身保险,如《德国保险契约法》即是将保险分为损害保险、人寿保险与伤害保险,[②]并将保险代位权规定在损害保险部分(第 67 条)。给人的错觉是保险代位权的规定不适用于意外伤害保险与健康保险。但关于伤害保险的通用保险单条款(Allgemeine Versicherungsbedingungen)[③]显示伤害保险中也包含医疗费用给付等损害补偿性的保险金,因此这类保险也有保险代位权适用的余地。[④]这种医疗费用的补偿性给付在健康保险中更为明显,因此健康保险中关于医疗给付的部分也可适用保险代位权,而其他的定额给付部分由于具有人身保险性质,不得为保险代位权的对象。

1930 年《法国保险合同法》则是将保险分为损害保险与人身保险,其中人身保险主要是指人寿保险。尽管该法第 55 条规定,对于人身保险,保险人在给付保险金额后,不得代位保险合同当事人或者受益者因保险事故发生而对第三人所有的权利。[⑤]但由于法国保险合同法对人身保险的规定主要是人寿保险,对意外伤害保险与健康保险并未规定。法国实务及学理

---

① 见《丹麦保险合同法》第 25 条,这样的规定同样存在于北欧四国的保险法中。Anders Vinding Kruse, The Scandinavian Law of Torts,18 Am. J. Comp. L.73(1970).

② 江朝国译,《德国保险契约法》,财团法人保险事业发展中心编订,1993。

③ 德国的通用保险单条款是在咨询保险监管结构与保险业后,所制定的包含各险种的参考保险条款。

④ Spencer L. Kimball & Don A. Davis,The Extension of Insurance Subrogation,60 Mich. L. Rev. 854 (1962).

⑤ 黄正宗:《我国"保险法"的比较研析——法、德、日、美诸国法对我国保险契约法影响德探讨》,中华民国产物保险公会 2001 年十二月十二日研讨会论文。转引自陈俊元:《保险代位之性质与相关问题之探讨——以实体代位与程序代位之比较为中心》,政治大学风险管理与保险研究所 2004 年硕士论文,第 64 页。

一般认为,关于医疗费用的补偿性保险给付适用保险代位。[①]

《日本商法典》则是将保险分为损害保险与生命保险,并将保险代位权的规定(第661条)规定在损害保险的总则中,并不适用于生命保险。学界认为除寿险外的伤害保险与健康保险可分为损害补偿型与定额给付型,前者具备一般损害保险的特点,有保险代位权适用之余地。[②]为配合此一通说见解,《日本商法》关于《伤害保险契约法的(新设)试案》第683条之十四,即规定:"定有实质支付医疗费用的伤害保险契约,保险人于支付保险金后,在支付金额的限度内,取得受领保险金之人因保险事故的发生对于第三人的权利。[③]可见,大陆法系实务及学界通说认为对于损害补偿性的人身保险,保险人享有对造成事故的第三人代位求偿权,受害人则只能选择获得保险金或者侵权赔偿,不能两者兼得。

另外,对于人身保险,上述大陆法系保险法大多缺乏对健康保险的规定,而主要是人寿保险和意外伤害保险的规定。究其原因,主要在于这些国家大多有发达的社会健康保险,由于一般人难以承受高额的医疗费用,因此未参加主张社会保险的个人较少,以至于商业性的健康保险仅起辅助作用。为保证社会保险基金的充裕,社会保险机构大多享有保险代位权。[④]但也有例外,如德国《社会法典》第七编第110条规定,如果一个工作意外事件只是由企业主轻微过失引起的,则社会保险机构不因该意外事件的后果而对企业主享有求偿权。这与第105条的免责相关联,即因工作意外事故而受影响的雇员及其遗属不能够向雇主请求给付。根据这两个条文,工伤事故在德国,被认为是唯一一个以保险排除侵权责任的事故领域。

在英美法系,传统上也存在着补偿保险与非补偿保险的分类,即除生命险和意外险外,其他险种都是补偿性的保险,而保险代位权只能适用于补偿性保险。[⑤]但在美国,长期以来,无论是在功能和意图上具有补偿性质的商业医疗保险还是非营利性的健康保险计划,甚至包括汽车保险中的医疗费用补偿都被否认有保险代位权适用的余地,即此时受害者适用平行来源规则,既可以从保险人处获得保险赔偿,又可以从加害人处获得侵权赔偿。[⑥]这一原则的最主要判例是1954年的Michigan Hospital Service v. Sharpe案。但自美国侵权法改革以来,越来越倾向于允许医疗保险人享有保险代位权,或者由受害人向保险人返还从加害人处

① Dennis Campbell, International Personal Injury Compensation, Sweet & Maxwell 1996, p.289.

② 石田满:《现代法律学讲座·商法Ⅳ(保险法)》,青林书院印行,1990,第357–358页。

③ 西岛梅治:《保险法》(第三版),悠悠社印行,1998,附录伤害保险契约法的(新设)试案,第17页。转引自陈岳瑜:《人身保险中代位权规范之探讨》,台北大学法学学系研究所2000年硕士论文,第54–55页。

④ John G.Fleming, Collateral Benefits, in 11 International Encyclopedia of Comparative Law—Torts ch. 11.p.22–23.

⑤ Malcolm A. Clarke 著,《保险合同法》,何美欢、吴志攀等译,北京大学出版社,2002,第826页。

⑥ John G. Fleming, The Collateral Sources Rule and Loss Allocation in Tort Law, 54 Calif.L.Rev. 1501.(1966).

所获得的赔偿,如果保险合同是这样约定的话。①但在社会保险领域,英美法系与大陆法系普遍适用保险代位权完全不同。在美国,社会保险基金通常不享有保险代位权。在英国也同样如此,但是受害人必须从承担责任的加害人的损害赔偿数额中扣除其所获得的社会保险利益。该政策迫使受害人只在社会保险金不足以弥补其人身伤害时,才向加害人求偿。这一政策最终造成了在人身伤害领域,由社会保险机构和加害人共同分担受害人损害的局面。②

(二)保险代位权的性质对受害人选择权的影响

在大陆法系各国,对于保险代位权的性质,通说为损害赔偿请求权法定让与。③债权法定让与理论表明,当保险人对受害人给付保险金后,即在保险金额的范围内取得受害人的一切权利,而不需要受害人向保险人转移赔偿请求权的意思表示。如果受害人再向加害人求偿,加害人完全可以债权已法定转移为抗辩理由,而主张减轻赔偿。此时,一旦保险人怠于行使求偿权,加害人将因之获益。即便法院不支持加害人的这一抗辩理由,对于受害人在获得保险金后又从加害人那里获得的侵权赔偿,保险人可在保险金给付额度内以不当得利为由请求受害人返还。因此,除非保险赔偿不足以弥补受害人的损失,否则受害人在经由保险赔偿而实现完全损害填补后,往往不会再向加害人主张侵权赔偿。排除义愤因素,仅从经济需求上考虑,受害人除了支付一笔诉讼支出和耗费相对长的时间等待诉讼结果,并承担着败诉的风险外,不会获得任何多余的利益。因此债权法定转移理论迫使获得完全赔偿的受害人不会再向加害人主张损害赔偿,(考虑败诉风险,获得大部分赔偿的受害人可能也不会通过再向加害人追偿)。而当保险人行使保险代位权向加害人追偿时,已完全丧失了加害人在精神上(义愤的情绪)和物质上(损害需要得到填补)的动力,保险人更加不会为了实现侵权责任制度的威慑功能而行使代位权。无论是营利的保险人还是不营利的社会保险机构,行使保险代位权的动力只在于通过行使保险代位权能否获益,即在可能耗费的诉讼成本与行使代位权可能获益之间进行比较,一旦前者超过后者与保险费(保险人获得保险代位权并不会退还保险费)之和,保险人便会放弃行使代位权,从而使加害人事实上免责。最终,在大部分小额的侵权事故中,损害分担实现了社会化,侵权责任的功能在保险存在的情况下落空了。

而在英美法系,保险代位权性质上并不是以债权的法定转移为基础的实体代位,而是程序代位。程序代位的核心在于,保险人不能以自己的名义,而只能以被保险人的名义起诉,除非被保险人向保险人转让(assignment)了其权利。④因此在英美法系,由于保险人只能以被保

---

① 斯蒂文·萨维尔:《事故法的经济分析》,翟继光译,北京大学出版社,2004,第278页。林勋发:《保险法论著译作选集》,中华书局(台湾),1991,第243、234页。

② John G. Fleming, Law of Torts, The Law Book Company Limited,1987,p.223.

③ 《德国保险契约法》第67条第一款、《德国社会法典》第十篇第116条以下、《法国保险契约法》第36条、《日本商法典》第662条。

④ John G. Fleming, Law of Torts, The Law Book Company Limited,1987,p.366.

险人的地位行使权利,该权利仍属于被保险人,并不发生权利的转移。换句话说,一旦被保险人在获得保险赔付后继续向加害人追偿,由此获得的侵权赔偿,保险人不能以不当得利为理由请求返还。但如果被保险人的行为与其对保险人的义务不符,他将负责弥补因此引起的损失,①即将获得的超额赔偿返还给保险人。对于诉讼费用的分担,如果保险合同有约定,将按协议分担;如果没有协议,将按照各自在诉讼中的利益分担。②可见在普通法上,被保险人无须承担应返还给保险人的那一部分赔偿的诉讼成本,这一规则既有利于被保险人就保险未能填补的损害向加害人追偿,也有利于实现侵权责任的威慑目的。保险人考虑成本而放弃行使代位权的结果,将使被保险人获益,而不是使加害人免责。

三、从保险代位权看正义与效率的博弈

尽管保险代位权的法理基础并不明朗,但从该权利产生于保险合同来看,应该是保险人基于损失补偿原则所设。随着保险与侵权责任的相交,这一权利也为侵权法所看中,因为既然损害填补的功能已经由保险理赔实现,那么损害预防功能就恰好可由保险代位权来传递。但不幸的是,大陆法系对保险代位权的制度设计仅仅是从实体法上考虑,而没有顾及程序法上诉讼成本分担对保险代位权行使的影响。就侵权责任的功能而言,应该是宁愿让受害人获得双重补偿,也不能让加害人免责。就保险法来说,尽管作为保险代位基础的损失补偿原则是如此重要,但无论是从保险人还是从立法者的初衷看,都不会是宁愿加害人免责,也不愿受害人双重获益。但从保险代位制度实际运行的结果看,却是宁愿让加害人免责,也不能让受害人双重获益。因此尽管法律将伸张(矫正)正义的使命交予保险人,但保险人在利益得失的衡量后选择了效率,从而使侵权责任的功能彻底在保险制度面前落空。英美法系的程序代位理论虽然使诉讼成本由保险人负担,但保险人在决定是否行使代位权时,同样要考虑诉讼成本因素。而有数据显示,保险人行使保险代位权的成本不同寻常的高,保险人行使权利并不值得。③虽然普通法的保险代位制度鼓励受害人对加害人追偿,但考虑到败诉的风险和其损失已经获得填补,受害人向加害人追偿的经济动力也不足。因此最终,无论是在大陆法系,④还是在英美法系,⑤保险代位权都是极少行使的。将损害遏制的希望寄托

---

① Commercial Union Assurance Co v. Lister (1874) LR 9 Ch App 486.

② Duus Brown & Co v. Binng (1906) 11 Com Cas 190,195. Malcolm A. Clarke 著,《保险合同法》,何美欢、吴志攀等译,北京大学出版社,2002,第 840 页。

③ John G. Fleming,Collateral Benefits,in 11 International Encyclopedia of Comparative Law—Torts?ch. 11,p.48 (A.Tunc ed.1983).

④ 迪特尔·梅迪库斯:《德国债法总论》,法律出版社,2004,第 533 页。

⑤ Hitcham,The Law of Tort,Furmston,1986,p. 198. Abraham Kenneth S.,Insurance Law And Regulation:Cases and Materials,New York:Foundation Press,1990,p.154–155.

在保险代位权上,只能是立法者的一厢情愿。而且即便存在保险代位权,对行为人的威慑实际上也不大。①考虑到美国侵权责制度的运行成本高达54%,保险人,甚至法官都可能主张放弃行使保险代位权,从而与社会财富最大化这一美国侵权法的价值相吻合。在中国,保险代位权的行使也同样如此,②但在交通事故损害赔偿上,保险公司通常不需要向第三者直接行使保险代位权。在第三者有责任保险的情况下,保险公司可以通过保险公司间相互结算方式完成代位权实质行使,但如果第三者没有责任保险,代位权追偿就会变得非常麻烦。这也从侧面说明了法律成本对保险代位权行使的影响。

站在保险人、受害人与法官的立场上考察,放弃行使保险代位权,对三方都是可以接受的。在保险人看来,他并没有任何损失。因为保险代位权的存在与否,并不在保险费率的考虑范围内,保险代位权的存在也不会降低保险费率。如果保险人行使保险代位权,将可能获益,因为除了加害人的赔偿填补保险金支出外,保险人还凭空获得了保险费;如果保险人不行使保险代位权,他也没有损失,保险金的支出早已与保险费率相联系。从被保险人看来,其损失已有保险金填补。除非义愤的情绪,理智的被保险人都不会选择再向加害人追偿,因为这样行为的结果,不仅会承担败诉的风险,而且诉讼成本的负担可能会剥夺一部分其已经获得的保险赔偿。甚至对于法官来说,这种结果也是其乐于见到的。在事故损害发生后,法官更关心的是受害人损害有没有得到填补,既然保险人已经予以理赔,侵权责任的主要功能已经实现,没有必要再深究。更何况这种深究需要保险人行使代位权来实现,而保险人在对成本效益的考虑后放弃了保险代位权,也易于将法官从繁重的案件负担中解脱出来,将更多的精力投入到那些大额的或者受害人没有保险的案件中去。因此,保险人放弃保险代位权,事实上使事故侵权的各方当事人都得到解脱,而各方的利益反而实现了一种平衡,侵权责任的功能就在这种利益平衡下湮没了。

(原文发表于《武汉理工大学学报》(社会科学版)2006年第2期)

---

① Malcolm A. Clarke:《保险合同法》,何美欢、吴志攀等译,北京大学出版社,2002,第843页。

② 因为如前所述,中国在诉讼费用分担上与美国相同,都是由当事人自己承担律师费用,但美国实行的是败诉方律师不能获得酬金,而在中国,败诉方的律师也有权获得酬金。因此,与美国相比,中国的保险人不行使保险代位权的可能更大。比如旧的商业车险格式条款曾经约定"保险车辆发生保险责任范围内的损失应当由第三方负责赔偿的,被保险人应当向第三方索赔,如果第三方不予赔付,被保险人应提起诉讼或仲裁。"

酒后机动车代驾致人损害的责任主体认定

安建须*

内容摘要：酒后机动车代驾通常发生在好意施惠关系以及雇佣、委托、承揽、无因管理之法律关系中。代驾的机动车致人损害时，应以运行支配与运行利益归属为责任主体判断的一般标准。代驾人与被代驾人之间的具体法律关系只是个案确认机动车运行支配与运行收益人的事实条件，而非认定机动车事故责任主体的根据。

关　键　词：酒后代驾　运行支配　运行利益　一般标准

一、问题的提出

【案例1】李某在与同事聚餐时喝了很多酒，王女士提出代李某开车，李某同意。行驶途中与一辆大巴相撞，致大巴司机受伤。经交警部门认定，王女士负事故的次要责任。大巴司机将李某、王女士告上法庭，要求赔偿医疗等各项费用5万元。法院认为李某和王女士之间形成无偿帮工关系，判决李某应承担赔偿责任，王女士不承担赔偿责任。[①]

【案例2】被告郭某俭驾驶被告郭某光的小轿车与梁某驾驶的摩托车相撞，造成搭载梁某摩托车的李某受伤，交警部门认定郭某俭承担本起事故的全部责任。李某诉称郭某俭是车主郭某光酒后的代驾人，应对其医疗费承担连带赔偿责任。一审法院认为，郭某俭应承担全部赔偿责任，郭某光对事故发生没有过错，不承担连带赔偿责任，遂判决郭某俭向李某支付医疗费62019元。二审法院认为，即使郭某光酒后让郭某俭驾车送其回家，但是郭某俭在驾驶过程中并不受郭某光的指挥，郭某光对郭某俭的驾驶也未进行具体的指示，因此不能认定为帮工关系，郭某光无需承担赔偿责任。遂判决驳回上诉，维持原判。[②]

【案例3】李某因醉酒，遂电话请某代驾公司派人代驾，并支付代驾费90元。某代驾公司派职员王某驾驶李某的车送其回家，途中将骑自行车的行人朱某撞伤。交警部门认定王某应负事故的全部责任。朱某将李某、某代驾公司、王某告上法庭。法院认为，李某与某代驾公司之

---

* 法学博士，现就职于广东省佛山市人民法院。

① 陶家平：《酒后代驾：一样的事故，不一样的赔偿》，《检察日报》2012年2月18日第003版。

② (2012)佛中法民一终字第1362号民事判决。

间属承揽关系,某代驾公司的职员王某在履行代驾职务过程中致人损害,应由某代驾公司承担赔偿责任,李某、王某不承担赔偿责任。遂判决某代驾公司赔偿朱某各项费用 2.37 万元。[①]

上述案例均为酒后机动车代驾交通事故纠纷,然而,司法裁判对酒后机动车代驾事故责任主体的认定却不统一。实务中主要有以下四种观点:一是认为代驾人与被代驾人之间属帮工关系,事故责任主体应为被帮工人即被代驾人,代驾人不承担赔偿责任。如案例 1。二是认为被代驾人与代驾人之间不属帮工关系,交通事故由代驾人引起,赔偿责任应由代驾人承担,被代驾人不承担赔偿责任。如案例 2。三是认为代驾人为代驾公司时,其与被代驾人之间为承揽关系,事故责任主体应认定为作为承揽人的代驾公司。如案例 3。四是认为酒后机动车代驾事故责任主体的认定应区分有偿委任代驾和无偿委任代驾两种情形而不同。在无偿委任代驾中,责任主体应认定为被代驾人;在有偿委任代驾场合,责任主体应认定为代驾人。上述不同观点,折射出法官对酒后机动车代驾事故责任主体认定标准的迷失。对此,实有探讨的必要。

二、责任主体的认定

《道路交通安全法》第 76 条的规定属机动车交通事故责任承担的一般规定,无疑也是酒后机动车代驾事故责任主体认定的法律依据。该法第 76 条第 1 款第 1 项"机动车之间发生交通事故的,由有过错的一方承担赔偿责任;双方都有过错的,按照各自过错的比例分担责任"的规定属过错责任归责原则。而其第 1 款第 2 项"机动车与非机动车驾驶人、行人之间发生交通事故,非机动车驾驶人、行人没有过错的,由机动车一方承担赔偿责任;有证据证明非机动车驾驶人、行人有过错的,根据过错程度适当减轻机动车一方的赔偿责任;机动车一方没有过错的,承担不超过百分之十的赔偿责任"则属无过错责任归责原则。由此,该法条确立了机动车交通事故责任实行的是过错责任和无过错责任相结合的二元化归责原则体系。在机动车运行支配与运行收益人和司机为同一人时,事故责任主体的辨识清晰明确,实践中没有争议。但当机动车运行支配与运行收益人和司机非为同一人时,由于该法条第 1 款第 1 项中的"有过错的一方"与第 1 款第 2 项中的"机动车一方"概念模糊,对事故责任主体的认定则争议颇多。酒后机动车代驾事故责任主体的认定即属此种情形。

笔者认为,若欲正本清源,应先究明两个问题:一是《道路交通安全法》第 76 条规定中的机动车交通事故责任主体判断的一般标准是什么?二是机动车交通事故责任主体认定的条件是什么?对前一问题的回答有助于明确机动车这种特殊危险物致人损害的责任主体判断的特殊性。对第二个问题的厘清,有助于明确机动车的运行支配与运行收益人和机动车驾驶人之间的具体法律关系在责任主体认定中所起的作用是什么。

---

① 法制日报,2008 年 1 月 6 日第 003 版。

（一）机动车交通事故责任主体判断的一般标准

1.比较法上的观察

比较法上，世界多数国家对机动车交通事故责任主体的承担人均有明确规定，但其立法称谓却并不相同，有的称为"机动车保有人"，如德国、葡萄牙。有的称为"机动车运行供用者"，如日本。其对责任主体判断的一般标准虽稍有差异，但大体上却基本相同，即均将损害发生时对机动车拥有实际支配力与运行利益作为核心根据加以把握，即将"运行支配+运行利益"作为判断责任主体的一般标准。这可由德国、日本的立法及其司法实践观点加以例证。

德国联邦最高法院的判例认为，德国立法上所谓承担赔偿责任的"保有人"，是指为自己的利益计算而使用机动车，并对以这种使用为前提的机动车拥有处分权的人。其中"为自己的利益计算而使用机动车"是指获得运行利益并且支付运行费用的人；所谓"处分权"是指对机动车享有运行上的支配权，并不必然是法律上的权利，而仅从事实的或经济的关系上考量即可。[①]按照这一标准，在机动车所有权保留的买卖法律关系中，因为买主为车辆的实际支配和运行收益人，故可认定买主即为保有人（责任主体）。在机动车租赁法律关系中，因承租人是机动车的实际控制人和运行利益的实际享有者，故承租人即为保有人。[②]依据日本立法，所谓承担赔偿责任的"运行供用者"，则是指为自己而将机动车供运行之用者。对"运行供用者"的判断通常需从运行支配与运行利益两项基准加以判断。所谓"运行支配"，通常是指可以在事实上支配管领机动之运行的地位。而所谓"运行利益"，一般认为仅限于因运行本身而生的利益。某人是否属运行供用者，乃是依该人与机动车之间有否运行支配和运行利益的关连性予以确定。学说判例将此见解称为"二元说"。[③]依此判断标准，如在机动车长期无偿借用的法律关系中，借用人因对机动车具有实际支配力并享有运行利益，则可被认定为运行供用者也即责任主体，出借人则不承担赔偿责任。

上述德国、日本的立法及司法实践表明，其对机动车交通事故责任主体的认定是依据特定的判断标准而进行的。他们的标准虽不完全一致，但其对运行支配和运行利益这两个核心要素的着力强调却无二致，这表明其对机动车致人损害时责任主体判断的一般标准基本相同。只不过德国的司法实践似乎较顾及法律层面上的机动车运行支配权和运行利益，而日本则似乎更看重事实层面上的运行支配和运行利益，这点从他们对保有者在并不知悉与并不同意的情形下，驾驶人擅自使用其机动车发生事故时的责任主体认定上可明显看出。依德国法，在保有人并不知悉与并不同意的情形下，驾驶人使用其机动车发生事故时，保有人并不

---

① 程啸：《机动车赔偿责任主体研究》，《法学研究》2006 年第 4 期。

② 张新宝：《机动车赔偿责任主体研究》，中国人民大学出版社，2009，第 466 页。

③ 李薇：《日本机动车损害赔偿保障法上的"运行供用者"责任》，载《民商法论丛》第 5 卷，法律出版社，1996，第 367-368 页。

丧失其保有人地位，只是该驾驶人将替代保有人负损害赔偿责任。而日本法则认为，在此情形下，因驾驶人已为该机动车的实际控制者与运行收益的实际享有者，则其即为运行供用者，应承担损害赔偿责任，车主则不承担赔偿责任。[①]

2.我国立法及司法实践的确认

我国《道路交通安全法》第 76 条关于对机动车交通事故责任主体的规定既未采德国法上的"保有人"称谓，也未采日本法上的"运行供用者"称谓，而是另辟蹊径地规定为"有过错的一方"、"机动车一方"。有认为这里的"有过错的一方"、"机动车一方"应为机动车驾驶人，发生交通事故时，驾驶人应为责任主体；有认为这里的"有过错的一方"、"机动车一方"应为机动车所有人，发生交通事故时，机动车所有人应为责任主体。但也有观点认为，虽然《道路交通安全法》没有使用大陆法系"机动车保有人"的概念，但仍应采机动车运行支配说与运行利益说作为判断第 76 条规定中的"有过错的一方"、"机动车一方"即责任主体的一般标准。笔者赞同这一观点。理由是：第一，坚持以机动车运行支配与运行利益作为机动车事故责任主体的一般判断标准，符合机动车事故责任应适用危险责任的基本法理。世界多数国家关于机动车事故责任主体的认定均是以危险责任作为根据，均认为机动车的运行支配与运行收益人开启了机动车这一危险来源，并且有能力控制危险，分散危险，就应该承担机动车运行带来的事故风险。第二，我国的司法实践已表明，应以机动车的运行支配与运行利益作为机动车事故责任主体判断的一般标准，这主要体现在最高人民法院发布的相关批复的规定中。如最高人民法院分别于 1999 年、2000 年、2001 年发布的《关于被盗机动车辆肇事后由谁承担损害赔偿责任问题的批复》（法释〔1999〕13 号）、《关于购买人使用分期付款购买的车辆从事运输因交通事故造成他人财产损失，保留车辆所有权的出卖方不应承担民事赔偿责任的批复》（法释〔2000〕38 号）、《关于连环购车未办理过户手续，原车主是否对机动车发生交通事故致人损害承担责任的请示的批复》（〔2001〕民一他字第 32 号）的规定中，均清晰地体现了认定动车事故责任主体应以机动车的运行支配与运行利益作为判断的一般标准的司法精神。第三，以机动车的运行支配与运行利益作为一般的判断标准已为《侵权责任法》所肯定。该法第 49 条所规定的在机动车租赁、借用等机动车所有人与使用人不是同一人的情形下，由机动车使用人承担赔偿责任而非由出租人、出借人承担赔偿责任，实是因立法者已考虑到在这些法律关系中，承租人、借用人是机动车的运行支配与运行收益人，而出租人、出借人已失却了对机动车的控制支配与收益的缘故。[②]

综上，我国对机动车交通事故责任主体的认定应采运行支配与运行利益为一般判断标

---

① 李薇：《日本机动车损害赔偿保障法上的"运行供用者"责任》，《民商法论丛》第 5 卷，法律出版社，1996，第 367-368 页。

② 奚晓明、王利明主编：《侵权责任法条文释义》，人民法院出版社，2010，第 310-311 页。

准,这既符合危险责任的法理要求,又与我国司法实践一致,而且也为《侵权责任法》所肯认。因此,对《道路交通安全法》第76条规定的"机动车一方"、"有过错的一方"的责任主体的理解,也应坚持这一判断标准。依此标准,这里的"机动车一方"、"有过错的一方"实指机动车运行支配与运行利益的享有者,而并非指驾驶机动车的司机。

(二)机动车交通事故责任主体的认定条件

将机动车运行支配与运行利益的享有者作为判断机动车事故责任主体的一般标准,虽已为包括我国在内的多数国家所认可,但有两点还须明确。一是该标准作为"一般标准",强调的是在凡涉机动车交通事故案件中,该标准具有普遍被遵从的指引作用,而无论机动车权利人与驾驶人之间存在什么样的法律关系;二是该标准中的"机动车运行支配与运行收益人"纯属理论上的抽象概念而非现实的责任主体本身。对现实的机动车运行支配与运行收益人的认定,尚须依据个案中机动车权利人与驾驶人之间的具体法律关系来分析其与机动车的现实关联而加以确认。若缺失个案中的具体法律关系,仅凭该标准,机动车运营支配与运行利益的现实享有者将无从确定,事故责任主体也不能认定。这表明机动车事故责任主体的具体认定,不仅应遵从上述一般标准的指引,而且还离不开个案具体的法律关系作为认定机动车运行支配与运行利益人的事实条件。前述例举的机动车所有权保留买卖关系、出租关系、无偿借用关系、分期买卖关系、机动车被盗情形下对机动车事故责任主体的认定,无一不是既遵守机动车事故责任主体判断的一般标准,又以不同的法律关系为事实条件进行分析认定的结果。

(三)酒后机动车代驾致人损害责任主体的认定

分析酒后代驾的法律性质可知,代驾人与被代驾人之间通常存在好意施惠关系或雇佣、委任、承揽、无因管理之法律关系。

1.好意施惠关系中责任主体的认定

当代驾人与被代驾人之间属好意施惠关系时,代驾人为被代驾人驾驶车辆,是施恩惠予他人,多发生于朋友、熟人关系中,双方之间不属合同关系,不受合同法调整。在此情形下,一方面,由于对该机动车无论是法律上的运行支配权(如所有权、承租权)还是事实上的运行支配力(如决定机动车是否启动上路)仍属于被代驾人而非代驾人。另一方面,由于该机动车的运行目的是为被代驾人的便利而运行,也即运行收益人也为被代驾人而非代驾人。代驾人仅是为被代驾人提供"驾驶"的劳务而已,对机动车既无运行支配权,也无运行利益,故依前述机动车事故责任主体判断的一般标准,在该机动车致人损害时,其责任主体应认定为被代驾人。代驾人虽非机动车运行支配与运行收益人,但作为机动车驾驶的实际操作者,其应尽到善良管理人的注意义务,若其对损害的发生有过错,自应依自己责任原则对受害人承担过错侵权的损害赔偿责任。此种情形下,被代驾人与代驾人应对损害的发生承担连带赔偿责任,但这种连带责任在性质上应属不真正连带责任。

司法实践中,也有观点认为,若属朋友或熟人间的酒后代驾,应认定为《最高人民法院发布的关于审理人身损害赔偿案件适用法律若干问题的解释》(即法释〔2003〕20号,以下简称《人身损害赔偿解释》)第13条规定的帮工关系,被帮工人承担事故赔偿责任,帮工人不承担赔偿责任。对此,笔者不能赞同。理由为:第一,帮工关系在性质上虽属好意施惠关系,但只是好意施惠关系的一种情形,并非所有的好意施惠均属帮工。好意施惠关系包含两种情形,一是施惠人自由独立从事施惠活动,如主人为客人端送茶水,让他人搭便车等;二是施惠人在受惠人指示、监督下从事施惠活动,如为他人帮工建房。在第一种情形下,因为施惠活动由施惠人独立完成,在发生施惠人致人损害时(如端茶倒水过程中失手打碎茶杯致茶水烫伤他人,让他人搭便车过程中发生交通事故致行人受伤害),因受惠人与施惠人之间不存在任何控制监督关系,赔偿责任自然应由施惠人承担。在第二种情形中,施惠人在帮工施惠过程中,因受惠人与施惠人还同时存有控制监督关系,当施惠人致人损害时,受惠人便应对施惠人的侵权行为承担雇主替代责任。《人身损害赔偿解释》第13条规定中的帮工关系应是指后一种好意施惠的情形。该施惠关系中因存在被帮工人与帮工人的控制监督关系,也才有了在帮工人致人损害时,被帮工人承担雇主替代责任的法理基础,否则,被帮工人便没有为帮工人承担责任的理据。[①]在酒后代驾的好意施惠中,被代驾人因为饮酒而丧失了驾驶能力(包括法律上驾驶的被禁止或事实上驾驶能力的丧失),为安全起见,其对代驾人的驾驶操作技术的控制、指示应予否定,驾驶操作行为应由代驾人独立完成,这与帮工关系中帮工人的帮工行为可由被帮工人予以控制监督有重大不同,故两者之间不成立帮工型的好意施惠关系,应认定为由代驾人独立从事施惠活动的好意施惠关系,若其因过错致人损害,代驾人应自行承担赔偿责任。被代驾人之所以承担责任,是因其是运行支配与运行利益的享有人,而非因其是被帮工人而承担替代责任。第二,若认定为帮工关系,使代驾人逸出责任承担之外,则会挫伤被代驾人酒后代驾的积极性。被代驾人之所以请人代驾,其目的无非是欲规避或减低机动车交通事故风险,若认定为帮工型好意施惠关系,机动车致人损害的赔偿责任由被代驾人承担,代驾人不承担赔偿责任,这与被代驾人酒后自行驾驶发生机动车事故时的民事责任后果完全相同,使被代驾人酒后请人代驾的正当动因受阻,这无疑等于鼓励被代驾人酒后自己驾驶。第三,自利益衡量而言,若认定代驾人与被代驾人之间属帮工关系,依据《人身损害赔偿解释》第13条的规定,在代驾人有过失但无故意或重大过失的情形下,损害赔偿责任则由被代驾人承担。当被代驾人无力承担时,代驾人又不承担赔偿责任,受害人将不能得到损害救济,这与机动车致人损害应充分救济受害人的司法理念明显不符,对受害人不公平。而且,还必将怂恿代驾人驾驶操作随意,疏于履行其作为司机应尽的善良管理人的注意义务,给被代驾人和行人造成安全威胁。

---

① 安建须:《〈侵权责任法〉上自然人雇主替代责任前提条件探讨》,《法律适用》2010年第11期。

2.雇佣情形中责任主体的认定

在作为司机的代驾人与被代驾人之间成立雇佣关系的情形中，若发生交通事故致人损害，由于被代驾人对机动车享有运行支配与运行利益，故被代驾人应为责任主体。若代驾人对损害有过错，其应根据过错原则承担赔偿责任。但因其与被代驾人之间属雇佣关系，故被代驾人应承担雇主替代责任。此种情形下，一方面，被代驾人是机动车的运行支配与收益人，需承担责任；另一方面，其又是代驾人的雇主，需承担雇主替代责任。两种责任承担发生了竞合，应根据受害人请求权的选择而承担相应的赔偿责任。当然，当代驾人有故意或重大过失时，被代驾人应与代驾人承担连带赔偿责任。

3.委任或承揽中责任主体的认定

在委任法律关系(包括有偿委任和无偿委任)中，代驾人是为处理被代驾人的事务(送其回家)而驾驶，其并不享有运行利益，即运行收益人仍是被代驾人；被代驾的机动车无论是法律上的权利还是事实上决定其是否运行上路的支配力也均属被代驾人，即被代驾人仍是运行支配人，故被代驾人应为机动车事故责任主体。作为受任人的代驾人因属独立驾驶，若其对事故的发生有过错，自应承担赔偿责任，但其承担的并非是机动车运行支配与运行利益的享有者的责任，而是自己过错侵权责任。受害人既可向代驾人请求赔偿，也可以向被代驾人请求赔偿。代驾人与被代驾人对受害人承担不真正连带赔偿责任。

司法实务中有观点认为，代驾的机动车致人损害时，其责任主体应根据无偿委任还是有偿委任而认定。若代驾人和被代驾人之间为无偿委任，则应由被代驾人承担赔偿责任。若为有偿委任，则应由代驾人承担赔偿责任，被代驾人不承担赔偿责任，当代驾人为代驾公司时尤应如此。笔者对此不能苟同。理由是：第一，该观点有违机动车致人损害时责任主体认定的一般标准。代驾人与被代驾人之间具体的法律关系及相关权利义务的设定，不能否定对机动车事故责任主体认定的一般标准的遵从。第二，在委任关系中，代驾人的有偿和无偿，只是反映代驾人的"驾驶劳务"是有对价的劳务还是无对价的劳务。即使是有对价的劳务，该对价也只是代驾人付出"驾驶劳务"的收益，而并非是机动车直接运行的收益，它不能改变委任关系中被代驾人仍是机动车运行支配与运行收益人的地位。在委任关系中，代驾行为的有偿或无偿，不属判断谁是运营支配与运行收益人的核心因素，不能作为认定机动车事故责任主体的根据。第三，即便是在代驾人为代驾公司的委任场合，代驾公司通常会更专业，但其与自然人代驾一样也是为被代驾人的便利而驾驶，并非是为自己的利益而驾驶，被代驾人对机动车的运行支配与运行收益地位也未发生改变，故责任主体仍应为被代驾人。只不过，在此情形下，驾驶机动车的司机是代驾公司的雇员，其驾驶属职务行为，其对损害的发生有过错时，应由代驾公司向受害人承担雇主替代责任。对受害人而言，其既可请求被代驾人承担机动车事故责任主体的赔偿责任，也可请求代驾公司对司机的侵权行为承担雇主替代责任，被代驾人与代驾公司仍为不真正连带责任。在被代驾人承担赔偿责任后，可依与代驾公司的合同约定，向代驾公司追偿。

在代驾人承诺有偿为饮酒的被代驾人代驾的场合，也有观点认为两者之间应为承揽关系而非委任关系，这涉及同为劳务合同的委任合同与承揽合同的区别问题，对此，笔者倾向于应认定为委任合同而非承揽合同。但同时认为，即使认定为承揽合同，依据机动车事故责任主体认定的一般判断标准，并不影响被代驾人仍应被认定为机动车事故的责任主体，被代驾人、代驾人对受害人也应承担不真正连带赔偿责任。理由与上述委任关系中责任主体认定与责任承担的理由相同。

4.无因管理中责任主体的认定

酒后代驾的情形也可发生在无因管理之法律关系中，如甲路过酒店，看到其朋友手握车钥匙伏桌大醉不醒，遂拿过车钥匙驾车送其回家。在无因管理的场合下，若发生机动车事故致人损害，有认为管理人即代驾人应承担赔偿责任，因为本人（被代驾人）并无请管理人代驾的意思，管理人属擅自驾驶，自应承担损害赔偿责任。也有相反观点认为，管理人的驾驶是为本人的便利而驾驶，本人是运行收益人，故本人应为机动车事故的责任主体。笔者认为，此种情形下，对责任主体的认定，应区分适法的无因管理与不适法的无因管理两种情况进行认定。所谓适法的无因管理是指管理事务利于本人，合于本人的意思。[①]所谓不适法的无因管理是指管理事务不利于本人，不合于本人的意思。[②]若代驾人驾驶酒醉不醒的本人的车辆送其回家的行为，合乎本人的意愿，代驾人的行为即属适法的无因管理。其虽属擅自驾驶，但具有违法阻却性，其实质上与本人无偿委任代驾人驾驶或代驾人自愿施恩惠于被代驾人而代驾的情形并无不同。此时，对机动车事故责任主体的认定，可参照前述无偿委任关系或好意施惠关系中的代驾情形予以认定。若代驾人的代驾行为违背本人的意愿（如本人事先已在酒店开好房间待酒醒后再驾车离去，却被管理人擅自代驾送回的情形），此即为不适法的无因管理。此种情形下，管理人的擅自代驾，因不合本人意思，不具违法阻却性，其又事实上支配着机动车的运行，故应认定管理人为机动车事故责任主体，被代驾人因机动车被他人擅自驾驶而失去了对机动车的实际运行支配，当不应被认定为责任主体。

上述分析表明，在除不适法的无因管理情形外的上述各种酒后代驾情形中，被代驾人均应被认定为机动车交通事故的责任主体。

三、对前述案例的分析

笔者认为，前述3案例均是以代驾人与被代驾人之间的具体法律关系作为确定机动车事故责任主体的根据，这等于是将机动车事故责任主体认定的条件作为机动车事故责任主

---

① 王泽鉴：《债法原理》，中国政法大学出版社，2001，第339页。
② 王泽鉴：《债法原理》，中国政法大学出版社，2001，第351页。

体认定的根据，忽略了机动车事故责任主体认定的一般标准要求。

在案例1中，该案虽认定李某为责任主体，但认定的理由并不是因李某是机运车的运行支配与运行收益人，而是认为李某是被帮工者，这显然与机动车事故责任主体判定的一般标准不符，同时也误将机动车事故责任主体认定的条件(李某与王女士之间的实体法律关系)当成了责任主体认定的根据。此外，在该案实体法律关系认定上，该案认定李某和王女士之间成立帮工关系，使王女士不承担赔偿责任不当，两者之间应属非帮工型的好意施惠关系(理由前文已述及)。李某因属机动车的运行支配与运行受益人，应为机动车事故的责任主体，应依《道路交通安全法》第76条第1款第1项的规定承担赔偿责任；王女士因驾驶失误，对损害发生有过错，也应承担过错侵权赔偿责任。李某、王女士应对受害人承担不真正连带赔偿责任。

在案例2中，该案以郭某光与郭某俭之间不成立帮工关系为由，否定了郭某光对损害赔偿的责任承担。忽略了郭某光是机动车运行支配及运行收益人的案件事实，致使郭某光在该案中逸出了损害赔偿责任的承担。该案认定郭某光与郭某俭之间不成立帮工关系的观点虽值得肯定，但未厘清郭某光与郭某俭之间究属何种法律关系，使该案中对机动车事故责任主体的认定条件不明。笔者认为，根据该案事实，郭某俭的代驾行为应属朋友间的好意施惠，其与郭某光之间应成立好意施惠关系，但不能认定为帮工型的好意施惠关系(理由见前文)。但倘若郭某光与郭某俭之间有明确的委任意思表示(该案例对此未显示)，则自可认定两者之间成立无偿委任关系。但无论是好意施惠还是无偿委任，郭某俭均是为郭某光的利益而驾驶，郭某光对该机动车的控制管领地位均未改变，也即郭某光仍是该机动车的运行支配与运行收益人，应被认定为该案机动车事故的责任主体，属于《道路交通安全法》第76条第1款第1项规定的"有过错的一方"，应对受害人的损害承担赔偿责任。郭某俭因对损害有过错，也应对受害人承担赔偿责任。也即本案中，郭某光、郭某俭应对梁某的损害应承担不真正连带赔偿责任。

在案例3中，笔者倾向于认定李某与某代驾公司之间为委任关系而非承揽关系，因某代驾公司的义务是将李某连人带车安全送回家，这更符合委任合同中的事务性处理，而非是对"代为操作驾驶"这一单纯劳务成果的完成。但无论是认定为委任关系还是承揽关系，某代驾公司均是为李某的便利而驾驶，李某均为机动车的运行支配与运行收益人，均不影响其为该案机动车事故责任主体的认定，其对朱某的损害应承担《道路交通安全法》第76条第1款第2项中"机动车一方"的赔偿责任。此外，因王某与某代驾公司之间属雇佣关系，某代驾公司对王某的侵权行为应承担雇主替代责任。故在此案中，李某、某代驾公司应对朱某的损害承担不真正连带赔偿责任。李某在承担赔偿责任后，可依其与某代驾公司之间的合同约定向某代驾公司追偿。

(原文发表于《法律适用》2013年第11期)

法律政策和法技术共同作用下的损害救济的实现

——以违约责任、侵权责任的范围及其区分和互动为中心

王锦瑾*

内容摘要:现实生活中的损害广泛和复杂,法律救济范围的确定不仅是重大理论问题,而且更关乎千千万万受害人的切身利益。法律价值取向发展之下推动的违约责任和侵权责任的范围,尤其是侵权责任的范围,至今仍处于不断扩大的趋势之中。违约责任与侵权责任范围的划分在很大程度上只是法技术的不同选择而已。本文将分析在法律政策变迁下,在法技术的约束下,违约责任、侵权责任范围所发生的变化及二者之间的区分和互动,并在此基础上分析我国的损害的法律救济及其发展。

关 键 词:损害赔偿 法律政策 受害人救济

法律救济范围的确定不仅是重大理论问题,而且更关乎千千万万受害人的切身利益。自近代以来,各国法律总体上采纳了以违约责任和侵权责任二元结构为主体的救济模式,于是损害救济实现问题转而演变为违约责任、侵权责任各自的范围及其关系问题。

在我国有关研究基本停留在静态地、逻辑地分析某种损害应否给予救济以及应由侵权法抑或合同法救济的层面, 未能合理地揭示损害救济的实现范围在很大程度上有赖于法律政策的变迁,在法技术选择的共同作用下处于动态的发展演变之中的事实。本文将分析在法律政策变迁下,在法技术的约束下,违约责任、侵权责任范围所发生的变化及二者之间的区分和互动,并在此基础上分析我国的损害的法律救济及其发展。

一、损害救济制度设计的总体框架

(一)损害的广泛性与复杂性

损害,一般指当事人已有利益的减少和可获得利益的丧失。而在现代法之中,上述的利益减少或丧失不仅包括有形的财产利益,而且包括无形的非财产利益。如果说对有形财产和人身的损害虽然常见但不频繁和难以预测的话, 那么无形的非财产利益的损害则极大地加大了损害的发生和其不可预测性。

---

*南阳理工学院讲师,法学博士。

1.违约可能导致损害之描述

例如甲为某公司 A 经理,将已签好之一份重要协议委托乙到邮局寄出,依协议 A 可得到丰厚利润,后因邮局之过失致使该邮件丢失并错过签约之机会。于此情形,可能发生各种之损害。除此之外,损失在现实中因各种条件之作用,还可能继续发生各种情形,因此,违约行为所导致的损失在事实层面上种类繁多、且损失与违约之间的联系近疏各有不同,形成复杂的因果链条。

2.侵权可能导致损害之描述

以货船过失撞击九江大桥桥墩致大桥垮塌案为例。船主造成的首要损失当然是桥梁的维修费用,因为桥梁垮塌而落水致死或致伤者的人身财产损失亦是直接损失。除上述直接损失之外,还会导致一系列与此事件相关的间接损失。

上述各类损失与货船撞桥之间的因果关系虽远近不同,但其发生均由于货船过失行为而导致,如果采取"必然条件"理论,则亦未尝不可均纳入船主的赔偿范围。但如果真依此来设计侵权责任的赔偿模式,则有过错加害的责任则"重如泰山",其不仅无法背负,也将导致侵权法的崩溃。正如赖特爵士(Lord Wright)所言"在变化多端的事态网中,法律须抽取一些相关的结果,并非基于纯粹的逻辑,只不过是出于实践的原因"①,而如何挑选法律上的原因,"虽存有不少的理论分歧,但可被普遍接受的一点是,这主要是一个法律政策的问题"②。因此,现实的损害救济制度必须要有合理的制度设计,一方面使合理范围的损害得到救济,一方面又使制度得以合理运转,亦不过分限制行为人自由。

(二)法律政策下损害救济制度设计的一般考量及其实现工具

为构建合理的损害赔偿法体系,在制度设计上有以下一般考量因素:

1.行为人的自由

自由为人类十分珍视之价值,因此有关法律制度必须合理设计,使谨慎之人一般不必承担赔偿责任,而疏忽致人损害之人亦一般不承担过于严苛之责任,使其既受一定之惩戒又不至于因一时之疏忽而陷于困顿。同样在合同法上,违约对合同对方当事人虽为不利益,然对违约方,甚至对社会救济未尝不利,故违约赔偿应当适度,否则将严重束缚合同当事人经济决定的自由,尤其是使违约责任请求主体扩大至当事人之外的亲属等,将极大增加违约后果的不可预见性。

2.对社会经济发展的影响

任何一个法律制度的设计,均需要考虑其在社会经济方面的影响。在此背景下,如果课以苛刻的违约责任,则交易成本急剧增加,必将大量降低交易的数量和活跃度,从而降低经

---

① Liesbosch Dredger V. Edison Streamship [1933] A.C. 449 at 460.

② 崔建远:《合同法》,法律出版社,2003,第 262 页。

济的活力。另外,过于严苛的侵权责任也将限制人们行动的自由,降低人们交往的频动和减少社会流动性。因此,从社会经济发展角度看,严苛的赔偿责任是不合适的,需要利用一定的技术手段,将大量的损害从赔偿体系中过滤出去,仅在必要的范围内纠正不当行为,为经济发展提供良好的基础。

3.诉讼闸门问题

如果对种类繁多的损害形态和主体没有合理的限制,诉讼不仅不再是权利实现和得到救济的途径,而成为社会混乱的根源,也会导致真正需要救济的受害人也淹没于其中,难以得到及时有效的救济。故由法律制度进行合理之选择,保留合理的数量进入诉讼管辖,从而既使得最有需要的受害人获得救济,也能使法院系统合理地运转。

4.轻微损害的容忍

轻微损害乃人类结成社会生活所难免之代价,应由当事人容忍之。并且,由于此类损害"发生频繁,以之为赔偿客体,恐无宁日",而其"数额甚微,以之为赔偿客体,有小题大做之嫌",又有"受有不利益之当事人,主张排除或填补"必须完成一定的法律程序,结束可能"出现得不偿失即获利少而成本高之结局",故轻微损害"以排除于法律体系之规范外为宜",由受害人忍受之。①

5.受害人之救济

受害人无端受害,无论是因为违约还是侵权,均有加以救济之必要。在违约,受害人诚实守信,遵守合同,而因对方违约受到损害,如不加以合理之救济,则既对其甚不合理,更将致守约之精神顷刻间丧失殆尽。对因侵权而受到损害,固有之财产或人身利益为他人加害行为所损,关涉生存之基本利益,自然更应加以救济。故法律政策之为考量,受害人救济为基本要素之一。

总之,通过上述各种工具的调节,可以实现法律政策下过滤特定的损失类型,使损害赔偿法的赔偿范围限定在合理的范围内,并可以实现法律政策所要体现的价值理念。

二、罗马法损害救济的实现

原始社会早期的责任形式是同态复仇的方式,以牙还牙以眼还眼成为损害救济的实现方式。但经过一段时间的发展,这种血腥的原始的救济方式逐渐为新的方式所替代,这种新的方式在罗马法上就是对私犯的法律责任,即人们为个人非法伤害行为接受私人的惩罚,支付罚金以赎罪。因此在罗马法早期,私犯的后果也成为了损害赔偿。罗马法的契约责任在初期从属于私犯的罚金责任。

在罗马法上损害救济实现中需要特别强调的是其程式化的特点:"当事人对法官之问

---

① 曾世雄:《损害赔偿法原理》,中国政法大学出版社,2001,第53页

话，或唯或否，别无他语，偶因失误，不合法定之方式，则必惨遭败诉，而无补救之可能。"[1]并且存在着大量的诉讼类型，往往没有诉权就表示没有权利。[2]早期民事诉讼是罗马国家为代替家族之间的复杂，而设立的一定程序。通过相互协商和规定固定的财产调解，以取代复化，所追求的是和平，不是正义。

三、违约责任、侵权责任二元结构的损害救济法律体系

1.违约责任与侵权责任的区分

自罗马法以来，已有违约责任和侵权责任的区分，近代民法继承了这一理论并使其得以发展完善。人在社会中，所涉及的利益无非两类，一类为财产和人身的固有利益，一类为通过合同即将取得的利益。通过第一类利益，人们安身立命，通过第二类利益，人们追求财富的增值和获得更好的生活。对利益的侵害，相应也为两类：一为侵害人身财产利益，二为侵害合同利益，主要表现为违约造成守约方的损失。针对此，法技术上将损害赔偿责任分为两类不同的责任：违约责任和侵权责任。

2.违约责任的范围

此处违约责任的范围，指违约责任承担的赔偿范围。债权为相对权，无论在大陆法还是普通法均被强调，相对应，违约责任的赔偿只针对合同的相对方，第三人即使因违约遭受损失，也不能依据违约责任获得赔偿。其次，债务人对债权人赔偿的范围有明确的限制：①限定于有形财产损失之赔偿，对于守约方因对方违约而受到的不便、不适、气愤等精神痛苦，不属于违约损害赔偿的对象。②有形财产损失中，赔偿的范围包括直接损失的赔偿，对可得利益等间接损失的赔偿，只在有限的范围内加以承认，并以可预见性原则作为限制。③如果合同的不能履行为债务人不能归责之原因，则债务人不承担违约责任。

由上可见，违约责任范围的设计最大限度地体现了近代民法对个人自由的尊重和对个人利用合同追求财富的尊重。这样的违约损害救济法为当事人利用合同从事经济活动提供了最大限度的自由，其既可以通过合同追求巨大的经济利益，又可以避免在违约时承担过重的责任，从而充分符合法律政策鼓励交易，鼓励通过合同实现社会经济发展的导向。否则，如果合同一旦不能履行便面临沉重之责任，必然降低人们利用合同的积极性。

3.侵权责任的范围

近代法的侵权责任，限定性侵权构成成为近代侵权法的支配性规则。所谓限定性侵权构成，是指侵权法明确规定侵权法保护的对象，超出此范围受到的损失，侵权法概不保护。侵权责任范围的另一个重要的方面是精神损害赔偿的问题。按照德国民法典的规定，只有法律明

---

[1] 陈朝壁：《罗马法原理》，商务印书馆，1936，第6页。

[2] 参见[意]彭凡德：《罗马法教科书》，中国政法大学出版社，1992，第85–86页。

确规定的情况,始可请求,而法律明确规定的情形非常少,故对大多数的侵权行为,均不能主张精神损害赔偿。另外,近代侵权法对可主张侵权赔偿的受害人一般限于直接受害人,对间接受害人的损失,基于因果关系的理由等排除在损害赔偿之外。最后,在侵权构成的主要要件上,绝大多数要件为过错,对无过错造成他人损害的行为,行为人不负侵权责任。

总体而言,侵权责任的范围如违约责任的范围一样,最大限度地保障行为人的自由,并为可能的赔偿责任确定尽可能小的范围和金额。

4.侵权责任与违约责任区分及其范围的意义

面对这些现实中的损失, 在救济的法律技术上分为侵权责任的救济和违约责任的救济固然由于其法技术上的合理性,其更实质的层面也代表着法律政策的选择。在近代法上,违约责任的重要特点是其不存在精神损害赔偿,为纯粹的财产损失赔偿责任,且其赔偿的数额更具有确定性,承担违约责任在一定意义上可以说是一种较轻的责任。而侵权责任虽然亦为一种有限制的、有节制的责任形成,但毕竟牵涉到人身损害的赔偿,更涉及精神损害的赔偿,与违约责任相比具有更大的不确定性,对当事人行为的约束更大一些。作为近代民法之法律政策,保护个人自由,鼓励交易,从而对有合同时造成的损害适用特别的违约责任更适合实现这一政策目标。因此违约责任与侵权责任区分亦体现了法律政策的要求,实现着立法政策所要体现的价值。

四、现代民法受害人救济理念的发展与损害救济法律的回应

(一)近代法损害救济法律对受害人救济的不足

近代法损害救济体系是在保障自由和鼓励经济活动的法律政策下对受害人所受损害提供的必要的或者称为最低限度的救济, 大量的事实上发生的损害被排除在损害救济法律体系之外。

1.违约责任的不足

近代法违约责任的不足首先表现在对直接受害人救济的不足。由于只能保护直接损失和部分既得利益损失,合同当事人利用追求的利益不能获得完全的保护,尤其是还有可预见规则的限制,许多的损失可能被解释为不可预见而不能获得赔偿。更重要的是,法律对因违约而发生的非财产损失完全视而不见。其次,近代民法固守法技术上合同的相对性,对第三人因违约而受到损失的现实漠然不理,对事实上受到损失的第三人亦颇为不公,也不符社会现实人与人利益互相关联。最后,近代法违约责任只解决合同订立后因违反合同约定而发生的损害的赔偿问题,完全不涉及定约过程因一方过失造成损失的问题,而近代法对此问题的回答是"无合同,无责任",让其完全留在法律的调整之外,对于有关的受害人非常不利。无过错时亦不能获得救济,实质上将风险由债权人承担。

2.侵权责任的不足

侵权责任对受害人救济的不足体现在以下方面：①侵权法保护范围过分的局限性。将侵权法保护范围限定于绝对权的损害，受害人除了证明受有损失、主观过错和因果关系之外，还要证明损害是因绝对权的损害构成，对于法律列举的绝对权之外利益造成的损害不能获得救济。②对直接受害人之外第三人的损害完全不顾，不符合现实生活第三人可能受有严重损害需要救济的需要。③精神损害赔偿适用的过分局限性。④过错责任的不足。近代侵权法以加害人的过错作为构成侵权责任的必备条件(除个别情况外)，尤其在工业大量发展的现代社会，要求证明加害人的过错尤为不易，坚持过错责任的结果就是置大量无法获得救济的受害人于不顾。

(二)受害人救济理念的发展及其对损害救济法律体系变革的要求

1.法学思想的变化与受害人救济理念的发展

近代损害赔偿法将其重点置于经济自由和行为自由，导致的后果就是对受害人救济的严重不足，这与极大地违背了社会公平正义的原则。其中最不能令人接受的是精神损害原则上不能得到救济，这是对人们尊严的极大漠视。"非财产损害赔偿制度之不完全，依现代社会之法律感情衡量，已达于不能容忍其欠缺继续存在之情景"。①

2.必要的、最大节制的救济到充分的、最大限度的救济——对损害救济法律体系变革的要求。

这种变革体现在以下几个方面：①救济充分性的加强。此点要求损害赔偿尽可能实现充分的救济，对于财产损害的救济真正做到"回复原状"，回复到财产未受到损害时的应有状态。②救济范围的扩大。救济范围的扩大包括两个方面，一是可请求主体范围的扩大，二是将非财产损失考虑进来，原则上无论违约还是侵权，所造成的精神损害均可主张赔偿。③救济实现的最大保障。作为此种保障的一个重要措施是连带责任的扩张适用。④扩大无过错责任原则。过错责任原则在很多情况下成为剥夺受害人获得救济的工具，保障受害人救济的实现应在最大限度上扩张其适用范围，比如违约责任中的无过错责任作为原则，侵权责任中大量规定无过错责任原则等。⑤宽松的相当因果关系理论。损害救济法律应采用更加宽松的因果关系理论，在相当因果关系的基础上，对相当性的认定采取宽松的标准，最大限度地减少因其不具备因果关系而不能获得救济的情形。

(三)违约责任与侵权责任各自发展及互动：各国法律的回应

1.合同责任的扩张

为适应社会发展中对受害人损害救济加强的需要，各国法律均以不同的形式作出了回应。第一种模式是通过扩张合同责任来实现更大范围内的损害救济。由于德国侵权法非限定

---

① 邱聪智：《民法研究(一)》，中国人民大学出版社，2002，第93页。

性的限制,德国民法成为通过合同责任扩张提供救济的典型代表.德国法分别创设了积极侵害债权、缔约过失和合同终了后的过失等理论,加强了对受害人的保护.同时降低合同相对性的限制,创设"附第三人保护功能之契约"理论,将合同之外的陌生人置于其保护的范围,并允许他们对允诺人违反合同附随义务的行为,尤其是导致纯粹经济损失的行为提起诉讼.这样,德国法通过合同责任扩张,为第三人因违约而间接受到的损害提供了救济的途径.

2 侵权责任的扩张

因应救济受害人理念的发展,侵权法作出的回应远较合同法更为广泛和深刻.这种回应表现在以下几个重要方面:①无过错责任的发展.在现代侵权法,无过错责任的类型获得了重大的发展,极大地加强了受害人救济实现的保障制度.②侵权构成的非限定性发展.只要受害人受有损害,无论该利益是否以绝对权为支撑,即可认定不法行为者承担赔偿责任.通过此途径,纯粹经济损失可以获得部分保护,而各种尚未被确定为绝对权的人格利益损失亦可得到赔偿.在此过程中,一般注意义务理论进入大陆法系国家的理论和司法实践.③精神损害赔偿的广泛适用.在现代民法,各国对侵权责任的精神损害采取了更加宽容的态度,即使德国法仍排除财产损害时的精神损害赔偿,但对人身损害的精神损害赔偿已经予以广泛承认.①④可请求赔偿主张的扩大.侵权法上可请求赔偿主体的扩大主要体现在受害人近亲属精神损害赔偿请求权的承认,从而使因近亲属受到人身伤害而受到的精神损害可以获得救济.⑤惩罚性赔偿制度.大陆法系向来主张侵权赔偿为补偿性赔偿,排斥惩罚性赔偿.但在普通法的影响下,以实现侵权责任的预防目的等为理由,也在决定赔偿数额时考虑加害人获利或加害人故意制造损害等因素,判决高于实际损害的赔偿,而在人格权被侵害的赔偿中,一般在侵权情节严重时判决高额的精神赔偿.因此,虽然大陆法理念下存在接受惩罚性赔偿的障碍,但基于该制度存在的合理基础,大陆法也在事实上在一定范围内接受了该制度.

(四)违约责任和侵权责任的互动与法律功能的实现——以缔约过失责任和纯粹经济损失的保护为例

1.缔约过失责任

缔约过失责任1861年由德国著名法学家耶林创立,然而其性质在德国却颇具争论,曾经侵权性质说为通说,但最终又以合同性质责任成为通说,并于2002债法修订中正式列入合同法的框架.但在法国、比利时、意大利、西班牙,主流观点和司法实践均将其纳入侵权责任的范畴.因此,我们可以看到,对合同磋商阶段一方因他方过错受到损失的责任,在民事责任体系中却存在着在合同责任和侵权责任之间的摇摆,也就是说,在一国法属于合同责任的民事责任,在他国法却成为了侵权责任,两种被认为性质不同的责任在比较法上却呈现出了互动.而无论在责任类型上如何归属,相关受害人损害的救济都是悄无声息地在几乎相同的

---

① See David G. Owen, The Five Elements of Negligence, 35 Hofstra L. Rev. 1671

程度上实现着。

2.纯粹经济损失的保护

一般认为,纯粹经济损失是指原告的人身或财产事先未受到损害的情况下发生的损害。在传统上,纯粹经济损失被排除在法律救济之外,但在现代民法,不同国家已经在不同程度上对其提供保护。在法国、意大利、西班牙、希腊,法律或判例对纯粹经济损失,尤其是反射性经济损失给予救济,并认为其性质为侵权责任。但在德国,由于纯粹经济损失难满足德国侵权法严格的构成要件,"德国更多地借助于合同救济手段",通过"附保护第三人作用的契约"理论,德国法将受到纯粹经济损失的第三人纳入合同法的保护,允许第三人以合同一方违反合同附随义务为理由提起诉讼,奥地利、葡萄牙和瑞典则接受了德国法理用合同法救济的模式。在这里,我们再次看到了民事责任在合同责任和侵权责任间的互动,而其功能却是相同的:救济纯粹经济损失。

3.总结:侵权责任和合同责任区分的法技术性

通过上述两个例子的分析,我们再次看到了侵权责任和合同责任区分的相对性。因此,虽然合同责任与侵权责任的区分为近代民法体系建立的重要基础,但其在功能上只有共同的基础——即对损害进行救济。而在面对不同领域的损害时,往往采用侵权责任或合同责任中的任何一种均可实现救济的目的,而不同国家理论和立法对其不同的定性往往只是法律传统和法律技术的不同所决定,而非损害赔偿之性质本质上不同。尽管无论如何定性,实现的均是特定法律政策下救济一定损害的功能,但两种责任的区分主要是法技术上的不同。

五、结论:法律政策与法律制度的功能

从上文的分析可以看出,无论侵权责任和合同责任,其范围从近代法到现代法均发生了重大的改变,改变的趋势是救济的范围不断扩大,程度不断加强,就法律发展演变的趋势来看,未来将有更多的损害获得法律的救济。在此背景下,我们日常研究中争论不休地从逻辑推演某项损失是否法律保护的研究方法就非常值得反思。历史的视角指示我们,不同法律政策将直接决定损害救济实现的范围和程度,而比较法考察提示我们绚烂多彩的各国立法选择。

上文的分析还可以启示我们,合同责任和侵权责任的区分有很大程度上的法技术性,我们研究中对某项损害的赔偿责任是合同责任还是侵权责任的争论,也应充分注意这种区分的此一特点,不可陷入唯逻辑的泥。法律体系的构建是法技术的,但法律体系更是为现实生活服务的,只要能够实现功能,有时法技术上的选择并不是唯一的,甚至不是重要的。

因此,作者认为,我们应该在损害救济实现的大背景下,在法律政策要求法律功能指向的角度上,理解合同责任和侵权责任各自的范围及其区分,并进而构建结构更合理,救济更充分,能更好地保障受害人利益的损害救济体系。

(原文发表于《河南财经政法大学学报》2013年第1期)

公司法研究

外商投资企业股权转让法律适用问题辨析

——以有限责任公司为视角

肖黄鹤 *

股权转让法律适用问题,是公司纠纷的突出问题。外商投资企业法是关于外商投资的系列特别法,《公司法》第二百一十八条明确,其与《公司法》之间属于特别法与一般法的关系。这种制度安排形成我国外商投资企业法与公司法并行、外资公司与内资公司双轨规制的公司制度,相应地对处理不同类型公司股权转让纠纷产生影响。

我国的外商投资企业法,主要包括《外资企业法》《中外合作经营企业法》《中外合资经营企业法》以及《中外合资经营企业法实施条例》(下简称《实施条例》)等法律规范,对这几类特殊企业的股权转让的特别规定主要有:《中外合作经营企业法》第十条规定了中外合作者转让合同权利、义务需要审批;《实施条例》第二十条针对中外合资经营企业审批的类似规定。除此之外,并没有更多涉及投资者股权转让的规范,《外资企业法》亦无此类明确规范。

从上述条文看,相关法律均只笼统规定未经审批和侵犯其他股东同意权、优先购买权的股权转让无效。即便强调外商投资企业股权转让的审批程序是必经程序,也没有明确审批程序的约束力, 即未经审批的股权转让是否导致股权转让合同无效抑或股权转让行为无效的问题并未得到明确。

由于法律规定不明确,相关法律文件就此作了补充。如国家工商总局 1997 年出台《外商投资企业投资者股权变更的若干规定》(下简称《若干规定》),对外商投资企业的股权转让作了具体的规定,主要规定股权变更审批的效力以及协议、章程生效的时间,同时,要求股权转让应符合国家产业政策、外资投资比限制,规定注册资本以及企业性质转变需要审批。由于该规定只是国家工商总局制定的规章,实践中并不具有裁判上的司法适用性。

从《公司法》考察,股权转让的规则主要有:有限责任公司方面,包括内部转让行为制度、对外部转让行为制度、股东优先购买制度、公司章程授权性规定以及股权转让登记制度等五个方面。在股份有限公司方面,则包括股份转让场所限制、不同股份转让方式差别、股份转让

---

* 北京德恒(深圳)律师事务所执业律师,法学博士。

限制等。总体上，《公司法》体现出以股权转让自由为基本原则，以转让限制为例外，即对程序、章程、场所有所限制的态度。笔者认为，这些限制不一定影响股权转让协议的效力，但可能对认定股权转让行为的效力产生影响。

由于上述外商投资企业法规范与现行《公司法》《合同法》等法律的相关规定不完全一致，加诸该领域存在大量行政法规和部门规章，特别是外商投资企业的审批机关商务部(原对外经济贸易合作部)单独或联合其他部委制定了一些部门规章，也存在与现行高位阶法律不相一致的情形，因此，存在的规则冲突如何衔接适用往往成为司法实践中法律适用的难题。

鉴此，最高人民法院2010年出台《关于审理外商投资企业纠纷的若干问题的规定(一)》(下简称《若干问题规定》或司法解释)，对外商投资企业在设立、变更等过程中的部分审理难题进行明确。司法解释通过将未经审批的中外合资、合作企业股权转让合同定性为未生效合同，规定一方当事人负有报批义务，满足了行政审批要件的，相关合同可成为生效合同。这项解释协调适应了《若干规定》的相关规范，一定程度解决了法律制度间的规则冲突。

经过以上梳理，可以发现我国已逐步明确了一套关于外商投资企业股权转让的规则，包括：①股权转让协议必须经过审批程序才能生效；②股权转让没有经过其他股东同意、优先购买的无效；③股权转让导致企业性质变更的需要额外审批；④股权转让违反法律相关规定和产业政策的无效。

有限责任公司是我国外商投资企业的常见形式。表面上看，《公司法》与外商投资企业法关于有限责任公司股权转让规则的差异不大，除了外商投资企业股权转让需要审批的要求以外，法律对股权转让的限制并不明显。然而，实质上，规则间的差异仍然存在，具体体现为：

1.关于股权转让审批的效力：《实施条例》将审批的效力明确为未经审批的股权转让无效，随后《若干规定》和《若干问题规定》则细化为股权转让协议经审批才能生效。至此，后续演化的规则已完全与公司法上无需审批的规则相去甚远；

2.关于股权转让程序：公司法就有限责任公司股权转让的约束包括，经过其他股东同意，其他股东享有优先购买权，或者依公司章程的特别规定。这些规定并不直接影响股权转让的效力，除非其他股东主张权利方产生影响。但是《实施条例》却直接规定未经其他股东同意或优先购买的股权转让无效，而且没有明确无效的范围。显然，相较于公司法，外商投资企业法强制不经相关程序的转让无效。

3.关于其他限制：外商投资企业法要求股权转让应符合国家产业政策、外资投资比限制，注册资本以及企业性质转变需要审批，但公司法显然对此并不涉及。

这些冲突很大程度上由于我国的外商投资企业法颁行较早已经年久失修，而《公司法》自1993年公布以来经历了1999年、2004年、2005年和2013年多次与时俱进的修改，这使得前者不具备考虑与后者衔接问题的可能性。

关于审批对于股权转让效力的影响，笔者通过案例研究发现，《若干问题规定》出台前，关于未经审批的外商投资企业股权转让合同效力的认定，往往判决迥异，通常包括无效说、有效说和未生效说。尽管随着司法解释的出台，未生效说成为裁判的主流依据，但关于该问题的探讨并非完全没有空间。

无效说以《实施条例》规定系效力性规定为基础，认为未经审批的股权转让合同违反行政法规强制性规定，从而依据《合同法》第四十四条第二款认定合同无效。此观点由于片面性明显，随着司法解释的出台，已和者寥寥。

有效说则认为，外商投资企业法上的"转让"其实质是股权变更，该合同目的与合同效力无关，所以审批影响的应是合同的履行而非效力，这意味着合同不需审批即可生效。这种观点得到支持的理由包括，认为债权行为的效力不应因受股权变动影响而变得有因，并且当事各方的利益关系可利用违约责任的承担与免除机制来调整；还有指出法律有关外资审批的规定属于管理性的强制性规范，对其违反理论上不应导致合同无效。

笔者认为，股权转让协议与股权转让行为是两个有区别的法律行为，因此有效说也存在以下方面的合理性值得考虑：

首先，认定审批对于股权转让合同具有约束力的法律依据不足。《中外合作经营企业法》第十条涉及审批，但并未对合同效力问题作明确规定。这一点与《公司法》上关于其他股东同意权、优先购买权规定是一样的，即审批不能约束合同效力。《实施条例》作为裁判依据则更有问题，因其作为解释性的规定，仅限于对《中外合资经营企业法》的抽象规定予以细化、说明，并不能对其上位法未规定的股权转让合同效力进行规定，所以其规定不应适用。同理，部门规章《若干规定》也无法规定股权转让的效力。因此，外商投资企业法律规则存在冲突时，根据上位法优于下位法的原则，外商投资企业股权转让应适用外商投资企业法；根据特别法优先于一般法的原则，若外商投资企业法规定不清楚时，则可适用一般法。为解决实践问题，适用最高人民法院《关于适用<中华人民共和国合同法>若干问题的解释(一)》第九条第二款，可以认定审批对于股权转让合同的效力没有约束力，仅应约束股权转让行为效力，这不失为可取的路径。

其次，不影响审批制的原意。正如相关学者指出的那样"实行审批制是对外资入境一种正常合理的限制，是一国行使主权的表现，"也即是说，审批制主要是为了规范外资进入我国市场。显然，赋予相关股权转让合同法律效力并不影响这一立法原意，因为股权转让合同的效力并不当然决定股权转让行为的效力。

关于未生效说，该观点认为未经审批机关批准的股权转让协议未生效，负有报批义务的一方在其成立后应履行报批的义务，否则应承担相应的违约责任。该说得到理论界与实务界主流学者的认同，尽管也有观点认为因解释本身的制定主体与法律性质使其在合法性与合理性方面均存在缺陷和商榷之处，所以也不应在裁判中作为法律依据，但随着解释在实践中解决此类问题的成效日益明显,相信未生效说将成为主流。

关于未履行其他程序的股权转让效力问题,现实中也存在相关的案例。如外商投资企业股东未经其他股东同意转让其股权的效力问题,可以从最高人民法院审理的"中国银行股份有限公司重庆九龙坡支行与宁源国际有限公司股权转让纠纷再审案"(〔2013〕民申字第36号)看到当前的裁判立场。该案判决依据《若干问题规定》第 11 条认定未经其他股东同意转让其股权的协议为可撤销合同。有观点认为,这种处理在法理上缺乏依据,因为合同仅对合同当事人具有约束力,第三人(其他股东)不具备撤销合同的权利;同时,这种处理方式也不利于保护善意第三人(股权受让方的合法权益);还由于外商投资企业法和《公司法》都没有明确的规定,如此判定的法律依据也值得商榷。就此,笔者认为,与审批对股权转让合同效力的影响同理,当外商投资企业股权转让违反其他程序时,考虑到存在外商企业投资法体系内的规则冲突,可以在认定股权转让合同效力时适用外商投资企业法,若外商投资企业法没有规定或规定不明的则适用《公司法》。

(原文发表于《人民法院报》2016 年 5 月 18 日第 7 版理论周刊,发表时有修订)

论少数股东召集权滥用之防止

——以现行《公司法》第 41、102 条为中心

赵明非　　杜麒麟 *

内容摘要: 按现行《公司法》的规定,持股数达到法定比例(股份有限公司还需达到一定持股期限)的股东既不必证明召集股东大会的合理性,也不必接受任何机关的监管,只需在董事会、监事会拒绝后即可径行召集股东大会。这样的规定显然太过宽松,可能导致召集权的滥用。此问题有两条解决路径:从解释论的角度,应肯定召集股东对召集理由的说明义务,并可依据《公司法》第 20 条或《民法通则》第 106 条追究滥用召集权的股东的责任;从立法论的角度,应由法院对召集请求进行审核,并赋予董事会和股东对召集行为的异议权,以及法院责令申请人提供担保的权力。

关 键 词: 召集权　利益平衡　召集理由

现行《公司法》第 41 条第 3 款规定,董事会或者执行董事不能履行或者不履行召集股东会会议职责的,由监事会或者不设监事会的公司的监事召集和主持;监事会或者监事不召集和主持的,代表十分之一以上表决权的股东可以自行召集和主持;第 102 条第 2 款规定,董事会不能履行或者不履行召集股东大会会议职责的,监事会应当及时召集和主持;监事会不召集和主持的, 连续九十日以上单独或者合计持有公司百分之十以上股份的股东可以自行召集和主持。这两条赋予了少数股东在紧急情况下自行召集股东会或股东大会①的权利。因为"在召开会议是股东进行干预的唯一办法的情况下,当多数股东认为董事在处理其权限范围内的事务时所采取的行动不是为了公司利益, 禁止股东召开公司会议将是一件令人无法接受的事情。"②但上述规定却有矫枉过正之嫌:由于为少数股东行使召集权设置的门槛过低,且缺乏相应的约束机制,反而为少数股东滥用召集权提供了便利。对此,法律界尚缺乏针对性的解决方案。本文拟就如何防止少数股东滥用召集权抒一管之见,并尝试从解释论和立

---

* 郑州大学法学院讲师,法学博士。

① 由于本文研究结论对有限公司的股东会和股份有限公司的股东大会同样适用,为避免行文累赘,以下将股东会和股东大会通称为"股东大会"。

② Isle of Wight Co.v.Tahourdin (1883)25 Ch 320.

法论两个角度探求解决之道。

一、被"溺爱"的少数股东召集权

正如日本学者大隅健一郎所言,"无论是在理念上还是在现实上, 股份公司都是股东利益、公司债权人利益、社会公共利益等各种利益的错综物,不仅这些利益本身屡有矛盾对立,而且各利益内部也还包含了利益抗争的可能性。……在这样的矛盾对立中努力寻求真实的形式,乃是股份公司立法的任务"。①虽然公司的股东在很多场合下可以被视为一个利益共同体,但实际上多数股东和少数股东之间的利益冲突是无处不在的。从某种意义上说,现代公司法的作用就是通过一定的制度安排来平衡这种利益冲突:既要防止多数股东操纵董事会肆意妄为,损害少数股东的利益,又要避免少数股东对董事会的经营活动造成无谓的干扰。遗憾的是,我国旧《公司法》与现行《公司法》对少数股东召集权的设置都未能很好地平衡这一利益冲突,总是摇摆于两者之间。

旧《公司法》第 104 条虽然规定了持有公司股份 10% 以上的股东可以请求召开临时股东大会,105 条又进一步规定董事会负责召集股东大会,却没有规定董事会拒绝召集时怎么处理。倘若董事会拒绝召集,少数股东将陷入无计可施的境地。为避免董事会与监事会滥用垄断股东大会召集权、故意不召集股东大会的情况,董事会或执行董事、监事会或不设监事会的监事滥用垄断股东大会召集权、故意不召集股东大会的情况,②现行《公司法》第 41 条、第 102 条规定,在董事会、监事会拒绝召开股东大会的情形下,持股 10%(股份有限公司须连续持股达 90 日以上)以上的股东可以自行召集股东大会。遗憾的是,利益的天平并未因立法的修订而平衡,而是彻底倒向了少数股东一方。现行《公司法》虽为少数股东召集股东大会提供了有力保障,却忽视了"没有约束的权利必将导致滥用"的道理:对少数股东召集股东大会制度的设计过于"溺爱"少数股东,为部分居心叵测的股东滥用召集权打开了方便之门。

从文义的角度分析现行《公司法》第 41 条、第 102 条,持股数达到法定比例(股份有限公司还需达到一定持股期限)的股东既不必证明召集股东大会的合理性,也不必接受任何机关的监管,只需在董事会、监事会拒绝召集后即可径行召集股东大会。这意味着,无论召集理由是否充分,要求是否合理,达到法定持股比例要求的少数股东都可以自行召集、主持股东大会。董事会理由再充分也无法阻止少数股东的召集行为,即使明知被召集的股东大会有百害而无一利也无可奈何。

股东大会召集权一旦被少数股东滥用,给公司带来的负面影响是全方位的:首先,现行《公司法》将董事会作为股东大会第一顺序的召集者是深思熟虑的结果。因为董事会最了解

---

① 聂卫东:《公司诸利益主体的利益冲突及合同安排》,《社会科学》1999 第三期,第 76 页。

② 刘俊海:《现代公司法》,法律出版社,2008 版,第 408 页。

公司的业务、最知道何时应当召集股东大会，由它来召集股东大会能够保证公司的高效运转，避免资源浪费。如果其他股东能够轻易绕过董事会自行召集股东大会，无疑会使立法目的落空，导致公司正常的经营秩序受到威胁。其次，股东大会的召开需要参加会议的股东付出高额的与会成本和大量的时间、精力，放弃与会的股东还要负担风险成本。频繁开会会使股东承受财力和精力的双重压力，使部分股东不得不放弃参加股东大会，进而影响"资本多数决"的形式正义。最后，如果少数股东滥用召集权的情况发生在上市公司，伴随股东大会而来的各种传闻可能导致公司股票价格的暴跌，从而对公司经营活动造成严重冲击。

二、比较法路径上的考察

旧《公司法》的规定太偏袒董事会，现行《公司法》又将利益的天平过分地向少数股东倾斜，如何在两者之间求得利益的平衡是亟需解决的问题。在探讨具体的解决方案之前，借鉴其他国家的相关立法是"他山之石，可以攻玉"的明智之举和可行之策。

《日本商法典》在"公司"一编第 237 条规定："(一)自 6 个月前连续集有已发行股份总数3%以上的股东，可以书面记载会议目的事项及召集理由，提交于董事，请求召集股东全会。(二)有前款请求，而股东大会程序没有立即开始时，请求股东经法院许可，可以自行召集。"①

《韩国公司法》第 366 条：1.持有发行股份总数的 3%以上股份的股东，向董事会提出记载会议的目的事项及召集理由的书面文件，可以请求召集临时股东大会。2.提出第 1 款之请求后，若未及时进入股东大会的召集程序时，提出请求的股东经法院同意，可以召集股东大会。

美国《示范公司法》第 7.03 节"法院命令召开的会议"规定："……基于签署了一份依据7.02 节的特别会议要求的股东之申请，……法院可以确定会议的时间和地点，决定有权参加会议的股东……。"②

德国《股份公司法》规定在股份总计达基本资本二十分之一股东申请董事会召集股东大会没有得到满足时，"法院可以授权提出要求的股东召集股东大会或公布议题。法院同时可以确定股东大会的主席。在召集股东大会或公布议题时应说明授权一事。"③

我国台湾《公司法》第 173 条第 2 款规定："前项请求提出后 15 日内，董事会不为召集之通知时，股东得报经地方主管机关许可，自行召集。"该条第 4 款还规定："董事或监察人因股份转让或其他理由，致不能依本法之规定召集股东会时，得由持有已发行股份总数百分之三以上股份之股东，报经地方主管机关许可，自行召集。"

---

① 吴建斌，刘惠明，李涛合译，《日本公司法典》，中国法制出版社，2006，第 150 页。
② 沈四宝：《最新美国标准公司法》，法律出版社，2006，第 64 页。
③ [德]托马斯·莱赛尔，吕迪格·法伊尔：《德国股份公司法》，高旭辉、单晓光、刘晓海、方晓敏等译，法律出版社，2005，第 231 页。

《法国公司法典》第 225-103 条规定："一、股东大会由董事会,或者在相应场合,由管理委员会召集;二、在董事会、管理委员会未召集会议的情况下,股东大会亦可由下列人员召集:1、会计监察人;2、紧急情况下,应任何利益关系人的请求或者应至少持有公司(2001 年 5 月 15 日第 2001-420 号法律)"5%"(原规定为 10%)资本的一名或数名股东的请求,或者应具备第 225-120 条所确定的条件的股东协会的请求,由法院指定的代理人;3、清算人。"①

在法国,这并不是一种"直接召集权",而是向法院提出请求的权利,目的是获准召开股东大会。在紧急情况下,任何有利益关系的人都可以提出这样的请求;其他情况下,请求人则必须具有股东资格,并且必须至少持有公司十分之一的资本。但是,股东也可以指定一名共同的代表,这样可以减少诉讼的费用。法院并不一定要同意股东提出的召集股东大会的请求。只要仍然在职的董事继续正确地管理公司,而提出召集股东大会请求的目的正是为了让新的多数股东能够有机会排斥这些在职的董事,法院就应当驳回这种请求,特别是在即将举行下一次股东大会的情况下,法院更应当驳回这样的请求。②

考察上述国家和地区的规定,我们可以整理出以下立法理念:

第一,对于少数股东行使召集权绝不可任由其"意思自治",必须由法院或主管机关提前介入对其请求进行审查,从源头上制止滥用召集权的情形。过度的强调少数股东的"意思自治"并不能更好的保护少数股东的利益。因为如果提出请求的股东果真处于少数,举行股东大会也并不能解决任何问题。与此相反,对于那些将要取得公司控股权的人(新的多数股东)来说,"意思自治"却是用来罢免在职的公司领导人、确认其对公司的控股权力的有效手段。在这样一场假"少数股东召集权"之名进行的公司控制权的争夺战中,公司的利益能在多大程度上被维护实在值得怀疑。因此,以召集请求权来代替"直接召集权"更为科学合理。另外,法院也不应甘于"守夜人"的角色,必须提前介入对召集请求把关。

第二,在法院或主管机关同意召集股东大会后,有两种召集模式可供选择:一种是日本和中国台湾的股东自行召集模式。这种模式易于操作,但可能由于少数股东不熟悉相关规定而导致召集程序存在瑕疵,而且在实践中容易受到董事会的刁难;另一种是美国和德国的法院召集模式。这种模式能充分保证召集程序的合法性,但由法院召集股东大会,似有由法院代董事会履行职责之嫌。③

第三,召集权的竞合问题。如果少数股东获得法院的许可而召集股东大会,那么董事会对同一议题就不再具有召集权限。如果董事会又就相同议题召集股东大会,那么应认为其所召集的股东大会所做出的决议是不存在的,除非董事会获得法院的许可,并基于少数股东的

---

① 罗结珍译:《法国公司法典(上)》,中国法制出版社,2006,第 151 页。

② [法]伊夫·居荣:《法国商法》,罗结珍、赵海峰译,法律出版社,2004,第 495 页。

③ 董翠香:《论股东大会的召集程序》,《政治与法律》2001 年第一期,第 46 页。

委任而代行召集股东大会。

上述立法理念为完善现行《公司法》中少数股东召集权制度指明了一个大方向，即通过公权力机关的事前审查来实现限制少数股东召集权的目的。但若要将上述立法移植到我国现行《公司法》体系之中，诸多问题仍待研究。比如是否应在审查过程中赋予董事会或股东异议权的问题，再比如当审查机关做出错误的召集决定导致公司受损时，如何保证公司的损失得到填补等问题。因为最了解公司情况的人只能是公司内部的人，审查机关用以做出决定的信息常常是不充分、不真实的，这就可能直接导致其做出错误的决定。此外，现行《公司法》并无修订意向，如果只考虑通过立法完善来解决少数股东滥用召集权问题，不免有引黄河之水救竭泽之鱼的意味。因此，我们不仅要站在立法者的角度思考现行《公司法》的完善之道，还要考虑如何通过解释现行《公司法》的规定在体制内寻求救济途径。沿着这条思路，我们将分别从解释论和立法论两个角度探讨解决方案。

三、以解释论为中心的解决途径

众所周知，少数股东滥用召集权表现为其召集股东大会的行为缺乏正当理由的支持。可见召集理由是否正当是决定股东是否滥用召集权的关键。对召集理由正当性进行考察的前提是少数股东在召集时说明召集理由。那么，少数股东在召集股东大会的过程中，是否应说明召集理由呢？对此美国立法和中国台湾法规均采肯定说，我国现行《公司法》未作规定，但我们认为从法理上应肯定此项义务，理由如下：

第一，说明召集理由是保障程序正当的必然要求。股东自行召集股东大会必须满足一定的前提条件，即董事会和监事会拒绝或怠于召集股东大会。质言之，股东只有在未通过董事会、监事会对召集申请的审查后方可自行召集。董事会、监事会在审查召集申请时，召集理由往往是重要的审查项目。股东不说明召集理由，董事会、监事会就无法明确股东的召集目的，也就无法对召集请求做出正确的判断。设立少数股东召集制度的本意是保护股东合法合理的召集行为，而不是保护不正当的召集行为。股东拒绝说明召集理由时，其召集请求的正当性也就无法查明，法律也就没有理由去对它进行保护了。因此，为保证召集程序的正当性，应认为召集股东有向董事会、监事会说明召集理由的义务。

第二，说明召集理由是保障股东对股东大会认同感的必然要求。少数股东的召集行为事实上已经打破了公司既有的运营秩序，并将增加公司的运营成本，甚至使公司陷入频繁开会的境地之中。如果召集行为缺乏正当的召集理由，将很难使被召集的股东对股东大会产生认同感，甚至造成股东们对股东大会的厌恶情绪。因此，为保证股东的认同感，应认为召集股东有向其他股东说明召集理由的义务。

第三，说明召集理由是保障股东大会"资本多数决"之形式正义的必然要求。股东参加股东大会的费用通常由股东自理，财力匮乏的股东通常会放弃不太重要的股东大会。说明召集理由能使股东们认识到决议事项的重要性,提高股东大会的参与程度。股东大会的参与程度越高,越能体现"资本多数决"的精神,从而实现其形式正义。

在肯定了少数股东自行召集股东大会应说明召集理由后,我们可以在现行体制内找到两条制裁滥用召集权的少数股东的路径。

路径一:依现行《公司法》第20条追究滥用召集权的股东的责任

现行《公司法》第20条第2款规定,滥用股东权利,造成公司损失的,股东承担赔偿责任。因此,少数股东滥用召集权造成公司损失的,应承担赔偿责任自不待言。值得研究的是:少数股东滥用召集权召开的股东大会所形成的决议效力如何? 我们认为此决议因召集程序有瑕疵是可撤销的。原因在于:只有正当的、合理的召集程序才可能保证股东对公司事项的知情权和表决机会,从而保证股东大会的召开至少能够符合资本多数决之"形式正义"。当某个召集行为已经足以影响股东的知情权和表决机会时,我们就有足够的理由怀疑这一行为是否符合"程序正义"的要求。正如前文所述,在召集程序中,召集理由是否充分将直接影响股东对股东大会的认同感,进而影响股东大会的参与程度和"资本多数决"程序正义的实现。

路径二:依《民法通则》第106条第2款对滥用召集权的股东提起侵权之诉

对一些召集理由明显不正当的滥用召集权行为,如果对公司造成了实际损害,则可以依《民法通则》第106条第2款对滥用召集权的股东提起侵权之诉。其理由在于:首先,召集理由是股东召集动机的外在表现形式,如果召集理由明显不具备正当性,则与之相对应的召集动机必然不具备正当性,从而证明其借召集行为损害公司利益的主观故意。对此种故意的认定尺度宜严不宜松,只有当股东的召集理由依社会一般观念明显不成立时,方可认定其主观上的过错。因为原则上应鼓励股东合理地行使召集权,如果认定过错的尺度过松,有为董事会报复股东提供方便之嫌。其次,少数股东滥用召集权进行召集的行为往往致使公司支出大量的人力、物力、财力,客观上造成了公司财产的不当减少。我们认为,当股东明显不正当的召集行为致使公司财产减少时,这种财产的减少已构成侵权法上的损害后果。最后,股东滥用召集权的行为与公司财产的减少有直接的因果关系。因此,当召集理由因不具备基本正当性而致公司损失时,董事会可依民法通则有关侵权行为的规定要求少数股东停止侵害、赔偿损失。相对于路径一,本路径的优点在于其可以在少数股东进行召集的过程中要求其停止侵权,但本路径仅适用于某些召集理由明显不正当的召集行为,对一些召集理由有瑕疵但并不严重的召集行为不宜适用,以免打击少数股东行使召集权的积极性。

尽管上述两条路径都可以制裁滥用召集权的股东,却难以正本清源,原因在于:其一,临时股东大会的召集往往基于突发性事件,需要及时处理,而这两条路径都立足于诉讼程序,诉讼程序耗时长久,即使股东大会最终如愿召开,也不免有"迟来的正义就是非正义"之嫌;其二,两条路径都是事后制裁,仍缺乏事先的预防机制;其三,对上市公司而言,公司和股东之间的诉讼可能会使股票价格的下跌;其四,即使诉讼成功,仍然面临着判决难以被实际执

行的问题——谁也无法保证滥用召集权的股东有足够的财力进行赔付。

四、以立法论为中心的解决途径

通过解释对滥用召集权的股东进行制约终究只是权宜之计，要想正本清源还须寄望于对现行《公司法》的修订。通过上文的分析，我们可以发现，即使在董事会和监事会都拒绝召集股东大会的情况下，现行《公司法》也不宜直接赋予少数股东召集权，而只应赋予少数股东召集请求权，在审核机关同意少数股东的请求后，方可召集股东大会。这样既可以避免董事会垄断股东大会召集权，也可以防止召集权的滥用。至于何为审核机关，一些国家或地区，如台湾地区，将相关主管机关作为审核机关，但考虑到在召集过程中出现的争议通常仍由法院管辖，为便于取证我们倾向于将法院作为审核机关。就完善现行《公司法》而言，在确定须对少数股东的召集请求进行事前审查后，仍有如下问题值得研究：

1.股东大会召集模式研究

股东自行召集模式的优点在于减轻了法院的负担，易于操作。但在股东自行召集的模式下，尽管有法院的授权，如果缺乏董事会的配合，在实践中依然困难重重。其一，少数股东通常缺乏相关法律常识和召集经验，在召集过程中极可能出现程序瑕疵，从而导致决议被撤销。其二，少数股东在行使召集权的过程中可能会遭到董事会的刁难，从而影响召集效果。

法院召集股东大会模式的优点在于其具有权威性，并且能保证召集程序的正当性。但这种模式也非尽善尽美：其一，法院毕竟是公司事务的局外人，对公司内部的许多情况都不了解，由法院召集股东大会恐怕难以达到令人满意的效果。其二，法院召集股东大会实质上是在代行董事会的职权，难免会给人一种司法权力过于膨胀的感觉。其三，法院的职能在于审判和执行，其是否有足够的能力和精力从事召集活动也值得怀疑。

我们认为上述两种模式都陷入了误区。法院对少数股东的召集请求进行审核的目的是为了防止召集权的滥用。在确定少数股东未滥用召集权后，审核的目的就已经达到了，强迫法院来主导接下来的召集程序并没有太大的意义。少数股东申请召集的目的是启动召集程序，在审核结束后，其目的也已达到。也就是说，在法院审核完毕以后，剩下的问题只是要为法院的召集决定选择一个执行者而已。谁是最合适的执行者呢？答案显然是董事会。因为董事会最了解召集程序和公司的实际情况，并且由董事会召集可以避免给人以法院越俎代庖的印象。综上所述，我们认为由法院责令董事会召集股东大会足以保证股东大会的顺利举行。

2.形式审查的弊端及规避

由于少数股东请求召集股东大会往往具有紧迫性，法院对其召集请求的审查只可能是形式上的审查。质言之，法院审核仅仅只是从外观上对召集理由是否明显不正当等问题进行判断，而不可能对股东提供信息的真伪做出裁决。因此，如果少数股东捏造虚假信息，隐瞒真

实情况来欺骗法院,法院在审查阶段是很难发现的。为了避免法院受到蒙蔽而错误地召集股东大会,我们认为应采取以下两条措施:

(1)应赋予董事会和其他股东向法院提出异议的权利。法院做出召集决定完全是基于少数股东提供的信息,这些信息难免有疏漏甚至隐瞒。在这个过程中,董事会和其他股东完全处于被动状态,他们的意见无法为法院所知悉。因此,应赋予董事会和其他股东向法院提出异议的权利。异议期间应为从接到召集通知(或公告)之日起至股东大会召开时止。因为在股东大会召开前,董事会或股东有充足的时间提出异议,如果在召开前还未提异议的,应视为对召集行为的默认。异议确实成立的,法院应责令董事会中止召集程序。召集程序中止后,如果行使召集权的股东不服,可以召集权受到侵害为由,向法院提起侵权之诉。

(2)应赋予法院责令申请人提供担保的权力。为避免滥用召集请求权的股东在被追偿时无财产可供执行而导致公司利益受损,应赋予法院责令申请人提供担保的权力。该项权力应由法院视情况行使:如果申请人提供的召集理由确实正当,亟需召集股东大会,且申请人提供担保确有困难的,可不要求其提供担保;如果召集理由是否正当难以判明,召集股东大会又不是十分紧迫的,应责令申请人提供担保。担保的形式应以财产担保为宜,但如果法院认为申请人提供的保证人确有偿还能力,也可采取人保的方式。申请人滥用召集请求权致使公司遭受损失的,公司可以现行《公司法》第20条第2款之规定要求其赔偿损失,如果其无力承担赔偿责任,公司可以担保财产优先受偿或向保证人追偿。

五、小结

综上所述,修订后的《公司法》第41条、第102条的相关内容可作如下表述:单独或合计持股百分之十(股份有限公司还须满足连续持股九十天以上的条件)以上的股东可向人民法院申请召集股东大会。召集理由明显不成立的,应予以驳回;召集理由成立的,法院可要求董事会召集股东大会,并可要求申请人提供相应担保。董事会无正当理由拒绝或怠于召集的,法院可对相关责任人进行处罚。股东大会召开前,董事会及相关股东可对召集决定提出异议,异议成立的,法院应通知董事会中止召集程序。申请人对中止召集程序的决定不服的,可另行起诉。

(原文发表于《东北大学学报(哲学社会科学版)》2010年第2期)

交叉学科研究

论劳动关系的建立时间 *

张荣芳 **

内容摘要：劳动关系产生的时间直接关系到劳动者和用人单位劳动权利义务的开始。《劳动合同法》规定劳动关系自用工之日起建立，不仅给该法的执行带来了许多困惑，而且给劳动法理论造成了一系列冲击。劳动关系产生的依据是劳动合同。劳动合同作为一种诺成性的非要式合同，承诺达成，合同即成立。除了合同中有特?别约定，劳动合同成立之时即生效，形成劳动关系。劳动关系不是自劳动合同履行之时起成立。

关 键 词：劳动关系 劳动合同 劳动关系成立 合同成立

"劳动关系的建立"应该理解为"劳动关系产生"或者"劳动关系成立"的同意语。劳动关系的建立时间，意味着从这一刻起劳动者和用人单位应承担合同约定和法律规定的权利义务。《劳动合同法》规定，劳动关系自用工之日起建立，即使双方当事人在此之前存在已经生效的劳动合同也不例外。对于"用工"，劳动法领域普遍认为是劳动者为用人单位提供劳动这一事实。劳动者为用人单位提供劳动，意味着双方已经开始履行劳动合同。将劳动关系的建立时间理解为从这一时点开始，不仅颠覆了传统的合同法理论，而且与劳动法确定的劳动合同必须履行的基本原则相冲突，也给劳动关系的和谐稳定带来了不利的影响。本文从劳动关系产生的依据出发，强调劳动合同是劳动关系成立的基本事实；接着分析劳动合同的成立时间和生效时间，劳动关系产生于劳动合同成立生效的时间；再指出将劳动关系的建立时间理解为"用工"之日的不良后果；最后概括分析《劳动合同法》关于劳动关系成立规范存在的问题及其完善措施，以此作为文章的结语。

一、引起劳动关系产生的法律事实

劳动关系是用人单位与劳动者之间形成的劳动权利义务关系，主要内容为：劳动者为用人单位提供从属劳动，用人单位向劳动者支付劳动报酬。劳动关系的成立基础和依据是劳动

* 在文章的形成过程中，学生曾多次就相关问题求教于老师。在老师光荣退休之际，特将小文重新登载，以表达学生对老师的感激之情，感谢老师长期以来的教诲和照拂！

** 武汉大学法学院教授、博士生导师，法学博士。

合同。劳动者、用人单位作为两个独立的市场主体,其交易应当遵循交易自由这一市场基本规律。劳动法虽然对劳动力市场进行一定程度的干预,但还是给予市场主体相当的自由选择权,如劳动关系是否建立、与谁建立,法律仍然授权劳动者、用人单位自由选择。劳动合同的成立同样经历要约和承诺两个阶段。劳动者向用人单位递交求职申请,或者依用人单位的招聘广告前往指定地点求职,是订立劳动关系的要约行为,用人单位同意录用行为即为承诺;或者由用人单位向劳动者发出要约,要约方式是其制定的格式化劳动合同文本,劳动者在合同文本上签字即为承诺。有效的承诺即表明当事人之间形成劳动关系。劳动关系是当事人协商一致的结果。我国《劳动法》第 16 条明确规定,劳动合同是劳动者与用人单位确立劳动关系、明确双方权利义务的协议。

劳动关系可否因为协议之外的其他法律事实而成立?即可否成立事实上的劳动关系,因何种事实成立劳动关系? 依事实契约关系理论,在若干情形下,契约关系得因事实过程而成立,非必依缔约之方式而成立不可,固当事人之意思如何,可不必问。能够成立契约关系的事实,依其构成因素可分为三类:基于社会接触;基于纳入团体关系;基于社会给付义务。合伙或者企业系具有团体性之组织,当事人既已纳入其内,则基此事实,即应成立契约关系。基于团体关系而生之事实上的契约关系,其最主要者系事实上之合伙关系及事实上之劳动关系。依据事实成立劳动关系的情形是指劳动契约在依法被宣告无效或者被申请撤销之后,对已经形成之劳动关系的处理。依据该理论,无效或者可撤销决定在此种情形下不是自始产生效力,而是自决定作出之时起仅向将来发生效力,已经履行的劳动关系依然有效。[①]已经履行的这部分劳动关系,因为其建立基础的劳动合同被依法宣告无效或者被申请撤销,使得该劳动关系失去了成立依据,所以,法律拟制该关系产生的依据是已经提供的劳动这一事实。

既然劳动关系产生的依据是劳动合同,探究劳动合同成立和生效的时间是解决劳动关系成立时间的必要步骤。

二、劳动合同成立的时间

合同成立时间因合同属于诺成性合同或者实践性合同而不同。实践性合同,亦称要物合同,指合同的成立以标的物的交付为条件。要物合同之缘起,主要在于保护无偿契约中只负担义务一方当事人的利益。因为无偿契约成立后的权利义务,片面地有利于契约当事人一方,因此有必要特别规定"非至完成标的物之交付,契约不能成立",法律据此要物契约理论来缓和只负担义务一方的利益。劳动合同系有偿合同,亦为诺成性合同,承诺生效的时间即为合同成立时间;当事人采用合同书形式订立合同的,自双方当事人签字或者盖章时合同成立。我国《劳动合同法》第 16 条明确规定,劳动合同由用人单位与劳动者协商一致,并经用人

① 刘宗荣:《新保险法:保险契约法的理论与实务》,台湾三民书局,2007,第 50 页。

单位与劳动者在劳动合同文本上签字或者盖章生效。依此规定，我国劳动合同的性质与一般情形一致，属于诺成性合同。所以，劳动合同的成立时间取决于劳动合同的形式。

《劳动合同法》明确规定劳动合同应当以书面形式订立。这里的"书面形式"的法律意义到底是什么？是劳动合同成立的要件，或者说是劳动合同有效的要件？还是对劳动合同的成立和效力没有影响，仅仅只是用人单位在劳动标准法的一定义务？该法对此并未明确规定。从《劳动合同法》的有关规定来看，口头合同不仅依法成立，可以在当事人之间产生权利义务关系；而且合法有效，所产生的权利义务内容受法律保护。这从《劳动合同法》第11条对口头约定劳动报酬的保护可见一斑。该条规定，用人单位未在用工的同时订立书面劳动合同的，与劳动者约定的劳动报酬不明确的，新招用劳动者的劳动报酬按照集体合同规定的标准执行；没有集体合同或者集体未规定的，实行同工同酬。按照这一规定，双方当事人在用工时有口头约定，如果对报酬约定明确，按照约定执行；如果约定不明确才按上述规则执行。另外，《劳动合同法》关于未订立书面劳动合同法律后果的相关规定也充分体现了这点。该法第10条第2款规定，劳动者与用人单位有口头约定，只要求在合同开始履行后的一个月内补订书面劳动合同即可；否则，用人单位将依本法第82条和第14条第3款规定，承担"支付二倍工资"和"视为成立无固定期限劳动合同"的后果。口头约定的内容依然受到法律保护，该情形下用人单位应当支付二倍"工资"的基数和无固定期限劳动合同的其他内容均由双方在该口头协议确定。从司法实践看，劳动争议处理机构一般未因劳动合同以非书面形式订立而确认该合同无效；而是将之确认为一种有效的劳动关系加以保护。所以，我国劳动合同应当属于非要式合同，成立于双方当事人达成协议之时，而非双方当事人签字或者盖章之时。需要说明的是：如果口头约定与双方当事人履行的内容不完全一致，应当视为双方通过实际履行这一行为变更了原口头约定的内容。作为继续性合同，劳动合同的这一属性对口头约定和书面合同文本均适用。

《劳动合同法》关于劳动合同书面形式的这一规定与此前的规范不同。《劳动法》中虽然也是只规定劳动合同应当以书面形式订立，未明确书面形式的法律效力，但原劳动部《关于贯彻执行<中华人民共和国劳动法>若干问题的意见》否定了口头约定的效力。该《意见》第17条规定，用人单位用工而故意拖延不订立劳动合同的，双方形成事实劳动关系。依据这一解释，书面形式是劳动合同的有效要件，没有书面形式，劳动者与用人单位之间的约定没有约束力，已经形成的劳动关系因为缺乏成立依据而被视为一种事实劳动关系。原劳动部的这一解释颠覆了《合同法》第36条、第37条的规定。①《劳动合同法》对此进行了纠正。

---

① 《合同法》第36条规定："法律、行政法规规定或者当事人约定采用书面形式订立合同，当事人未采用书面形式但一方已经履行主要义务，对方接受的，该合同成立。"第37条规定："采用合同书形式订立合同，在签字或者盖章之前，当事人一方已经履行主要义务，对方接受的，该合同成立。"

一般而言，劳动契约依当事人间相对立的意思之合致而成立，为一种诺成且不要式契约。①我国劳动法中规定劳动合同应当以书面形式订立，目的是避免因口头约定无据可查导致双方关系不稳定或者争议证据难收集等问题。这一义务应当属于法律课予用人单位单方面承担的义务。这与其他国家劳动法中关于雇主承担书面通知雇员主要雇用条件的规定一致。如欧盟指令中规定雇主应当将雇用条款和劳动条件告知雇员；英国1996年《雇用权利法》(the Employment Right Act)也要求雇主将雇用的详细条件书面告知雇员，通知时间是雇用关系开始之后的2个月内。②日本1998年修订的《劳动基准法》要求雇主就工作条件以书面形式说明，说明事项包括工资、劳动合同规定的其他条件，及其他有关事项。③对劳动合同的书面说明并不是劳动合同本身。如果雇主没有履行这一书面说明的义务或者说明事项不全面而导致劳动合同内容不明确，法院通过合同解释进行补充。另外，法院有权决定向未收到书面说明的雇员奖励两周的工资。④

三、劳动合同的生效及劳动关系的成立时间

劳动合同的生效与合同的成立是两个不同的概念。合同的成立是一种事实判断，解决合同存不存在的问题；合同的生效是价值判断，解决合同是否获得国家法律认可从而发生当事人在缔约时所期待的法律后果。合同生效的时间一般与合同成立的时间相同；当事人也可以约定附生效条件或者附生效期限的劳动合同。在当事人约定劳动合同成立后的特定事件发生或者特定时间到来时生效的情形下，合同成立与合同生效时间之间存在一个时间差。在劳动合同成立但未生效的这一时段，合同对双方当事人没有约束力，双方的权利义务关系(即劳动关系)没有成立。合同成立且生效时，该合同受法律保护，当事人应当履行自己的义务。合同成立时间是区分违约责任和缔约过失责任的根本标志。⑤

明确了劳动合同的性质后，其生效时间应当不言而喻，即只要双方当事人在合同中没有明确约定附生效时间和附生效条件，合同成立时间即为生效时间。但《劳动合同法》的规定使这一顺理成章的问题变得混乱不堪。首先，该法第16条明确规定，劳动合同经用人单位和劳动者在劳动合同文本签名或者盖章生效。如前所述，这一规定与该法第10条第3款对生效并已开始履行的口头协议予以保护的规范明显不一致。其次，该法否定已经生效的劳动合同的效力(包括书面合同和口头合同)，规定生效的合同不能在当事人之间产生劳动关系，劳动

---

① 参见史尚宽：《劳动法原论》，台北正大印书馆1978，第16页以下。

② Jo Carby-Hall：《the Contractual Nature of Social Law》，《Managerial Law》2003年第3期。

③ [日]荒木尚志：《日本劳动法》，李坤刚等译，北京大学出版社，2010，第51页。

④ Blake Lapthorn：《Written Particulars of Terms and Conditions of Employment》，http://www.bllaw.co.uk/pdf/EMP-0209-CIS-written-conditions-employment.pdf.

⑤ 马俊驹，余延满：《民法原理》，法律出版社，2005，第547页。

关系的产生必须依赖"用工"这一事实。该法除了第 7 条明确规定"用人单位自用工之日起与劳动者建立劳动关系"外,还于第 10 条第 3 款重申,即使订立书面劳动合同,劳动关系也自用工之日起建立。至于"用工"的含义,劳动法学界通说认为,"用工"是指劳动者实际为用人单位提供劳动或者受到用人单位控制,即劳动合同开始履行。用人单位"用工",才能在劳动者和用人单位之间形成劳动关系。[①]劳动合同的成立生效,并不能在当事人之间形成劳动关系,只有劳动合同进入履行阶段,劳动关系才建立。这也是劳动法律实务界普遍遵循的判定劳动关系是否存在的规则。

否定了劳动合同成立生效的法律意义,认为劳动关系自劳动合同履行之时起建立,就意味着劳动合同成立生效后,不能在当事人之间形成合同约定的权利义务关系,双方当事人可以不受劳动合同中相关约定的约束。如 35 岁的甲与某公司 2009 年 12 月 5 日订立书面合同并有合法的签名和盖章,约定:甲到该公司担任办公室主任一职,于 2010 年 3 月 1 日上班,月薪 5000 元。按照这一说法,甲与某公司 2009 年 12 月 5 日的约定没有意义,或者这一约定与双方在 2010 年 3 月 1 日上班时(或者依法在上班后的一个月内)订立合同的法律后果完全相同。至于成立生效的劳动合同无法形成劳动关系的理由,有学者采用台湾学者黄越钦教授的观点,认为劳动合同属于附始期生效的合同,在成立到未上班的这一时间段,劳动合同因生效期限未到,主要义务并未发生,如工资、劳动力给付、工伤等。[②]对于劳动合同"属于附期限生效合同"一说,我们无法赞同。其一,附期限合同只是合同生效的一种特别情形,是双方当事人依据意思自治原则在合同中特别约定合同于某一特定时间生效,它与合同一般在成立时生效的情形相对。法律不能规定哪一类合同属于附期限生效的合同。其二,附生效期限的合同,生效期未届满,合同成立但没有生效,这与《劳动合同法》第 16 条关于劳动合同自双方当事人签名或者盖章起生效的规定不一致。其三,附生效期限的合同,生效期届满前,当事人享有合同生效的期待权,没有履行请求权;但劳动合同成立后至"用工"前,当事人享有请求对方依约定履行义务的权利。其四,附生效期的合同,生效期未到,当事人之间的约定没有发生效力。这与我们理解的劳动合同生效后,"用工"未开始,劳动关系未建立不一样。前者是因为协议未生效,合同关系未产生;后者说的是劳动合同生效了,但无法依据该合同建立劳动关系。

将劳动关系成立时间确定为劳动合同履行的时间, 就从根本上否定了当事人的预期违

---

① 王全兴教授认为劳动关系以开始用工为标志,"用工"行为标志着劳动合同已在履行。(参见王全兴:《劳动法》,法律出版社,2010,第 156 页以下。)郭捷教授认为:"劳动关系建立是指用人单位和劳动者建立了真实的劳动服务关系,劳动者开始为用人单位提供劳动,劳动者的劳动力与用人单位的生产资料相结合"。(参见郭捷:《劳动法与社会保障法》,法律出版社,2009 年版,第 137 页。)

② 参见黄越钦:《劳动法新论》,中国政法法学出版社,2003,第 131 页。另参见常凯:《劳动法》,高等教育出版社,2011,第 249 页。

约责任。预期违约是指当事人一方在合同规定的履行期限到来之前,明示或者默示表示不履行合同。①预期违约属于违约。合同生效后至履行前的时间,当事人有权期待合同设定的权利到期能够实现,这是合同的本质属性和诚信原则的必然要求。如果一方当事人明确表示或者以自己的行为表明不履行合同义务,法律应当要求行为人承担一定的法律后果。明示违约的后果为:对方当事人可以根据自身的利益作出选择,或者视为提前解约而解除合同,立即行使求偿权;或者视对方的违约行为而不顾,继续保持合同的效力,等待对方到时履行义务,若到时仍不履约,再提起违约赔偿之诉。默示违约的后果:对方当事人可以解除合同,并要求赔偿损失。我国《合同法》第94条第2款和108条即明确规定如此。

将劳动关系建立时间确定为劳动合同开始履行这一阶段,实际上是将劳动合同未能履行的风险单方面归于劳动者。合同生效后,双方应当完整、全面地履行合同义务。按照惯例,劳动合同一般由劳动者先履行劳动给付义务,之后的一定时间用人单位才支付劳动报酬。劳动义务不履行,即劳动者履行迟延、履行不能及不完全履行,是因为可归责于劳动者的事由,劳动者应当承担违约责任。如果劳动者未提供劳动存在合法理由,如因为法定休假、用人单位休业、或者用人单位受领迟延及其他不可归责于劳动者的事由(如劳动者因病、因伤等而履行不能或者经营障碍等),劳动者可以免除劳动义务。至于劳动者的报酬请求权则因事由不同而有所区别,在劳动因为用人单位受领迟延或者因为用人单位的事由而不能履行时,用人单位必须全额支付报酬。②如果将劳动关系的成立时间界定为劳动合同的履行,认为劳动者未提供劳动、或者用人单位未接受劳动,劳动关系就未成立,劳动者就没有劳动报酬请求权和劳动保护权。这实际上是将劳动未履行或者未完全履行的后果全部归责于劳动者,不仅与劳动法的倾斜保护宗旨不吻合,就连合同法的平等保护原则亦未能遵守。

实际上,劳动法学界虽然认为劳动关系产生于"用工"之日,但还是未否定劳动关系建立之前双方依约定形成的权利义务关系,只是将这一阶段的权利义务关系理解为一种"非劳动关系"。如上所述,如果甲或者某公司在12月5日订立合同之后但在上班之前通知对方,本人无法履行义务,即甲通知某公司不能按时上班,而是另谋高就了;或者某公司通知甲本公司无法接受甲的劳动,希望其另找下家,又将如何处理呢?对于这一情形,不论是学者、法律执行者,还是合同当事人,都不能接受违约方不承担任何责任这一后果。至于该责任的性质和内容却少有探究,而对与该典型劳动合同存在一定差异的就业协议的性质有一致的认识,即就业协议不是劳动合同。③实际上,所谓就业协议,即毕业生在毕业前夕,就毕业后的工作意向等问题与录用单位之间订立的协议,协议除了毕业生、录用单位之外,还有毕业生所在

① 参见马俊驹,余延满:《民法原理》,法律出版社,2005,第630页。
② 参见史尚宽:《劳动法原论》,台北正大印书馆,1978,第35页以下。
③ 郑尚元:《劳动合同签订前当事人之权利义务分析——兼谈就业协议的法律性质》,《当代法学》2007年第5期。

高校。在这一协议中,学校不是合同主体,未设定权利义务;协议内容有时涉及劳动合同的主要条款。如果排除就业协议中计划管理的色彩,完善就业协议的相关条款(即排除毕业生所在高校,突出劳动合同的主要条款),就业协议与我们事例中的劳动合同没有本质差异。我们将劳动合同履行之前的这种权利义务称之为"非劳动关系"的理由是否是实际形成从属劳动关系? 劳动关系就是依据劳动合同,劳动者提供从属劳动、用人单位支付报酬的权利义务关系。我们不能因为劳动者未提供实际劳动,就否定劳动者的从属地位,就像我们不能否认没有共同生活但已经登记结婚的男女存在婚姻关系一样。劳动者与用人单位依据劳动合同享有"就劳请求权"和"劳动请求权"的关系,就是劳动关系,正如《劳动法》第 16 条明确规定的那样:劳动合同是劳动者与用人单位确定劳动关系的协议。

我们知道,劳动合同生效与合同履行是两个不同的阶段。劳动合同生效是一个时间点,从这点开始,合同中的相关约定对当事人具有约束力。劳动合同的履行是双方当事人依法或者依约定提供合同义务,使用人单位的劳动请求权和劳动者的报酬请求权得以实现的过程。劳动合同生效时间与履行时间可能一致,自合同生效时起,劳动者应依约定提供劳动,用人单位不仅应当提供劳动指示,而且应当完全接受劳动给付,以及依约定履行报酬支付义务、照顾义务以及其他约定义务和法定义务。当然,当事人也可以约定合同自生效后的某一特定时间开始履行。此时,合同生效时间与履行时间存在一个时间差。在这一阶段,劳动关系已经形成,只是尚未开始履行,双方当事人应作好履行义务的相应准备;另外,双方当事人不得任意解除合同。至于用人单位的劳动保护义务,应当理解为劳动者提供从属劳动的对价,在劳动者履行劳动给付义务之前,用人单位无需承担相关从属义务。反之,如果在劳动合同履行之前,当事人不仅可以明示或者默示不履行合同义务,而且可以任意解除劳动合同,双方当事人对合同权利的期待权无法实现,诚信原则更荡然无存。这实际上根本否定了合同法中诺言必须遵守的原则,否定了合同法的本质属性。

所以,劳动关系就是当事人依据劳动合同确立的一种权利义务关系,它产生的时间是劳动合同成立生效的时点。劳动合同成立并生效,即在当事人之间形成一种权利义务关系,其内容是一方依约定为对方提供具有从属性的有偿劳动,另一方接受劳动、支付报酬。"从属性"表现为,依据约定劳动者必须接受另一方安排的劳动、服从其管理、遵守相关规章制度,不一定要求劳动者已经到该单位提供从属劳动这一事实存在才能认定劳动关系形成。只有这样,我们回归劳动合同法的基本原理,将劳动合同的成立、生效、履行正常区分;才能维护当事人之间约定的效力,体现《劳动合同法》第 3 条规定的"依法订立的劳动合同具有约束力,用人单位和劳动者应当履行劳动合同约定义务"的基本原则和要求。

四、现行法律关于劳动关系成立规定的问题及其完善

劳动关系产生的依据是劳动合同,除了特定情形下可以依据事实之外。劳动合同作为一

种诺成、不要式合同,成立于劳动者与用人单位之间意思表示一致之时。劳动合同成立生效,就在当事人之间产生劳动关系,除了当事人特别约定合同生效的时间或者事件之外。"用工"作为合同的履行行为,可以与之前的合同约定一致,也可能因为情势变迁而改变。如果当事人通过实际履行改变当初的约定,这属于合同的变更行为,适用合同变更的规则。

现行劳动法理论上对劳动关系产生的依据和时间的不当认识,主要肇始于现行规范的混乱。这些规定大致包括:第一,对劳动关系产生的依据——劳动合同,法律在书面形式要求和口头协议合法之间游弋不定。1995 年《劳动法》第 19 条就规定,劳动合同应当以书面形式订立,但没有规定口头协议的法律后果;原劳动部解释这里的"应当"应理解为"必须"①。面对现实中大量存在的口头协议,为了保护已经履行的这类协议的效力,保护已提供从属劳动的劳动者的合理权益,原劳动部在《关于贯彻执行〈中华人民共和国劳动法〉若干问题的意见》中将已经履行的口头协议称之为"事实劳动关系";司法实践也基本上依据这一《意见》处理。原劳动部否定口头协议的效力,将其视为一种违法合同,按"无效"的法律后果处理。《劳动合同法》对劳动合同形式的规定相互矛盾。该法第 16 条将劳动合同等同于书面劳动合同文本。从该条规定看,劳动合同应当是指经过双方当事人签名或者盖章的书面合同文本,没有这一形式要件,劳动合同不能生效,当然无法在劳动者与用人单位之间产生劳动关系。但该法第 10 条第 2 款规定,已经建立劳动关系,未同时订立劳动合同的,应当于用工之日起 1 个月内订立劳动合同,否则将依据该法第 14 条第 3 款和第 82 条规定,由用人单位承担"被视为订立无固定期限劳动合同"和"支付二倍工资"的后果。这一规定,完全肯定了口头劳动合同的效力,而且在该法第 11 条中明确规定,如果因为没有书面合同而导致有关条款的约定不明确时如何履行。

第二,《劳动合同法》越过合同成立径行规定合同生效。该法第 16 条规定,劳动合同由用人单位和劳动者协商一致,并经用人单位和劳动者在劳动合同文书上签字或者盖章生效。这样规定引发了劳动合同效力制度四重困境:抹杀了劳动合同效力制度的价值判断;使《劳动合同法》关于合同无效制度陷入困境;导致附生效条件或者生效时间的劳动合同不存在;口头合同的成立时间未作规定。②

除此之外,《劳动合同法》最匪夷所思的是否定生效劳动合同的效力。该法第 7 条规定,劳动关系自用工之日起建立。针对没有约定只有"用工"事实,或者说劳动合同因违反法律或者有瑕疵而被宣告无效或者被撤销的情形,这一规定是必要的,而且只能这么规定。但该法第 10 条第 3 款却规定,"用人单位与劳动者在用工前订立劳动合同的,劳动关系自用工之日起建立"。显然,依据这一规定,劳动关系与书面劳动合同和口头劳动合同的成立和生效都无

---

① 劳动部《关于〈中华人民共和国劳动法〉若干条文的说明》,1994 年 9 月 5 日,第 16 条。

② 邰明扬:《劳动合同成立之殇》,《劳动保障世界》2009 年第 7 期。

关,它成立的依据只有"用工"这一事实。从文意解释的角度,"用工"应当理解为:劳动者的劳动力被用人单位控制或者实际使用这一状态;结合第 7 条和第 10 条的规定,从逻辑解释的角度看,"用工"也只能作上述理解。这也是通说对"用工"概念的解释。所以,《劳动合同法》旗帜鲜明地规定,劳动关系自用工之日起产生,不是自劳动合同成立生效时产生。这一规定不仅与《劳动法》第 16 条对劳动合同的界定不一致,也与该法第 3 条对劳动合同法基本原则的规定不一致。

《劳动合同法》关于劳动关系成立的有关规定,不仅内容之间相互冲突,而且与法理不吻合,也给劳动关系的和谐稳定和社会诚实守信的道德建设造成了不利影响。法律的修改势在必行。第一,《劳动合同法》第 7 条应当修改为:劳动关系自劳动合同生效之时起建立;无劳动合同的情形,劳动关系自用工之日起建立。第二,关于劳动合同的形式,法律应当明确规定,劳动合同属于非要式合同,合同自双方当事人就劳动合同的主要条款达成一致时成立。至于劳动合同的主要条款,可以理解为具备:"为他方服劳务","受用人单位管理监督从事劳动"这一点即可。① 第三,为了明确双方的劳动权利义务关系,规定自劳动关系建立之日起 1 个月内,用人单位必须通过书面形式将具备《劳动合同法》第 17 条列举必要条款的合同文本交付给劳动者。否则,除了承担《劳动合同法》第 82 条规定的法律后果外,在劳动合同内容不明确的情形下,由司法机构依据《劳动合同法》第 14 条第 3 款和第 11 条规定作出解释。第四,删除现行《劳动合同法》第 10 条和第 16 条的规定。

(原文发表于《现代法学》2012 年第 3 期)

---

① 黄程贯:《劳动法》,台北空中大学印行 1997,第 379 页。

论《鹿特丹规则》对履约方的规制

——对我国多式联运中运输责任主体的反思

陈玉梅 *

内容摘要: 履约方是《鹿特丹规则》适应"门到门"运送模式而提出的一个新概念。该概念的提出,将缔约承运人以外的协助其完成运输任务的所有参加者都纳入到了运输责任体系中去,如终局经营人、装卸工人、仓库管理人等。但该制度一方面易与强制性国际公约相冲突,另一方面也很难规范纯国内的陆地运输。因此,公约将之分为海运履约方与非海运履约方,海运履约方受公约的强制性约束,而非海运履约方受单式运送公约或国内法的约束。我国是否引入该制度,必须从国家利益和我国实际出发,综合进行判断。

关 键 词: 履约方　海运履约方　多式联运

一、问题之提出

多式联运的发展尤其是"门到门"运输模式的普及,使我们在关注传统的承运人制度之外,不得不思考如何才能将众多的除承运人之外的责任主体纳入到运输法律体系中来?一旦实行"门到门"运输,承担责任主体就要复杂得多。货物运送过程不得不经由公路、铁路、航空或海上运输,甚至还要涉及到管道运输;运送过程不得不将检验、装箱、封箱,货物报关,办理进出口手续、保管、仓储以及安全保卫等工作包括在内。承担这些工作的人都是在履行"门到门"运输中承运人的责任,但他们又不是承运人,货物如在这些环节发生毁损、灭失或迟延,他们应否承担责任? 如需承担责任,承担责任的基础是什么? 其与承运人的关系以及与托运人或收货人的关系应如何确定?

传统运输法公约都建立在双方当事人契约关系的基础之上。《海牙规则》和《海牙—维斯比规则》仅仅规定承运人作为合同当事方的责任,《华沙公约》《国际货物公路运送公约》以及《国际货物铁路运送契约统一规则》等国际公约也都只规范合同当事方的关系以及他们之间的权利义务,而对于合同当事人以外的责任主体,只能以其他法律关系提起诉讼。

以上国际公约之所以没有对合同当事方之外的主体作出规制, 是因为这些公约制订时

---

* 贵州财经大学教授,法学博士。

的时间较早,当时的货物运输相对简单,涉及的法律关系和责任体系都没有如今复杂。在全球化大趋势下,货物运输不管是运送方式还是责任内容都发生了很大变化,如海上运输的责任期间已经由"港到港"或"钩至钩"扩展到"门到门"。据统计,2000年全世界运送集装箱6000万个,其中50%是由集装箱班轮经营人以多式联运的方式运送的。[①]

一份运送合同的履行,会有除与托运人签订合同以外的众多当事方直接或间接参与其中。法律制度必须要适应时势的发展做出适时调整。

与此相对的是,近来的国际公约逐渐扩展了对与托运人没有直接合同关系的承运人之外的责任主体的法律规制。《汉堡规则》对实际承运人履行海上运输时,强制性地赋予其与缔约承运人相同的责任基础。我国《海商法》借鉴《汉堡规则》等国际公约,同样规定了实际承运人制度。至于空运,《瓜达拉哈拉公约》填补了《华沙公约》的空白,建立了实际承运人责任。《蒙特利尔公约》里特别规定了一节"不是由缔约承运人履行的航空运输"。[②]《1991年联合国国际贸易运输港站经营人赔偿责任公约》对国际贸易运输港站经营人责任制度做了具体规定。美国《1999年海上货物运输法》规定了履约承运人的概念,并将其赔偿责任与缔约承运人予以区分并分别作出了规定。这些公约或国内法律规定,不仅与实现更多的人参与运送并进行更全面规制的趋势相一致,而且也促进了这些趋势。[③]为了实现海上货物运输法律制度的国际统一,国际海事委员会接受联合国贸法委的委托,于2008年12月通过了《联合国全程或部分海上国际货物运输合同公约》,因在荷兰鹿特丹签字,所以又名为《鹿特丹规则》。"履约方"是《鹿特丹规则》新确立的一项制度,也是针对多式联运这种运送方式的特殊性与复杂性而应遇产生的一项制度。这项制度的确立,无论是对于发展中国家还是发达国家多式联运的发展,都将产生积极而深远的影响。我国既是贸易大国也是航运大国,不能不关注国际贸易和多式联运的新发展。

二、《鹿特丹规则》对"履约方"的规定

"履约方"是《鹿特丹规则》新创立的一个概念,也是公约的核心概念之一,用来统称"门到门"运输中除承运人以外众多的责任主体。作为船货双方力量对比的新公约,目的就是要调整承运人或履约方与托运人、收货人或持有人之间的权利义务,而要确定双方的权利义务,首先就要界定二者的范围。也就是说,我们首先要确定的就是"履约方"的内涵,只有正确理解了履约方的内涵,才能把握履约方的外延。

---

① 卢新:《运输法草案中海上履约方及其责任问题研究》,大连海事大学2006年硕士论文,第1页。

② Montreal Convention,supra note 4,art.10(1)。

③ Michael F. Sturley,Issues of Transport Law,The Treatment of Performing Parties,2003 CMI Year-book,p230、p44。

那么,履约方制度的具体内容是什么呢?根据《鹿特丹规则》第1条第6款之规定,"履约方"系指承运人以外的,履行或者承诺履行承运人在运输合同下有关货物接收、装载、搬移、积载、运输、照料、卸载或者交付的任何义务的人,以该人直接或者间接地在承运人的要求、监督或者控制下行事为限;[1]但不是由承运人而是由托运人、单证托运人、控制方或收货人直接或间接委任的任何人不包括在内。由此可以看出,履约方与承运人的法律地位不同:不是货物运输合同的当事人,与托运人没有直接的合同关系;虽然不是承运人,但需承担承运人的责任,亦享有承运人的抗辩和赔偿责任限制。[2]那么,符合什么条件的主体才是履约方呢?

其构成要件是:第一、直接或间接地在承运人的要求、监督或控制下从事一定的行为,因此履约方与承运人之间很可能存在直接或间接地商业合同关系或委托关系。第二、从事的行为不仅仅是运输,只要是与运输相关的活动都应包括在内,如接收、装载、搬移、积载、照料、卸载或者交付的任何行为;不仅包括实际履行承运人职责的主体,也包括承诺履行承运人职责的主体,如承揽运送人。第三,从事的必须是运输合同中属于承运人职责的核心义务,如接收、装载、搬移、积载、运输、照料、卸载或者交付,其他从事非核心义务的主体不属于履约方。综上所述,海上运送人、内陆运送人、装卸工人、卡车司机、承揽运送人、港口经营人或码头经营人等主体都应包括在内。但保护集装箱堆场的安全公司、负责货运文件的中间人以及船舶修造厂等主体则不属于"履约方"的范畴。[3]我们在认定履约方的时候,应从以上三个要件着手,来正确判定其身份。履约方制度的规定,一方面解决了寻找责任主体的传统难题,另一方面货方的权益也能得到充分的保障。与《汉堡规则》下的"实际承运人"相比,"履约方"涵盖了货物运输有关各方更广泛的范畴。

《鹿特丹规则》使履约方承担与缔约承运人相同的责任方式。[4]然而,在联合国国际贸易法委员会工作组的讨论过程中,大家也承认该概念的提出会与现存的运输法公约存在一定冲突。对港口的运营、仓储公司来说,他们要承担更多的责任,一些内陆承运商有时要承担海运承运商所承担的一些责任,这样会产生很多问题。[5]下面的案例将说明这一点。

一份从纽约经由汉堡到维也纳的运输合同,其中包括了从汉堡到维也纳的一条国际公

---

① The CMI Draft introduced a new concept of the "performing party":those who perform any of the carrier's responsibilities under a contract of carriage and act,either directly or indirectly,at the carrier's request or under the carrier's supervision or control

② 《鹿特丹规则》第19条之规定。

③ 司玉琢:《UNCITRAL运输法(草案)难点问题研究》,《大连海事大学学报》(社会科学版)2003年第1期,第2页。

④ UNCITRAL,Preliminary Draft Instrument,supra note 10,art. 6.3.1(a).

⑤ Mahin Faghfouri.《鹿特丹规则》需要完善与沟通,http://info.shippingchina.com/commentary/index/detail/id/352.html.访问日期2009-12-31.

路运输。假设澳大利亚是该公约的缔约国,货损发生在公路运输途中,收货人以实际从事了从汉堡到维也纳的公路运输的卡车司机为被告向澳大利亚法院提起诉讼。

按照《鹿特丹规则》,此案例中的卡车司机无疑是作为履约方而须承担公约责任。同时,公路货物运输亦受强制性的《国际货物公路运送公约》的约束,因为这是一次同意该公约的缔约国之间的国际公路运送。因此,澳大利亚法院就面临着可适用两个国际公约但义务却不相容的尴尬境地。

除了公约冲突这个问题之外,另外一个问题也是不容忽视的,那就是履约方制度很难规范纯国内的陆地运输。一个运送货物到邻州(镇)的卡车司机按《鹿特丹规则》很可能要受国际公约责任框架的约束,只要运送合同中的任何一部分是公约所规定之时。①由于适用结果超出了专门从事国内陆地运输的承运人通常的期望,而且每州都有他们自己的规范陆运的国内政策或法律,甚至有些州提出《鹿特丹规则》中的履约方制度不合理地阻碍了他们的国内责任框架体系。②

三、海运、非海运履约方的分类

为了不与强制性的国际条约或国内法相冲突,公约将履约方分为海运履约方和非海运履约方,前者受公约的强制性约束,而后者仍适用于其所在运送段的强制性国际公约。"海运履约方"被定义为在货物到达船舶装货港至货物离开船舶卸货港期间履行或者承诺履行承运人任何义务的履约方。③同时还对内陆履约方作为海运履约方的情形做了特别规定:一个内陆承运人仅在其履行或者承诺履行的服务完全在港口区域时方为海运履约方。尽管《鹿特丹规则》规定了履约方制度,但只对海运履约方赋予了强制性的责任和直接的行为后果。公约中有关履约方义务与责任的规定只适用于海运履约方,有关"喜马拉雅条款"的规定也只适用于海运履约方。④

作为参与货物运送的一方主体,下面的案例将说明公约适用于哪些主体:托运人与无船承运人签订了一份从柏林到芝加哥的运输合同。货物经公路由柏林到安特卫普,经海运从安特卫普到纽约,再经铁路从纽约到芝加哥。假如美国是该公约的缔约国,而德国和比利时却

---

① Tomotaka Fujita, The Comprehensive Coverage of the New Convention: Performing Parties and the Multimodal Implications, 44 Tex..Int'I L.J.358.

② Tomotaka Fujita, The Comprehensive Coverage of the New Convention: Performing Parties and the Multimodal Implications, 44 Tex. Int'l L.J, p367.

③ "Maritime performing party"is defined as meaning "a performing party to the extent that it performs or undertakes to performs any of the carrier's obligations during the period between the arrival of the goods at the port of loading of a ship and their departure from the port of discharge of a ship. "Id.art.1,p7.

④ 《鹿特丹规则》第 19、20 条之规定。

不是。当货物发生货损、灭失或迟延时,收货人该以谁为被告、依据是什么?

在该案例中,由于交货地点位于一缔约国内,所以公约适用于该运输合同。[①]不管货损发生于何地,根据公约的规定,收货人都能起诉该案例中的无船承运人(承运人)。如果货物是在海上运送段被损坏的,收货人也能起诉从安特卫普到纽约段的海上承运人。按照公约的规定,如果货物是在安特卫普到纽约段损坏的话,在缔约国港口交付货物的海上承运人作为海运履约方要承担赔偿责任。

在纽约港工作的装卸工人或终局经营人也可以根据公约承担责任,如果货物是在他们监管下发生的损害;但那些在安特卫普港工作的却不需承担。海运履约方受公约责任框架的约束仅指"收货地"、"交货地"或"装货港"、"卸货港"位于该公约缔约国内。[②]因此,在非缔约国港口(如上述案例中的安特卫普港)从事运送行为的装卸工人或终局经营人就不受公约的约束。公约不打算干预那些和缔约国没有地理联系的人的活动。[③]

如果货物在柏林到安特卫普运送段损坏,那么卡车司机不需承担责任,因为根据公约他不是海运履约方。卡车司机在《国际货物公路运送公约》下要对无船承运人承担责任,但《国际货物公路运送公约》不对无直接合同关系的收货人提供直接的法律保护。收货人只能对卡车司机提起侵权之诉。

尽管该规则只对"海运履约方"做了强制性适用的规定,但该公约仍然使用了包括非海运履约方的"履约方"这个词,因为该概念在承运人的责任体系中是十分重要的。但由此产生的问题是,以港口为界将履约方分为海运履约方和非海运履约方,分别适用不同的法律规定,港口的具体范围应如何划定?而且也容易使得某些从功能上看本应属于海运履约方的主体被认定为非海运履约方。由于各国的具体国情及地理条件的差异,在这一问题上各地差异非常大。尽管《鹿特丹规则》将内陆承运人作为海运履约方的特殊情形作出了规定,"一个内陆承运人仅在其履行或者承诺履行的服务完全在港口区域时方为海运履约方",但仍有一些问题解决不了,如在港口经营人的拖车从港区外将货物拖到港区内的情况下,判断其究竟是海运履约方还是非海运履约方就较为困难。[④]

---

① 《鹿特丹规则》关于适用范围的要求是收货地或交付地位于不同国家,即双重国籍、5个连接点。具体请参见《鹿特丹规则》第5条第1款。

② 《鹿特丹规则》第5条第1款规定:"除第6条另有规定外,本公约适用于收货地和交货地位于不同国家,并且海上运输装货港和同一海上运输的卸货港位于不同国家的运输合同,条件是运输合同约定以下地点之一位于一缔约国:(a)收货地;(b)装货港;(c)交货地;或者(d)卸货港。"

③ This restriction was introduced at the 17th session. See U.N. Comm'n on Int'l Trade Law[UNCITRAL], Working Group on Transport Law, Report of Working Group III (Transport Law)on the work of its Seventeeth Session, paras.141–45, U.N.Doc.A/CN.9/594(Apr.13,2006).|

④ 李章军:《国际海运承运人责任制度研究》,法律出版社,2006,第372页。

四、履约方与我国相关制度的关系

我国《合同法》和《海商法》分别对多式联运进行了规定,其承担责任的主体统称为多式联运经营人。多式联运经营人对全程运输承担责任,不论货损、灭失或迟延是否因自己的原因所造成。多式联运经营人对托运人或收货人承担责任之后,有权向有责任方追偿。对于海上运输,其承担责任的主体在不同国际公约下略有不同:在《海牙规则》和《海牙—维斯比规则》下仅指承运人和通过对物诉讼的船东,而在《汉堡规则》中是指承运人和实际承运人。但在实践中,实际承担多式联运经营人职责的主体有可能是实际承运人、货运代理人、无船承运人、船东或其他主体。"履约方"与这些主体关系如何,尤其是与之有密切联系的实际承运人制度?

最早对实际承运人作出立法规定的是《瓜达拉哈拉公约》,其针对《华沙公约》中相继承运人(successive carrier)的相关规定对缔约承运人(contracting carrier)将运输合同的一部或全部转托给实际承运人(actual carrier)的内容作了专门规定。《汉堡规则》借鉴了《瓜达拉哈拉公约》对"实际承运人"的规定,在其第1条第2款规定:"实际承运人"是指受承运人委托执行货物运输或部分运输的任何人,包括受委托执行这项运输的其他任何人。与《瓜达拉哈拉公约》不同,《汉堡规则》对实际承运人的定义进行了广义解释,实际承运人包括装卸公司、仓储公司、包装公司、港口经营人等在承运人责任期间参与运输行为的一系列主体。[①]我国对实际承运人的定义吸收、借鉴了国际公约的规定,《海商法》第42条第2款规定:"实际承运人,是指接受承运人委托,从事货物运输或部分运输的人,包括接受转委托从事此项运输的其他人。"《民用航空法》第137条第2款规定:"本节所称实际承运人,是指根据缔约承运人的授权,履行前款全部或者部分运输的人……"从我国关于实际承运人定义的规定出发,我们对实际承运人的定义,可以采取提取公因式的方法来进行规定。所谓实际承运人,是指接受承运人的委托,从事货物运输的人。与国际公约以及美国关于实际承运人的定义相比,我国对实际承运人的定义采取的是一种较严格的解释,其外延也是远远窄于上述公约。

履约方尤其是海运履约方和我国法律规定的实际承运人之间的关系到底怎样呢?从上关于两种制度的论述可知,它们之间的区别主要有以下几点:第一、范围不同。履约方包括了承运人以外的所有履行承运人责任的主体,而实际承运人只指实际履行了运输业务的人,港站经营人、装卸工人、码头工人等主体都不包括在内,而这些主体都属于履约方。"这一概念的应用,很好地解决了《汉堡规则》下实际承运人概念无法厘清的港口经营人、码头装卸公司等主体的责任问题。"[②]第二、责任期间不同。《鹿特丹规则》是调整"门到门"运输的一个国际公约,其所规定的承运人的责任期间从"收到货物时起"到"交付货物时止";而实际承运人制度是《汉堡规则》以及我国《海商法》《民用航空法》所确立的一项制度,责任期间一般为"钩至

---

① [日]樱井玲二:《汉堡规则的成立及其条款的解释》,对外贸易教育出版社,1986,第106页。

② 再自然:《论海运履约方》,http://chaizhishen.blog.sohu.com/119196591.html,访问日期:2010年1月6日。

钩"或"港到港"。如我国《海商法》第 46 条的规定：承运人对集装箱装运的货物的责任期间，是指从装货港接收货物时起至卸货港交付货物时止，货物处于承运人掌管之下的全部期间；非集装箱装运货物的责任期间，是指从货物装上船时起至卸下船时止，货物处于承运人掌管之下的全部期间。第三、责任不尽相同。尽管法律规定海运履约方对法律规定的义务要和承运人承担连带责任，实际承运人也须和缔约承运人对自己运送段的毁损灭失承担连带责任，但此连带责任与彼连带责任有所不同。首先，公约规定海运履约方与承运人承担的连带责任是一强制性规定，不可以约定予以排除；但我国《海商法》第 60 条第 2 款却规定了对特定运输部分的责任可以由承运人和实际承运人约定排除。①其次，海运履约方与承运人承担的连带责任，是就公约规定下的法定责任承担连带责任，两者责任大小具有同一性；但《民用航空法》和《海商法》所规定的连带责任，该责任的具体范围并没界定清楚。

在货物多式联运中，多式联运经营人需对全程运输负责，但其可以与参加多式联运的各区段承运人就多式联运合同的各区段运输，另以合同约定相互之间的责任。货物的灭失或者损坏发生于多式联运的某一运输区段的，多式联运经营人的赔偿责任和责任限额，适用调整该区段运输方式的有关法律规定。货物的灭失或者损坏发生的运输区段不能确定的，多式联运经营人应当依照《合同法》的规定承担严格责任。随着物流服务的进一步发展，多式联运经营人承担的责任期间越来越长，我国现有的责任分配体系越来越不利于多式联运经营人的发展。我国是要借鉴美国《1999 年海上货物运输法》的规定，将承运人分为契约承运人、履约承运人和海上承运人三种？还是借鉴《鹿特丹规则》的规定，除了规定承运人的定义外，还应规定履约方与海运履约方，从而将缔约承运人以外的协助其完成运输任务的所有参与者纳入到责任法律体系中？任何一种法律制度都有其优劣性，尤其是国际公约，其涉及的不仅仅是法律、理论问题，最后可能是国家利益的一种妥协与让步。我国该何去何从，有待于进一步理性探讨！

五、结论

新制度的创建是件好事，但须经过实践的检验，关键要看是否实现了承托双方在新形势下权利义务新的平衡，并且具有可操作性。更何况，该公约的诞生也是各方妥协的产物。如果我们不经慎重考虑，往往不能契合本国的特殊需要，更不能突出本国的国家利益。我国既是航运大国又是贸易大国的事实，决定了我国必须综合、全面考虑船货双方的利益。在决定是否引入该制度之前，我们必须坚持"国家利益至上"的原则，要做到平衡承托双方权益同时又与我国国家利益和实际情况相适应。

(原文发表于《法学杂志》2010 年第 8 期)

---

① 我国《海商法》第 60 条第 2 款规定："虽有前款规定，在海上运输合同中明确约定合同所包括的特定的部分运输由承运人以外的指定的实际承运人履行的，合同可以同时约定，货物在指定的实际承运人掌管期间发生的灭失、损坏或者迟延交付，承运人不负赔偿责任。"

虚假诉讼罪若干问题研究

——兼论民事法律监督视角下的虚假诉讼罪追诉问题

张里安*　乔　博**

内容摘要:虚假诉讼罪是《刑法修正案(九)》新增罪名之一,其构成要件有着自身的特点。在司法实践中,虚假诉讼罪多发生于民间借贷、农村土地及民事执行等领域,虚假诉讼罪亦是与其他罪名产生最多竞合关系的罪名之一。相对于民事虚假诉讼的检察监督工作,虚假诉讼罪的追诉工作稍显滞后。虚假诉讼罪作为刑民交叉联系最紧密的罪名,民事虚假诉讼的检察监督工作是虚假诉讼罪追诉工作的前提和基础。有必要以司法解释的形式将民事虚假诉讼的检察监督作为虚假诉讼罪追诉的前置程序,且检察机关应全面介入到虚假诉讼罪的追诉工作中。

关 键 词:虚假诉讼罪　检察监督　追诉

《刑法修正案(九)》新增虚假诉讼罪之前,对于民事虚假诉讼的法律规制一直通过民事诉讼监督途径解决。民事诉讼监督程序仅监督诉讼本身合法性和正确性,对于民事虚假诉讼行为人恶意串通、捏造虚假事实、提供虚假证据、浪费司法资源、损害他人合法权益等行为,仅通过民事法律进行规制,无法真正解决虚假诉讼带来的巨大的社会危害性,治标不治本。2015 年 11 月 1 日《刑法修正案(九)》将虚假诉讼罪作为新罪名列入《刑法》,为打击虚假诉讼行为提供了强有力的武器。但相对于民事虚假诉讼的检察监督工作,虚假诉讼罪的追诉机制却存在诸多缺陷,追诉机关的追诉工作面临诸多困难,无法真正有效地全方位地打击虚假诉讼犯罪。本文从虚假诉讼罪的法理分析和司法实证分析出发,结合检察机关长期虚假诉讼民事检察监督的工作经验, 尝试探索将民事虚假诉讼的检察监督与虚假诉讼罪的追诉相结合的工作机制。

一、虚假诉讼罪的法理分析

《刑法》第三百零七条之一规定:"以捏造的事实提起民事诉讼,妨害司法秩序或者严重

---

* 武汉大学法学院教授、博士生导师,法学博士。

** 武汉大学法学院 2015 级民商法学博士研究生。

侵害他人合法权益的,处三年以下有期徒刑、拘役或者管制,并处罚金。单位犯前款罪的,对单位判处罚金,并对其直接负责的主管人员和其他责任人员,依照前款的规定处罚。有第一款行为,非法占有他人财产或者逃避合法债务,又构成其他犯罪的,依照处罚较重的规定定罪处罚。司法工作人员利用职权,与他人共同实施前一款行为的,从重处罚;同时构成其他犯罪的,依照处罚较重的规定定罪从重处罚"。本章结合虚假诉讼罪的法律条文,对虚假诉讼罪的构成要件和犯罪形态进行分析,为研究虚假诉讼罪的追诉机制奠定理论基础。

(一)虚假诉讼罪的构成要件分析

1.虚假诉讼罪的主体

虚假诉讼罪的主体为个人或单位, 其主体范围以民事虚假诉讼参与人为主。有学者认为,虚假诉讼罪的主体应仅为提起民事诉讼的原告[①]。笔者认为,这是狭义的虚假诉讼主体论,来源于狭义的诉讼诈骗理论,即行为人将被害人作为被告人而向法院提起虚假诉讼,使法院产生判断上的错误,进而获得胜诉判决,使被害人交付财产或者由法院通过强制执行将被害人的财产转移给行为人或第三者所有[②]。虚假诉讼罪表现形式的多样性,侵犯客体的复杂性, 客观行为的多变性以及虚假诉讼罪条文中共同犯罪的规定均决定了虚假诉讼罪主体不可能是单一主体。如在双方恶意串通损害他人合法权益的虚假诉讼中,其主体便可以是原告及其诉讼代理人、被告及其诉讼代理人或者是第三人及其诉讼代理人,甚至还包括证人、勘验人、翻译人员等诉讼参与人。特别是在某些司法人中审判人员参与的虚假诉讼中,其主体还包括诉讼中的司法工作人员。

2.虚假诉讼罪的客体

虚假诉讼罪侵犯的客体应为复杂客体,即同时侵犯多个客体。但也有少数观点认为,虚假诉讼罪既然被放在妨害诉讼罪一节中,说明刑法规定本罪是为了保护司法活动,刑法没有将本罪规定在刑法分则第五章"侵犯财产罪"中,说明立法者规定本罪不是为了保护公民的财产权。其侵犯的客体仅应为司法秩序,不应包括其他客体[③]。此观点的错误之处在于片面、错误地理解虚假诉讼罪的定义,没有意识到其社会危害的复杂性。虚假诉讼罪侵犯的主要客体有两个,一是妨害司法秩序,二是严重侵害他人合法权益。另据全国人大常委会《关于〈中华人民共和国刑法修正案(九)(草案)的说明〉》,增加规定虚假诉讼罪的目的就是维护社会诚信、惩治失信、背信行为。可见,虚假诉讼罪还侵犯了其他客体如社会诚信关系和社会管理秩序等。笔者认为,正常的司法秩序和他人合法权益应为虚假诉讼罪侵犯的主要客体,其中首要客体为正常的司法秩序和司法权威。犯罪分子堂而皇之走进法院这一 "法律帝国的首

---

① 许晓东:《论刑法修正案(九)第三十五条实施之困境》,《法制博览》2015 年第 32 期,第 71–72 页。

② 张明楷:《论三角诈骗》,《法学研究》2004 年第 2 期,第 93–106 页。

③ 何婷:《虚假诉讼罪的司法适用问题研究》,《法制博览》2016 年第 3 期,第 108–109 页。

都",肆意欺骗法官这一法律帝国的王侯,是对司法权威的严重挑衅[1]。《刑法修正案(九)》将虚假诉讼罪列入妨害诉讼罪中,也可以看出立法者打击虚假诉讼的首要目的是为了保护正常的司法秩序和维护严肃的司法权威。

3.虚假诉讼罪的客观方面

虚假诉讼罪的客观行为包括两个,一是捏造事实,二是提起民事诉讼,二者结合构成虚假诉讼罪的客观要件。其中捏造事实是前提,捏造的事实一般理解为无中生有的凭空地编造事实。但在对民事虚假诉讼的检察监督实践中,民事虚假诉讼的客观行为表现得更为宽泛,不仅包括凭空编造的无中生有的事实,还包括在原有事实基础上增加虚假成分,及隐瞒真相和歪曲事实等,后两种行为同样妨害了诉讼秩序,侵害到他人的合法权益。虚假诉讼罪中"捏造的事实"这个表述并未涵盖到上述后两种情形[2]。《刑法》第三百零七条仅将"捏造的事实提起的诉讼"定义为虚假诉讼的客观要件,显然将虚假诉讼客观行为狭义化。另外,用以捏造的事实来表述虚假诉讼行为本身显得比较笼统,在司法实践中,大多的民事虚假诉讼都是将虚假事实捏造于原有真实事实基础上,致使案件事实"虚虚实实,真假难辨"。另外,其他如在执行中的捏造虚假事实的行为,以及在二审期间或再审期间存在捏造虚假事实的行为能否被认定为虚假诉讼行为?这些都有待于相应的司法解释予以解决。

4.虚假诉讼罪的主观方面

虚假诉讼罪的主观方面为故意。《刑法》第十四条第一款规定:"明知自己的行为会发生危害社会的结果,并且希望或放任这种结果发生,因而构成犯罪的,是故意犯罪"。从虚假诉讼罪的行为要素上来看,捏造事实、提起诉讼、非法占有他人财产及利用职权,这些行为在主观上均符合故意犯罪的要件。另外,犯罪目的并非认定虚假诉讼罪的因素,这与诈骗罪颇有不同,诈骗罪是以非法占有为目的。笔者分析,原因有二:其一,虚假诉讼罪主要保护的是正常的司法秩序和司法权威性,即只要妨害了司法秩序,便构成本罪,无论行为人是否有非法占有他人财产之目的。其二,非法占有他人财产仅是虚假诉讼罪的表现形式之一,并非全部。

(二)虚假诉讼罪犯罪形态分析

根据刑法理论,犯罪形态分为犯罪预备、犯罪未遂、犯罪中止及犯罪既遂[3]。犯罪既遂应以行为人所实施的行为已经具备了刑法分则所规定的某一犯罪的全部构成要件之要素[4],即发生了行为人所追求的、行为性质所决定的犯罪结果的形态[5]。犯罪既遂主要包括行为犯、结

---

[1] 梁根林:《虚假诉讼入罪要斟酌的三个问题》,《检察日报》2015年1月29日第3版。

[2] 刘月:《刑法修正案(九)中虚假诉讼罪构成要件解读》,《法律与社会》2016年第14期,第123-124页。

[3] 齐文远:《刑法学》(第一版),法律出版社,1999,第51页。

[4] 高铭暄、马克昌:《刑法学》,高等教育出版社,2011,第127页。

[5] 齐文远.:《刑法学》(第一版),法律出版社,1999,第52页。

果犯和危险犯等。结果犯以法定的危害结果作为犯罪构成客观方面的必要条件,行为犯仅以实行法定的犯罪行为作为犯罪构成的必要条件, 危险犯以危害行为具有造成一定后果的客观危险状态作为犯罪构成的必要条件①。虚假诉讼罪行为人提起民事虚假诉讼的行为利用了法院的司法资源,得到了法院的判决或裁定,达到了其所追求的非法目的或损害他人合法权益的犯罪结果。虚假诉讼行为人的行为结果是妨害司法秩序或者严重损害他人合法权益,因此虚假诉讼罪是既遂犯,且是既遂犯中的结果犯。

二、虚假诉讼罪的司法实证分析

(一)民事虚假诉讼在司法实践中的表现形式

民事虚假诉讼主要集中在民间借贷纠纷、房地产权属纠纷、农村集体土地所有权纠纷及征地补偿等、商标侵权纠纷、劳动报酬纠纷、保险纠纷以及离婚纠纷等领域。这些领域中,虚假诉讼的表现方式各有不同,本章主要对民间借贷领域、农村集体土地领域、离婚纠纷领域和执行领域中的虚假诉讼加以分析。

1.以民间借贷为代表的金融领域的虚假诉讼

民间借贷领域在虚假诉讼中所占的比重最高,是虚假诉讼的"重灾区"。民间借贷的虚假诉讼中,比较典型的是原告与被告均为虚假诉讼行为人,双方恶意串通提起虚假诉讼,目的是为了规避债务,或者非法占有他人财产;另外还有一种是原告捏造虚假事实或伪造虚假证据,向善意被告提起虚假诉讼,目的是为了非法占有被告财产。这两种虚假诉讼的社会危害性不仅在于行为人利用虚假诉讼诉讼达到其非法目的, 而且在于这种虚假诉讼案件一般可能存在恶意串通行为,提供虚假证据,欺骗法庭,更有甚者是审判人员参与其中,利用其审判的绝对优势地位对虚假证据和虚假事实予以认定。这种行为不仅侵犯了司法公信力和司法权威,而且侵犯了公务人员的廉洁性。

2.农村集体土地领域中的虚假诉讼

虚假诉讼在涉及农村集体土地领域方面,有着其独有的特点和行为方式。在该领域中,虚假诉讼的表现形式主要有以下三种:一是在农民集体土地所有权或承包经营权纠纷中,一方为了非法占有农民集体土地所有权或承包经营权, 与村委会或乡政府及法院相关人员恶意串通,制造虚假土地承包经营合同,提起民事虚假诉讼;二是农村集体土地上建造的房屋(俗称小产权房)购买人,为了使其购买的小产权房合法化,与他人制造虚假合同,先通过法院判决,将其购买的小产权房手续合法化,之后通过执行程序执行到原告名下,使其房产合法化;三是在农村集体土地动迁补偿过程中,村委会为了取得动迁款,与村民串通(或者是在村民不知情的情况下),利用虚假诉讼的方式,将已经发包的土地特别是发包给本村集体外

---

① 马克昌:《犯罪通论》,武汉大学出版社,1999,第495页。

的承包人的土地收回,导致承包人无法得到应得的动迁补偿款。日前,辽宁省人民检察院向辽宁省高级人民法院抗诉了一起此类型的虚假诉讼案。

3.离婚案件领域中的虚假诉讼

离婚诉讼一般都伴随着析产纠纷,特别是夫妻双方的矛盾不可调和的情况下,夫妻一方或者双方均会对共同财产的分割特别重视,在诉讼中为捏造虚假事实,转移财产或隐匿财产等情况时有发生。其中社会危害性最大的,最给追诉机关和法律监督机关造成困扰的一类案件是,一方与案外人恶意串通,伪造虚假的大额借条或借款合同,造成存在夫妻共同债务的假象。通过案外人参与离婚诉讼或另行起诉的方式,由法院判令另一方承担连带偿还责任,在双方离婚后依然需要共同偿还债务。这类虚假诉讼案件不仅侵犯了正常的司法秩序,更是给另一方离婚后的工作和生活带来极其恶劣的影响。

4.执行领域中的虚假诉讼

在执行领域同样也存在捏造虚假事实,进行虚假诉讼的行为,主要有以下两种情形:第一种情形是申请执行人与被执行人恶意串通,捏造虚假事实,通过法院执行,损害案外人合法权益的虚假诉讼行为;第二种情形是规避执行的虚假诉讼,即在执行程序中,被执行人为了逃避债务,与案外人相互串通,捏造有关事实,以提出执行异议等方式中止执行,转移财产①。

(二)虚假诉讼罪与其他罪名的竞合分析

根据《刑法》第三百零七条第三款规定:"有第一款行为,非法占有他人财产或者逃避合法债务,又构成其他犯罪的,依照处罚较重的规定定罪处罚";第四款规定:"司法工作人员利用职权,为他人共同实施前三款行为的,从重处罚,同时构成其他犯罪的,依照处罚较重的规定从重处罚"。在司法实践中,虚假诉讼罪可能与诈骗罪、职务犯罪、妨害作证罪等罪名发生竞合关系。

1.虚假诉讼罪与诈骗罪的竞合

承前所述,虚假诉讼罪与诈骗罪最大的不同在于诈骗罪以非法占有为目的,虚假诉讼罪无此犯罪目的。虚假诉讼罪可分为侵犯财产型和非侵犯财产型。侵犯财产型虚假诉讼的构成要件与诈骗罪的构成要件一致,构成与诈骗罪的竞合,但是由于非侵犯财产型虚假诉讼罪的存在,不能将虚假诉讼罪一概而论地与诈骗罪想象竞合。另外,从对虚假诉讼中的诈骗犯罪行为法律规制的演变过程可以看出,国家对虚假诉讼中犯罪行为的打击力度呈现逐渐增强的态势。虚假诉讼罪单独立罪之前,对于在虚假诉讼中的犯罪行为,特别是诈骗犯罪的法律规制基本停留在民事法律规制的层面,打击力度较低。如2002年10月24日《最高人民检察院法律政策研究室关于通过伪造证据骗取法院民事裁判占有他人财物的行为如何使用法律

---

① 潘月月:《浅析民事虚假诉讼的法律规制》,《法制与社会》2016年第1期,第126页。

问题的答复》指出,以非法占有为目的,通过伪造证据骗取法院民事裁判占有他人财物的行为所侵害的主要是人民法院正常的审判活动,可以由人民法院依照《民事诉讼法》的有关规定做出处理,不宜以诈骗罪追究行为人的刑事责任。自 2008 年起,浙江省、黑龙江省、广东省、江西省、湖南省均出台地方性法规和司法文件,对民事虚假诉讼中的犯罪行为进行规制①。随着虚假诉讼犯罪的日益猖獗,社会危害性不断加大,仅依靠民法和地方性法规对虚假诉讼中的犯罪行为加规制,已经无法满足打击犯罪的需要。2011 年《刑法修正案(九)》将虚假诉讼罪单独设立,不仅对虚假诉讼的法律规制上升到刑法层面,更是将虚假诉讼中的诈骗犯罪行为与虚假诉讼罪从一重罪处罚,加大了惩治力度。

2.虚假诉讼罪与妨害作证、提供伪证类犯罪的竞合

就犯罪手段而言,虚假诉讼罪中的"以捏造的事实"行为本身包括提供虚假证据、伪造虚假证据等,在此过程中,行为人有可能采取伪造、变造、买卖国家机关公文、证件、印章,或伪造公司、企业、事业单位、人民团体印章,伪造、变造居民身份证等手段。因此虚假诉讼罪与伪造、变造、买卖国家机关公文、证件、印章罪,伪造公司、企业、事业单位、人民团体印章罪,伪造、变造居民身份证罪发生竞合。另外,妨害作证罪是比较常见的与虚假诉讼罪相竞合的罪名。伪证罪只规定在刑事诉讼中,在民事诉讼中,涉及伪造证据类犯罪中,最主要的是妨害作证罪。根据《刑法》第三百零七条规定,妨害作证罪是指采用暴力、威胁、贿买等方法阻止证人作证或者指使他人作伪证的行为。指使他人作伪证是妨害作证罪的主要客观要件之一,在民事虚假诉讼中,诉讼参加人提供虚假证据、作伪证的情况屡见不鲜,如果作伪证的行为人受他人指使,特别是受原告的指使,指使人的行为符合妨害作证罪的犯罪要件。在这种情况下,构成虚假诉讼罪与妨害作证罪的竞合。

3.虚假诉讼罪与职务类犯罪的竞合

虚假诉讼罪与职务类犯罪的竞合关系较为复杂,其中包括三种情形,一是虚假诉讼罪与渎职、受贿犯罪的竞合,如《刑法》第三百零七条第四款规定:"司法工作人员利用职权,为他人共同实施前三款行为的, 从重处罚,同时构成其他犯罪的, 依照处罚较重的规定从重处罚"。这里的司法工作人员利用职权的行为构成渎职类犯罪, 其犯罪主体是司法工作人员,特别是法院审判人员。在原告与审判人员恶意串通,损害他人合法权益的案件中,不仅行为隐蔽不易被侦破,而且社会危害性极大;第二种情形是贪污罪与虚假诉讼罪的竞合,即国有公司、国有企业或者其他单位中从事公务的人员或者其他国有单位委派到非国有公司、企业以及其他单位从事公务的人员及国家工作人员利用职务便利通过虚假诉讼来骗取本单位财物的,可以同时构成虚假诉讼罪与贪污罪的竞合;第三种情形是虚假诉讼罪与职务侵占罪的

---

① 尚海明、彭雨:《论虚假诉讼的刑法规制——基于对虚假诉讼发生与司法实践状况的实证研究》,《西南政法大学学报》2013 年第 2 期,第 122–127 页。

竞合,与第二种情形相似,只是主体由国家工作人员变为非国有的公司企业或者其他单位的人员。

三、民事检察监督视角下的虚假诉讼罪追诉问题

(一)虚假诉讼罪追诉问题现状

2008年以来,民事虚假诉讼引起了最高人民检察院的高度重视,最高人民检察院在2014年组织了监督虚假诉讼专项行动。根据最高人民检察院2016年2月《检察机关加强民事诉讼监督工作情况新闻发布会》公布的数据显示,2012年到2014年,检察机关共监督虚假诉讼案件6829件,其中向法院提出抗诉和检察建议4972件,移送犯罪线索957件。而虚假诉讼罪自从2015年11月1日被列入《刑法》后,其追诉情况却鲜见于报道,根据最高人民法院公布的裁判文书数据,全国各级人民法院共判决虚假诉讼罪50件,其中2015年6件,2016年44件。与民事虚假诉讼监督案件相比,虚假诉讼罪的追诉数量如此之少,原因之一是《刑法》中对于虚假诉讼罪的规制保持了谦抑性,即并不是所有的民事虚假诉讼行为都构成犯罪,只有情节严重的民事虚假诉讼行为,才以犯罪论处;原因之二是目前虚假诉讼罪的追诉机制存在缺陷,大量的民事虚假诉讼行为无法被追究刑事责任。依据《刑事诉讼法》第十八条规定:"刑事案件的侦查由公安机关进行,法律另有规定的除外。贪污贿赂犯罪,国家工作人员的渎职犯罪,国家机关工作人员利用职权实施的非法拘禁、刑讯逼供、报复陷害、非法搜查的侵犯公民人身权利的犯罪以及侵犯公民民主权利的犯罪,由人民检察院立案侦查。对于国家机关工作人员利用职权实施的其他重大的犯罪案件,需要由人民检察院直接受理的时候,经省级以上人民检察院决定,可以由人民检察院立案侦查"。虚假诉讼罪追诉机关一般为公安机关,但是在特殊情况下,检察机关亦可作为虚假诉讼罪的追诉机关,这里的特殊情况是指司法人员参与的虚假诉讼案件中,同时存在职务犯罪和虚假诉讼罪,检察机关可以依法并案侦查。

在司法实践中,公安机关在虚假诉讼罪追诉问题上缺乏主动性。追诉的效率和数量都不甚理想。笔者认为,公安机关对虚假诉讼罪进行追诉主要存在三个方面困难,首先是追诉程序启动难。虽然现行法律没有规定虚假诉讼罪的追诉须以民事虚假诉讼的认定为前提,但是由于虚假诉讼罪是既遂犯中的结果犯,其完成的标志是法院的生效裁判文书,而公安机关不是法律监督机关,无权对于法院生效判决裁定予以监督和纠正。因此,对于未被纠正的虚假诉讼,公安机关启动程序较为困难。其次是取证难,主要体现在三个方面,一是公安机关到法院调取与虚假诉讼相关的卷宗存在困难;二是虚假诉讼罪的犯罪嫌疑人一般都具备较强的民事诉讼专业知识或由专业性非常强的法律专业人士指导,其行为一般都具有较强的隐蔽性和欺骗性,其提供的虚假证据和虚假法律事实甚至连负责审理的法官都无法甄别;三是虽然民事检察部门在办理虚假诉讼案件中进行了大量的取证工作,但是无法进行民事到刑事

的证据转化,且民事检察监督部门在移交犯罪线索后不再继续参与虚假诉讼罪的追诉工作,无法将已取得的证据运用到其中。最后是定性难,在司法实践中,作为虚假诉讼罪的追诉机关公安机关或检察机关的自侦部门,相对于审判机关法院和监督机关检察院的民事法律监督部门来说,对民事行政诉讼程序根本不了解,更不用说对虚假诉讼行为予以定性。

(二)民事检察监督全面介入虚假诉讼罪追诉机制的可行性分析

虚假诉讼罪作为刑民交叉最为紧密的犯罪行为,其刑法和民法的价值追求和功能特点是不同的,两者并不一概是择一适用的关系,在追究当事人的民事责任时也可同时追究其刑事责任,两者并不冲突①。民事检察监督部门查办民事虚假诉讼过程中具备的法定监督职能以及多年的办案经验,以及对民事诉讼程序的专业化程度,这些都可以帮助追诉讼机关更高效地办理虚假诉讼罪案件。

1.虚假诉讼罪的追诉以民事虚假诉讼行为的认定为前提

如前所述,公安机关并非法律监督机关,无权对虚假诉讼的生效裁判文书进行监督纠正,因此,在追诉机关对虚假诉讼罪进行立案之前,必须要对虚假诉讼依法作出改判。对虚假诉讼的主要监督机关是检察机关,当然,人民法院可以依据民事诉讼法的规定依法再审,但是在虚假诉讼的再审案例中,由法院迳行启动再审程序认定虚假诉讼的少之又少,可以忽略不计。《民事诉讼法》第14条规定:"人民检察院有权对民事诉讼实行法律监督。《民事诉讼法》第235条明确规定人民检察院有权对民事执行活动实行法律监督。可见民事诉讼的检察监督包括受理、审理、裁判(包括调解)、执行的全过程。据此,人民检察院对人民法院所有的民事诉讼活动实行法律监督是没有争议的,且人民法院包括一审法院,二审法院和再审法院,虚假诉讼作为民事诉讼的一种违法形态,当然属于人民检察院的民事检察监督范围②。因此,笔者认为,既然在实践中,虚假诉讼罪的追诉机关已经将虚假诉讼的民事检察监督作为虚假诉讼罪的追诉的前置程序,不妨在将来的司法解释中固定下来,以避免追诉机关、检察机关和审判机关在这方面存在相互推诿,影响办案效率。

2.虚假诉讼罪的要件认定应以虚假诉讼的民事检察监督为基础

从民事检察监督的视角来看虚假诉讼罪,我们不难发现,民事检察监督部门对于虚假诉讼行的审查内容已经包括了虚假诉讼罪的构成要件和犯罪形态以及犯罪领域的全部内容。首先,虚假诉讼的民事检察监督审查的主体是被申诉人,如果涉嫌虚假诉讼罪,那么被申诉人同时也是虚假诉讼罪的犯罪主体;其次,检察机关审查虚假诉讼时认定虚假事实和虚假证

① 行江、胡凡:《民刑交叉视野下的虚假诉讼罪研究》,《经济与管理科学》2016年第2期,第256–257页。

② 蔡福华:《论民事检察监督的五大问题——以新《民事诉讼法》规定为视角》,《海峡法学》2014年第1期,第101–109页。

据,与虚假诉讼罪客观方面是一致的;再次,对虚假诉讼的民事检察监督需要审查当事人之间的法律关系,如借款关系、农村土地纠纷关系、保险关系等等,这些法律关系均与虚假诉讼罪的表现形式一致,亦是审查认定虚假诉讼罪的必需证据;最后,民事检察监督对于民事虚假诉讼的监督为事后监督,即虚假诉讼行为完成,取得生效判决后,检察机关才能进行监督,这与虚假诉讼罪的结果犯罪是相契合的。可见,在虚假诉讼的民事检察监督过程中,已经对虚假诉讼罪的要件以民事法律监督的方式进行了认定。当然,对虚假诉讼行为的民事审查是依据民事法律法规进行, 还需要通过证据转换或刑事立案后的再次取证方能作为定案的证据。

3.民事检察监督部门办案经验是虚假诉讼罪得到追诉的保证

虚假诉讼罪作为一个新罪名,办案经验是追诉机关的短板所在,而这方面正是民事检察监督部门的优势所在。根据最高人民检察院公布的数据,2012 年到 2014 年三年间,全国范围内的民事检察监督部门共审查了上万件虚假诉讼案件。可以说,在对虚假诉讼行为的民事认定上,检察机关的民事检察监督部门已经有了足够的经验和成型的做法,这些都对虚假诉讼罪的追诉起到非常有力的保障作用。

(三)民事检察监督介入虚假诉讼罪追诉机制的方式探索

效率是司法追求的永恒主题,对于刑事诉讼而言,程序运行的效率决定了一种诉讼模式存在的合理性[①]。公安机关追诉虚假诉讼罪机制中存在的缺陷,决定了其在虚假诉讼罪的追诉过程中低效率。因此,必须对现有的追诉机制进行改革,为此笔者建议,结合民事检察监督工作在办理民事虚假诉讼案件方面的优势,为了更高效地对虚假诉讼罪进行追诉,将民事检察监督全面介入虚假诉讼罪的追诉过程中。

1.以司法解释的形式,将民事检察监督工作作为虚假诉讼罪的追诉的前置程序固定下来

如前所述,追诉机关对虚假诉讼罪立案侦查的前提是民事虚假诉讼的生效判决被纠正,否则追诉机关很难迳行对虚假诉讼立案侦查。在司法实践中,对民事虚假诉讼的监督程序一般由检察机关的民事检察监督部门启动,且民事检察监督作为《民事诉讼法》规定的诉讼监督最后的救济手段,大量的民事虚假诉讼申诉案件均在检察机关寻求救济。同理,大量的虚假诉讼罪的案件线索亦均集中于此。因此,笔者建议,在追诉机关对虚假诉讼罪进行立案侦查之前, 应以司法解释或其他立法形式将民事虚假诉讼的检察监督程序规定为虚假诉讼罪追诉的前置程序。这样既可以解决虚假诉讼罪的线索问题,又可以将民事虚假诉讼的监督与虚假诉讼罪的追诉合法地衔接起来。

---

① [美]斯蒂文·萨维尔:《法律经济分析的基础理论》,赵海怡、史册、宁静波译,中国人民大学出版社,2013,第 223 页。

2.将民事检察监督工作延伸到虚假诉讼罪的追诉程序中

在追诉机关对虚假诉讼罪进行立案侦查后，民事检察监督部门应继续参与虚假诉讼罪的追诉工作中，可以将民事检察监督在办理虚假诉讼案件的优势充分发挥到对虚假诉讼罪的追诉中，这种做法在检察机关办理虚假诉讼中的职务犯罪案件中已有迹可循。大连市人民检察院在办理韩某与辛某恶意串通的虚假诉讼案件中，韩某与辛某通过虚假诉讼将案外人某石材有限公司名下的房屋判决到辛某名下，损害某石材公司的利益。该案的审判法官赵某某在审理过程中，未对房屋的实际归属进行核实，便裁定将该房屋过户到辛某名下，给实际所有权人某石材公司造成损失，其行为涉嫌渎职犯罪，大连市人民检察院民事检察监督部门在依法向法院提起抗诉的同时，向本院反渎职侵权部门移送了赵某某涉嫌玩忽职守犯罪的线索，并且指派专人全程参与了反渎职部门立案侦查工作，在取证工作和案件定性方面起到了关键性的作用，目前赵某某已被判处执行判决、裁定失职罪。

由上述案例可见，在检察机关办理虚假诉讼中的职务犯罪行为时，民事检察监督部门可以无障碍地全面介入侦办工作，从而提高办案效率。笔者建议，可以将这一做法推广到公安机关办理的虚假诉讼罪追诉案件中。当然，由于身份性质及隶属关系不同等原因，这种参与方式只能是指导性和建议性为主，是有限地参与，而且这种参与形式需要公安机关与检察机关会签合作文件。

3.将检察机关规定为虚假诉讼罪的主要追诉机关

诉讼的最优选择应当是投入最小的成本而获得最大的司法效率提升，这样才可以实现将诉讼的社会成本控制在最小化的范围。鉴于公安机关在追诉虚假诉讼罪方面的所处的困境，以及检察机关在这方面的优势，笔者建议将检察机关规定为虚假诉讼罪的主要追诉机关。首先，将检察机关作为虚假诉讼罪的主要追诉机关存在法律规定上的空间。《刑事诉讼法》第十八条规定："刑事案件的侦查由公安机关进行，法律另有规定的除外"。该条款将公安机关规定为一般犯罪的侦查机关，但是同时又提出法律另有规定的除外，这就给检察机关追诉虚假诉讼罪留出了可以另行规定的空间。其次，《刑事诉讼法》第十八条同时又规定："对于国家机关工作人员利用职权实施的其他重大的犯罪案件，需要由人民检察院直接受理的时候，经省级以上人民检察院决定，可以由人民检察院立案侦查"。此项规定可以理解为虚假诉讼罪同时存在职务犯罪的情况下，检察机关可以作为追诉机关在查办职务犯罪的同时将虚假诉讼罪一并并案侦查。最后，检察机关作为法律监督机关，有法定的侦查权，同时又有对虚假诉讼的民事法律监督权，如果由检察机关负责对虚假诉讼罪进行追诉，可以更加充分有效地发挥检察机关的上述两项职能，更加有力地打击虚假诉讼犯罪行为。

（原文发表于《河南社会科学》2017年第1期）

图书在版编目(CIP)数据

张里安教授荣退纪念文集 / 张荣芳主编.
一武汉：长江出版社，2017.12
ISBN 978-7-5492-5570-2

Ⅰ.①张… Ⅱ.①张… Ⅲ.①法学—文集 Ⅳ.①D90-53

中国版本图书馆 CIP 数据核字(2017)第 311256 号

张里安教授荣退纪念文集   张荣芳 主编

责任编辑：王秀忠 江南
装帧设计：蔡丹
出版发行：长江出版社
地   址：武汉市解放大道 1863 号   邮   编：430010
网   址：http://www.cjpress.com.cn
电   话：(027)82926557(总编室)
          (027)82926806(市场营销部)
经   销：各地新华书店
印   刷：武汉市首壹印务有限公司
规   格：787mm×1092mm   1/16   14.5 印张 8 页彩页   320 千字
版   次：2017 年 12 月第 1 版   2018 年 1 月第 1 次印刷
ISBN 978-7-5492-5570-2
定   价：48.00 元